从生力军到主力军

打造应届毕业生快速成长体系

王国春 王见敏 周 诚 ◎ 著

·广州·

图书在版编目（CIP）数据

从生力军到主力军：打造应届毕业生快速成长体系/王国春，王见敏，周诚著.—广州：华南理工大学出版社，2020.12（2021.6重印）
 ISBN 978 – 7 – 5623 – 6538 – 9

Ⅰ.①从… Ⅱ.①王…②王…③周… Ⅲ.①高等学校 – 毕业生 – 就业 – 基本知识 Ⅳ.①G647.38 ②F241

中国版本图书馆 CIP 数据核字（2020）第 253737 号

CONG SHENGLIJUN DAO ZHULIJUN——DAZAO YINGJIE BIYESHENG KUAISU CHENGZHANG TIXI
从生力军到主力军——打造应届毕业生快速成长体系
王国春　王见敏　周诚　著

出 版 人：卢家明
出版发行：华南理工大学出版社
　　　　　（广州五山华南理工大学17号楼，邮编510640）
　　　　　http：//www.scutpress.com.cn　E-mail：scutc13@scut.edu.cn
　　　　　营销部电话：020 - 87113487　87111048（传真）
选题策划：庄　严　梁玉琪
责任编辑：梁玉琪　李秋云
责任校对：曾映玲
印 刷 者：广州市穗彩印务有限公司
开　　本：787mm×1092mm　1/16　印张：15.75　字数：305千
版　　次：2020年12月第1版　2021年6月第2次印刷
定　　价：56.00元

版权所有　盗版必究　印装差错　负责调换

推荐序

功以才成，业由才广。人才是企业生存和发展的关键所在。"人才是第一资源"的理念已深入人心，中国企业和企业管理者比以往任何时候都更重视人才。纵观国内外优秀企业，无一例外都把人才放在企业经营管理的优先位置，研究制定自己的人才战略以支撑业务战略和商业目标。企业合适的人才从哪里来？这是一个值得思考的问题。华为公司的发展壮大，离不开强有力的人才队伍，其源源不断的人才供给依靠的正是没有工作经验的应届毕业生。

很高兴能为三位人才管理实践者的新书作序。国春是我的老朋友了，从我们第一次合作到现在，已经差不多快十年了。他曾经从事教育工作十余年，对人才培养工作的认识极为深刻；同时，担任教师的经历使他对员工尤其是刚毕业的新员工多了一重师者对学生的舐犊之情。他从不轻易放过人才培养工作中出现的问题，总是自己先认真思考，再组织相关的同志一起深入讨论、反复研究，不把问题弄明白并找到解决问题的措施决不罢休。因此，这是一本集深耕于企业多年的工作实践与理论探索于一体，思考和总结应届毕业生快速成长的工具书，更是研究企业人才供给方式、路径的参考指南，非常值得一看。本书不是从概念到概念的研究，也不是对流行概念的介绍、推广，而是基于现实问题对人才管理进行理论与实践的探讨。德鲁克先生曾精辟地阐述了管理的本质："管理是一种实践，其本质不在于知，而在于行；其验证不在于逻辑，而在于成果；其唯一权威就是成就。"

人才管理工作也是一样，不仅是理论、概念的研究，更重要的是具有商业实践价值。本书以实践中经常出现的对应届毕业生的十一种认知误区为开篇，探讨我们应如何认识应届毕业生这个群体。接着从设计应届毕业生的培养路径，打造人才成长的课程体系、讲师体系、导师体系、激励与考核体系等着手，详细地呈现了如何构建应届毕业生快速成长的路径，使其从一个青涩的"青苹果"变为一个符合企业发展需求的成熟的"红苹果"。在这一部分，作者还附上了大量的工具表格、示范示例，增强了本书的实操性和参考价值，有助于读者的理解和运用。第三部分，作者从人才成长规律的角度出发，讨论了人才成长的周期管理和应届毕业生培养体系构建的收益，有助于读者更好地认知应届毕业生在企业的成长规律和产生的综合影响。当然，这也有利于引发读者从更广阔的视角去分析和思考应届毕业生快速成长对企业持续发展的意义和价值。

  我个人的研究也涉及员工培养的话题，曾花两年时间深入调研王品餐饮集团"幼狮计划"培养出来的年轻管理者，以便发现在他们的个人成长过程中发挥重要作用的因素。我深知这样的项目对企业的人力资源管理、对企业的高素质人才队伍打造、对组织的发展所具有的深刻意义。我认为，国春同志、见敏博士、周诚先生所著的这本书，是人力资源工作者的重要参考，也是为企业发展造势的深刻写照。我祝福他们，也诚挚地向读者朋友们推荐这本书，相信你们亦会有所收获。

  新冠肺炎疫情正在深刻地改变着全球的经济和政治格局，中国企业也面临新的机遇和挑战。希望读者以战略性、前瞻性、人本性的眼光，审视和思考企业的人才管理，在积极的人才管理实践中迎接挑战、把握机遇，推动企业快速发展。

井润田
2020 年 9 月于上海

目　录

第一部分　如何认识应届毕业生

第一章　对应届毕业生的认识误区 ········· 3
误区一：不要招聘应届毕业生 ········· 3
误区二：培养应届毕业生是净投入、无回报的 ········· 4
误区三：应届毕业生的导师应该选最优秀的人 ········· 6
误区四：应届毕业生都很脆弱，无责任心，承担不了压力 ········· 10
误区五：培养应届毕业生是"教会徒弟，饿死师傅" ········· 13
误区六：培养应届毕业生是人力资源部的事情 ········· 15
误区七：应届毕业生成长是他自己的事情，其他干预的成效有限 ········· 16
误区八：应届毕业生的招聘由人力资源部去做就可以了 ········· 18
误区九：应届毕业生的培养没有3年时间是不行的 ········· 19
误区十：培养应届毕业生是为他人作嫁衣 ········· 20
误区十一：应届毕业生的招聘和培养与小公司无关 ········· 22

第二章　认识新人——应届毕业生认知 ········· 24
一、整体社会对90后应届毕业生的认知画像 ········· 24
二、公司决策层对应届毕业生的认知画像 ········· 30
三、人力资源从业者对应届毕业生的认知画像 ········· 38
四、部门负责人对应届毕业生的认知画像 ········· 41
五、新人导师对应届毕业生的认知画像 ········· 46
六、应届毕业生自我认知画像 ········· 50
七、应届毕业生的客观画像 ········· 54

第二部分　如何构建应届毕业生快速成长路径

第三章　如何设计应届毕业生的培养路径 ········· 61
一、如何理解培养路径图 ········· 61

二、如何建构培养路径图 ………………………………………… 62
三、应届毕业生培养路径的特点 ………………………………… 65
四、应届毕业生心理成长路径 …………………………………… 68
五、应届毕业生专业能力成长路径 ……………………………… 75
六、应届毕业生培养资源配置 …………………………………… 81
七、应届毕业生培养体系与框架全景图 ………………………… 87
八、"红苹果计划"应届毕业生快速成长发展指南 …………… 91
附录1：应届毕业生培养体系现状与目标规划表 ……………… 92
附录2：应届毕业生培养基础体系 ……………………………… 92

第四章 如何快速打造人才成长的课程体系 …………………… 93

一、工作流程梳理与知识技能盘点阶段 ………………………… 93
二、课程开发及模拟项目评审阶段 ……………………………… 94
三、课程实施阶段 ………………………………………………… 107
四、模拟项目实施阶段 …………………………………………… 109
五、岗位实战阶段 ………………………………………………… 110
附录1："红苹果计划"业务能力盘点阶段工作计划 ………… 113
附录2：访谈问题清单 …………………………………………… 114
附录3：产品开发流程 …………………………………………… 115
附录4：课程开发工作整体安排 ………………………………… 123
附录5：×××课程开发表 ……………………………………… 124
附录6：课程开发大纲 …………………………………………… 125
附录7：模拟开发项目 …………………………………………… 126
附录8：讲师讲义 ………………………………………………… 128
附录9：学员手册 ………………………………………………… 130
附录10：课程实施效果评估表 …………………………………… 133
附录11：新员工模拟开发考核系统 ……………………………… 134
附录12：模拟项目任务及周计划表 ……………………………… 135
附录13：新员工问卷调查 ………………………………………… 137
附录14："红苹果计划"岗位实战阶段工作计划表 …………… 140
附录15："红苹果计划"模拟项目评审表 ……………………… 142
附录16：岗位实践阶段评分细则 ………………………………… 144

第五章　讲师体系 ······ 145
　一、企业讲师与职业讲师的区别 ······ 145
　二、讲师模块建设 ······ 146
　三、授课管理 ······ 148
　四、讲师能力建设 ······ 149
　五、考核与激励 ······ 150
　六、授课效果管理 ······ 151
　七、能力评价 ······ 152
　八、讲师体系建设规划 ······ 152
　附录1：企业讲师申报表 ······ 154
　附录2：课程效果评估表 ······ 155
　附录3：企业讲师教学工作互评表 ······ 156
　附录4：导师体系模型 ······ 157

第六章　导师体系 ······ 158
　一、导师的价值 ······ 158
　二、新入职应届毕业生的心理分析 ······ 159
　三、导师工作重点和目标 ······ 160
　四、导师的角色 ······ 161
　五、建立完善的导师模块 ······ 163
　六、导师选择 ······ 165
　七、导师与学员配对 ······ 166
　八、导师辅导基本步骤——5A模型 ······ 168
　九、导师各阶段工作指引/任务检查清单（以3个月试用期为例） ······ 169
　十、导师胜任力评估、系统学习与发展 ······ 170
　十一、导师绩效评估与激励机制 ······ 173
　附录1：新员工导师评估表 ······ 174
　附录2：新员工辅导计划表 ······ 175
　附录3：新员工月度总结表 ······ 176

第七章　激励与考核体系 ······ 177
　一、激励与考核的再认知 ······ 177
　二、应届毕业生培养体系激励与考核模块 ······ 180

三、应届毕业生考核……………………………………… 184
　　四、导师考核…………………………………………… 190
　　五、常见的激励形式…………………………………… 195

第三部分　如何看待应届毕业生培养意义

第八章　人才成长周期管理……………………………… 203
　　一、人才成长周期……………………………………… 203
　　二、应届毕业生成长周期……………………………… 204
　　三、校招管理…………………………………………… 205
　　四、应届毕业生成长周期的关键措施………………… 210
　　附录1：职业发展谈话………………………………… 217

第九章　应届毕业生培养体系构建的收益……………… 222
　　一、认知误区…………………………………………… 223
　　二、看得见的量化收益核算…………………………… 229
　　三、看得见的有形收益盘点…………………………… 231
　　四、看不见的收益盘点………………………………… 234
　　五、实用价值及经济和社会效益……………………… 237

参考文献………………………………………………… 239

第一部分

如何认识应届毕业生

第一章　对应届毕业生的认识误区

误区一：不要招聘应届毕业生

近年来，我国就业形势日益严峻，就我国目前的就业状况而言，整个社会的就业压力较大，而应届毕业生作为职场中的庞大群体，其就业市场依然寒流暗涌，就业状况不容乐观。国家也常常号召鼓励高校大学生以创业带动就业，出台了很多扶持大学生创业的政策，就目前许多公司在各类人才招聘会上以及各大招聘求职网站上的招聘信息来看，近85%的职位已经明确指出只招聘有工作经验的求职者，而求职者中却有60%是应届毕业生。也有部分单位干脆直接对外公告本公司不招应届毕业生，请应届毕业生止步！应届毕业生到底怎么了？他们到底被谁抛弃了？

以马云创建的阿里巴巴为例，现有市值几千亿元，很多有梦想的大学生毕业以后都想去阿里巴巴工作，可是阿里巴巴的大门几乎不对应届毕业生开放，无论你是多么优秀的应届毕业生。举个例子，阿里巴巴计划招收2000人，其中应届毕业生的人数不会超过200个，阿里巴巴将应届毕业生进入的门槛提得那么高，是看不起应届毕业生吗？其实不是的。马云认为，应届毕业生一开始就进入阿里巴巴反倒不利于自身的发展。在十年、十五年以后，如果整个公司、整个企业都是规规矩矩、毫无创新的人，公司的创新能力和发展前景会大大下降。因为长时间下来，盲从已经形成一种习惯甚至是一种模式了，你说什么，员工做什么，没有任何额外的思考，创新能力会大打折扣。阿里巴巴旗下有很多合作的中小企业，如果阿里巴巴把人才都聚集到阿里巴巴旗下，那么那些中小企业就永远也招不到优秀的毕业生，这样这些中小企业的发展和创新就会受阻。人才不能垄断，让他们去中小企业发展也是培养和聚集人才的一种方法，并不是都要垄断到自己的旗下才算是培养，分流人才也是一种不错的选择。阿里巴巴之所以拒绝那么多应聘的应届毕业生，就是要让他们锻炼自己，吃点苦头，明白自己的方向和自己想得到什么、争取什么。公司不需要盲从的人，而是需要对明天有创造的人，大多数刚毕业的大学生恰恰对自己想要些什么没有清晰的思路。

也有很多大公司喜欢招聘应届毕业生，比如微软、IBM等。中石化每年都会进行校园招聘，建立自己"根正苗红"的人才梯队，培养骨干或后备管理干部。2018年的校招，就有10万名应届生报名，录用约4000人。2017年10月，已过古稀之年的任正非登上了微博热搜，因为他说了一句令所有应届毕业生都感动的话：应届毕业生应有两年的保护期，两年内不可淘汰。任正非在华为官方公众号发布的总裁办内部文件中指出：要有开放的用人态度，吸纳全球人才，创建优秀的人才发展环境。

事实上，不招聘应届毕业生的原因主要有以下几个方面：
①没有实际的工作经验，很难短时间内独立完成工作；
②对职业素养无认知，职业化程度不足；
③心态不稳定，且缺乏对社会的客观认知，容易心浮气躁、眼高手低；
④对工作岗位需要的技能掌握甚少；
⑤不懂得及时沟通和反馈。

招聘应届毕业生的理由主要有以下几个方面：
①应届毕业生最大的优势就是年轻、身体素质相对较好，这从根本上确保了工作所需要的基本条件；
②职场新人因缺乏工作经验，缺少一些由经验带来的技巧，所以没有偷懒的办法，做事会更加认真；
③大多数职场新人对于犯错都会有明显的痛感，印象深刻，会想办法避免和改正；
④职场新人热情、敏感、胆大、敢说敢做、有打破常规的创造力、可塑性强。

最后，是否招聘应届毕业生，要根据企业所要招聘的岗位要求去决定、去衡量。不断地有新鲜血液注入，对公司的成长有极大好处，要根据岗位要求去调整招聘规则和条件。

误区二：培养应届毕业生是净投入、无回报的

高等教育的壮大，对经济社会的发展有着重大的贡献，全国高校每年向社会输送大批高素质人才，支撑着经济社会的不断发展。应届毕业生成为各企业招聘人才的重要来源。然而，近年来应届毕业生在满足企业用人需求的同时，其频繁的离职行为，让雇佣企业承受着不同程度的损失。应届毕业生是否是合适的招聘对象？作为企业高层或企业的人力资源部门，如何帮助这批"天之骄子"顺利实现职业化的转型？他们能不能经过一段时间的培养后，顺利融入企业，最终形成与企业共同发展的双赢局面？

一方面，如今的就业市场竞争激烈，公司希望尽可能找到并留住最优秀的人才。出于种种原因，很多公司不敢冒险聘用经验较少的应届毕业生。凯业必达网（CareerBuilder）曾做过一项调查，其中一个问题是雇主认为应届毕业生能否满足岗位条件。报告显示，雇主担心应届生还没有准备好进入劳动力市场，17%的雇主认为，大学里的教学还不足以让学生达到进入企业工作的水平，而高离职率也成为企业不愿意招聘应届毕业生的重要原因。

面对如此高的离职率，很多企业都对这批"天之骄子"失去信任。2009年3月，前程无忧发布的《应届毕业生调查报告》显示，有招聘应届毕业生计划的企业相对于2008年减少了20.2%。2010年7月29日，网易新闻报道：部分企业刻意回避招聘应届毕业生，甚至有企业采用极端手段防止员工跳槽。应届毕业生由于缺乏社会经验，就像一张白纸，有时候很简单的工作都要花很多时间和精力去教，一般需要一个经验丰富的老员工来带，培训的成本比较高，如果新入职的应届生较多的话可能还会降低工作效率。为了保证新进员工的能力水平，企业在招聘和培训等方面做了大量的筹备工作，投入了相当多的人力财力。在已有的研究报告中，员工离职对企业产出有着延迟性的不利影响。应届毕业生高离职率问题已然给就业环境带来了不良影响。企业员工过高的离职率，必然影响企业正常的运营管理，涉及招聘、培训、生产、销售各个环节。企业需要不断支付超额的时间和费用进行调整，其结果必然会导致企业运营总成本的上升，对企业效益产生负面效应。

另一方面，许多企业每年都会招聘大量的应届毕业生，并花费大量的人力、财力进行培训。然而，在这些应届生掌握一定技能后，企业却没有及时地对他们进行职业生涯规划管理，帮助他们确定目标、谋划未来，从而造成了应届毕业生的高离职率。很多企业让应届毕业生下基层实习，从事的工作以及工作时间跟工人一模一样，还要受班长管制，拿的工资也跟他们一模一样，甚至比他们还低，加上实习时间又长，让培训生认为企业只是为了招个便宜工人。没有平台、没有实际的工作岗位，在身边同事的眼中，应届毕业生好像是个"小弟"，很多"前辈"都会把跑腿搬东西的活推给"无所事事"也没有办法推辞的他们，这让应届毕业生认为读了那么多书就是个跑腿打杂的人，心里产生极大的落差。种种原因导致企业出现了年年招聘、年年培训，到年底又是一场空的恶性循环。

因此，企业形成的对应届毕业生的培养是无回报或者低回报的认识，并不能一味地判定是应届毕业生的问题。相反，很多企业认为应届生薪酬成本较低，若企业借此机会投资人力，既可以节省资金，又可以培养新员工在职学习的能力；如今的应届生效率比老员工更高，因为他们是随着科技发展成长起来的一代；坚持聘用应届生有助于企业领导在五年内将最具资质的员工提拔至管理或监督职位；应届生的职业发展能使他们成为企业长达 40 年以上的资产。企业可以利用应届生的青年文化意识，将自己的产品和服务更好地推广给庞大的购买人群。

用马云的一句话：判断一个人能否成功，看他怎么就失败归因。马云指出，从一个人或公司对待失败的态度就能判断他能否成功，那些失败后把原因归结为他人的一定是失败的人或公司。在培训机制足够优秀的公司，招聘应届毕业生的投资回报率最高。所以，无论是应届毕业生还是企业，都要从自身去反思。

误区三：应届毕业生的导师应该选最优秀的人

到底什么样的人是优秀的人？优秀的人又包含了哪些特点？有人说优秀的人是学习成绩好的人，有人说是能言善辩的人，有人说是做事踏实认真的人，等等。有人把一个真正优秀的人的特点归纳为对生命无比热爱、专注于工作、不在乎得与失、注重别人的感受和利益、努力追求成就感和荣誉感、不断学习和成长、性格阳光真诚、低调做人做事。索晓伟在其《谁是最优秀的员工》中提出：最优秀的员工应该具有团队合作精神、应变能力强、会合理安排时间、能塑造自我形象、善解人意、工作踏踏实实等。那么，最优秀的应届毕业生导师应该具备哪些能力？对应届毕业生的培养，导师是否应该选最优秀的人？

目前，企业导师制在很多企业流行，指的是为每一个新员工或者培养对象配备一位导师，让企业中富有经验的资深员工通过正式的或者非正式的途径将知识传授给新员工，让新员工快速地成长以便适应环境。企业导师具有培养和指导被指导者的责任和义务，主要包括对被指导者进行在职知识指导和对职业发展规划提出建议。然而，很多企业认为对应届毕业生进行培养的导师应该是最优秀的，把富有经验、资深、知识储备多等作为最优秀的表现。一些企业认为一个导师在企业的地位非常重要，是引领企业发展的法宝和智囊，认为只有最优秀的导师才能培养出最优秀的员工，能够鼓励长期性的"一对一"的支持性关系，具有言传身教的榜样作用，能够迅速带动企业的发展，并把希望寄托在了导师身上。殊不知，这些被认为是"最优秀"的人，几乎都是上了年纪的老员工，他们在指导新员工时，很难抛弃自己固有的陈旧思想。如《如何从"优秀员工"变成阿米巴领导人》一书中指出：作为培训新员工的管理者很难转变自己的思维定式，一些建议老生常谈，当面对新的压力时往往会不知所措；除此之外，应届毕业生作为活力四射的群体，思想开放、思维活跃，难以接受导师固有的思维模式，尤其是难以接受和传承导师掌握的隐性知识，而这些隐性知识对人才发展的促进作用更为显著。亚马逊创始人贝佐斯曾经说过：企业走向成功的保障就是雇佣最优秀的员工，这是对抗其他公司的有效措施。因此，最优秀的导师不一定是引领企业未来发展的保障，员工的作用也不可忽视，优秀不仅是拥有丰富的经验，而是能随着市场的变化改变自己、与时俱进，适应环境的变化，适合岗位职责的要求。如汇丰银行CHO所说：我们的目标不是选最优秀的人才，而是选最适合工作要求的人才。李泽尧认为：最优秀的人未必就是高素质的人，而是在结合自己素质的条件下，把自己的能力发挥到极致，进而达到或超过公司的工作要求的人。

不可否认的是，应届毕业生导师优秀与否，虽然会对企业的发展有一定的影响，但不是最重要的影响，世界上也不存在最优秀的人，适合岗位需求的人就是优秀的人。优秀并不是你拥有超凡的能力、聪慧的智力，而是你能否与工作的要求相匹配，能否找准自己的定位，求一份适合自己的岗位。就像螺丝帽与螺丝钉一定要相匹配才是合适的，就像《最优秀的人是你自己》一书中讲到古希腊的大哲学家苏格拉底在临终前，嘱咐他的得力助手在半年时间里找一个最优秀的关门弟子。助手竭尽全力还是没有找到师傅满意的接班人，最后苏格拉底对助手说：你就是最优秀的人。世上没有最优秀的人，只有最适合的人。应届毕业生导师也不例外，并不是一个企业里有了最优秀的导师就可以把应届毕业生培养好，很多应届毕业生属于信息时代的新生一代，具有自己独立的思维空间，有自己创新的想法和见解，他们需要能够带动自身发展的导师。

因此，给应届毕业生选导师，并不是要选最优秀的导师，而是要选择最适合应届毕业生个性发展的导师。

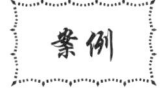

一、如何从"优秀员工"变成阿米巴领导人

对于阿米巴领导人来说，当你感到压力或对新角色不堪重负时，请停下脚步问问自己：

我是否清楚地发掘出了下属的优势和弱势，或者拿他们跟我自己做比较？

我是否在用长远的眼光预测阿米巴团队的能力、挑战和期望？

我的提问是否多过直接给出答案？

我是否设定了明确的截止日期和期望成果，而将具体操作交由团队掌控？

作为管理者，我是否对自己的成长具有耐心？

指导和协调其他人跟自己单打独斗不一样，你很难抛弃旧的思维习惯。当你面对新的责任和压力时，需要转变思维方式。

二、企业招人不求最优秀但求最合适

人才招聘会上，很多求职者抱怨找不到合适的用工单位，而企业则叹息招聘不到合适的人才，企业需要什么人？记者采访了一些用人单位①。

企业招人：不招最优秀的而招最合适的人

在军博招聘会②上，记者看到北京国广物业管理有限责任公司招聘负责人正在和来自沈阳的李小姐交谈，李小姐应聘该公司物业项目经理职位，入职条件中明确界定应聘者为本科学历，而李小姐却是专科，按理说，李小姐是不能入围的。招聘负责人告诉记者，李小姐有两年多的物业管理工作经历，通过她的简历和交谈，他们认为李小姐在这方面有不少实际工作经验，符合公司需求。该负责人表示，企业对人才的要求不是绝对的，不是高学历、最优秀的就最好，而是要找到最合适的人。他说，具体的岗位对人才有特定的素质、学历和技能要求，技能对企业更重要。招聘到适合的人才，可减少培训、实践、考核等环节，既可以降低用人成本，也可以使企业步入快速发展的轨道，增加企业的发展机会和竞争力。

企业用人：既有理论基础又有实践经验的人

正东国际建筑工程设计有限公司计划、技术管理处高级工程师黄工说："到我们这里来工作的，最少要有3年的工作经验。上岗后要能独当一面，岗位工作要能一肩挑。"他们最欢迎那些工作两三年后又去读研再度返岗的人，这样的人，专业知识功底扎实，理论水平高，在改革发展、技术创新中能起到带头作用。他告诉记者，应届毕业的专科、本科及研究生招录后，需要通过人力资源部培训，还得有老同志来带。但现在的大学生，有的心高气傲，根本就瞧不起那些在一线工作多年、经验丰富但学历没他们高的同事，自己想怎么干就怎么干，难以约束。师徒之间总有一条鸿沟，易出现"带的不爱带、学的不爱学"的情况。出现这样的情况，企业也十分头疼，这样的人关键位置不

---

① 冉常友. 企业招人重视什么 [J]. 学子，2003：33.
② 尹起浩. 化工行业：机遇多 企业选才标准各异 [J]. 中国大学生就业，2011 (19)：39-41.

能胜任，普通位置不愿去，只得"闲置"。那些理论知识丰富、好学上进、打破砂锅问到底的学生，企业是十分看重的，经过一两年的实践，都能成为专业技术骨干，有的甚至能成为专家型人才。所以，企业录用应届毕业生持谨慎态度，这也是由企业的性质所决定的，一时无法改变。

企业培养：谦虚好学有吃苦创新精神的人

北京建工集团艾总说："企业的发展依赖于人才，企业的竞争其实也就是人才的竞争。"北京建工集团在庆祝集团成立50周年科技质量大会上宣布启动未来三年重点培养人才规划。艾总说，国有企业普遍面临人才流失严重、吸纳人才困难等问题，为了振兴建工技术实力，他们将从企业实体、招聘人才中选出一批谦虚好学，有吃苦创新精神的人员重点培养，使他们成为"优秀经营、优秀项目经理、高级专家、现代管理、高级技工"的专门人才。集团副总经理田振郁说，要从企业生存发展的战略高度，从集团发展成为具有国际竞争力的企业的高度认识人才培养的重要性，把那些能吃苦、肯动脑、善创造、勇攀登的人才集中起来，给他们提供环境和舞台，让他们迅速达到培养目标，实现自身价值，为集团作贡献。

专业人才需要企业来培养

黄工说：不同的企业，不同的岗位对人才的能力要求不同，有的重视研究能力，有的重视公关能力，还有的重视组织能力，而这些能力都是学历无法直观展现的。作为企业，每个岗位的专业性都很强，没有一定的专业技能是无法开展工作的，而大学生在学校所接受的专业知识要用于实践，还必须有一个在企业接受再培训的过程，所以专业人才需要企业来培养。建工集团人力资源部负责人说，专业技术骨干、高级专家型人才，只能靠集团科技发展委员会和人力资源部联手，依托工程项目、科研课题等实质性工作，通过师带徒的方式来完成和实现。企业要求应聘者的学历，实质上就是要求来企业工作的培养对象的基础和综合素质，真正的技能要在实际操作中培养。

人才是能创造最大利润的

真正的人才是企业看重、不愿失去的。办企业的目的是盈利，许多企业表示：人才是能够在自己的岗位上做出成绩，能够直接或间接给企业创造利润的人。判断一个人是否为人才，不是只看他的职位、薪酬和学历，有突出贡献、能圆满完成任等；只要是能为企业创造价值、能够促进企业发展的人，就是人才。

三、汇丰银行 CHO：我们不选最优秀的人

汇丰银行是世界规模最大的银行及金融服务机构之一，也是港币三间发钞银行之一，在全球 87 个国家和地区共设有约 7500 个办事处。随着规模不断扩大，其员工数量不断增加，其中 90% 以上的员工是在当地聘请的。

下面结合汇丰银行的招聘、培训、业绩考核等方面来谈谈汇丰集团的人才管理机制。

汇丰银行 CHO 张玮表示，汇丰银行的人才管理机制包括很多方面。其中有一个非常出名的培训机制，可以分享出来供大家参考：我们每年都会从各地一些非常不错的高校中招聘应届大学生，然后开展我们的管理生培训计划。我们希望招到当地的优秀人才，然后通过我们有效的培训体制，让他们逐步成长为既了解当地市场，又懂得国际操作惯例的职业银行家。其实，我们的培训计划从 1991 年就开始了。

对应届毕业生而言，这个计划给他们提供了一个很好的机会。他们可以去了解银行每个部门的业务流程，也会有很多课堂培训作为辅助。同时，汇丰银行还会给他们提供海外培训机会。在英国总部，他们可以认识来自世界各地的同事，了解汇丰银行很多在中国还没有开展的业务，对他们自身的提高是很有帮助的；对于企业而言，核心力量是推动发展的主要动力，而我们正是通过这样严格的选拔和标准化的培训来培养银行的核心力量。通过这个培训计划，他们会对银行的运作、价值观、工作流程有非常强的认同感，能够很好地融入汇丰银行的文化，增强他们的归属感。当他们从培训班毕业以后，将会走上汇丰银行各个部门的管理岗位，担当经理的职位。那么，他们就能够起到一个桥梁的作用，可以把汇丰银行的精神很好地传达给当地的员工，在银行与当地员工的沟通中起润滑剂的作用。

误区四：应届毕业生都很脆弱，无责任心，承担不了压力

责任心，即责任感，是人对事物的态度和对自身的约束能力，从本质上可以说是人对世间万物所体现出的一种意识形态。尽管一个人有高学历、强能力和好才华，但如果缺乏责任心，也不能任用。曾有一份求职调查结果显示，用人单位在挑选应届毕业生时，把"责任感"作为首要的考量因素，可见，有责任感的应届毕业生在企业是最"抢手"的。总之，不管在重要岗位还是普通岗位，都要谨记责任，无论你的能力强不强，你对工作的态度很重要，相信

只有对工作认真负责的人，才是最可能完成工作的人。

有人认为，应届毕业生心灵比较脆弱，抗压能力弱，离开了校园第一次踏入职场的他们对人际交往的认识还不够，往往在工作中一个小小的失误或者被上级领导批评，都容易击垮他们脆弱的自尊心，而他们又缺乏自我情绪控制能力。2012年，陕西晋中某企业从招录的一批应届毕业生中发现：刚入职的员工有在工作期间打游戏、看电影、上网聊天等行为，时间观念极差，上班经常迟到，有的人从不佩戴工作牌，对领导安排的工作能拖则拖，不能拖就说自己是新人、能力有限等等。现在的应届毕业生有一部分从小衣食无忧，没有经历过什么苦难，很多人养成了懒散的习惯，缺乏纪律性、难以对自己进行约束，对工作没有尊重和敬畏，往往会产生"干不了就不干，反正家里人养得起"的想法。现实中个别应届毕业生在入职后出现了这些不佳表现，导致很多企业对应届毕业生的第一印象就是"他们带有这些缺点"，从而不愿招录应届毕业生，设置高准入门槛，使很多应届毕业生失去机会。

我们不得不承认的是，应届毕业生离开校园初入职场，面对新的环境难免会有胆怯和压力，对入职工作没有一个正确的认识，但谁都会经历这样一个过程，每个人都是在不断积累经验中学习和提升自我能力的。而一些支持招录应届毕业生的企业认为：首先，应届毕业生学习能力强、潜力大，有利于企业对人才的培养；其次，他们刚从学校毕业，想法单纯，对社会的认识不是那么深入，没有太多急功近利的想法，想一心做好自己的本职工作，有利于增加对公司的忠诚度；再次，应届毕业生有活力、有创意，投入工作的积极性极强，想法比较新颖，能为公司带来创新的想法，这是很多老员工所不能及的，也是很多企业看重的；最后，通常应届毕业生比较年轻，家庭压力比较小，可以全身心地投入到工作中，工作努力，积极进取，身体素质良好，这也是企业看重的，因为年轻人工作有干劲，效率会大大提高。上述几点也是企业虽然对刚入职的应届毕业生有担忧，但还是愿意从校园大批招录的原因。

面对新环境，应届毕业生难免会不适应，对待工作难免会懈怠，对工作的认知和认同感不强，需要一定的时间去适应和改变，不是每个人都能一下子融入新环境中，也不是说应届毕业生没有其他优势可挖掘和利用，应该在看到他们有些不足的同时充分挖掘他们的潜力，在较短的时间内帮助他们克服内心脆弱的一面，增强对企业的认同感，从而使其具有强烈的归属感。除此，应该认识到应届毕业生的可塑性较强，充分利用好应届毕业生的活力和创意、对工作的单纯、极强的学习能力等，使其促进企业效益的提升。

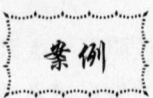

山东的一项调查表明：有责任感的应届毕业生求职最受欢迎[①]

眼下正是应届毕业生忙着找工作的时候，用人单位需要什么样的应届毕业生？山东人才网对200家用人单位的人事主管调查发现，在用人单位选人的诸多条件中，"责任感"排在第一位。

调查结果表明，用人单位的人事主管在招聘应届毕业生时，看重的因素依次是：责任感、团队协作精神、进取心、灵活应变能力、表达能力、独立性、自信心、承受压力能力、待人接物能力、在专业领域的特殊才智等。

值得一提的是，沟通协调能力与团队协作能力越来越被用人单位看重。平时在学校参加社团、组织策划过某些项目的大学生受到用人单位欢迎，因为这些大学生到了新的工作环境后，很快就能承担一些重要的工作。

当然，对于应届毕业生而言，要获得面试资格还必须具备专业对口等硬件。接受调查的人事主管70%以上认为，大学生要获得面试机会，专业对口、高学历是用人单位的首要考虑因素。另外，社会实践经验、外语水平、计算机水平、综合能力也是一个应届毕业生能否获得面试机会的重要参考依据。

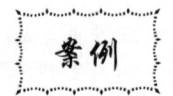

90后毕业生就业故事多　富创造力缺责任感[②]

优缺点都鲜明　富创造力缺责任感

虽然这批90后入职时间还不长，但是用人单位已经对这群人的工作态度以及工作能力有了初步的印象。

山西晋中某企业今年刚刚招入了一批应届毕业生，从一线技术人员到办公室的文员都有。该公司人力资源经理高先生向记者表示，刚入职的90后毕业

---

① 新华网山东频道. 有责任感的应届毕业生求职最受欢迎[EB/OL]. [2007-12-08]. https://news.qq.com/a/200712 08/001106.htm.

② 中国考研网. 90后毕业生就业故事多　富创造力缺责任感[EB/OL]. [2012-10-08]. http://career.eol.cn.

生能力都还不错,做事情不拘泥,并且普遍计算机水平和外语能力比较强,但是他们中间许多人的工作态度都不太端正:经常发现刚入职的员工在工作期间利用公司的电脑打游戏、看电影、上各种社交网络等。迟到早退也是常见现象,有的人上班甚至从来不佩戴胸卡。

在太原市高速公路有限公司上班的小常,几天前就因为在上班时间打游戏被领导抓住了。他告诉记者,自己从高中开始就一直玩"大话西游",对这款游戏的瘾很大。"以前几乎所有的空闲时间都在玩'大话西游',现在在办公室里上网比较方便,有时候就管不住自己偷着玩一会儿,杀杀妖怪练练手,结果就被领导抓住了。"小常对记者说。因为此事,他被罚了三天的工资,向公司作出了再也不打游戏的保证。

在山西大学从事学生实习派遣工作的周媛老师认为,90后毕业生就业后的自身问题主要体现在职业技能和性格习惯方面。

"就职业技能而言,现在的毕业生普遍理论水平较高,但是实践能力较差一些,这往往成为他们工作的掣肘;而从性格方面来说,现在90后家庭条件普遍比较优越,从小衣食无忧,很多人就养成了不能吃苦和懒散的习惯,并且纪律性较差,而从相对宽松的大学到制度严明并且竞争激烈的工作单位间的环境转换造成了不适应,从而引发了一系列的问题",周媛说。

误区五:培养应届毕业生是"教会徒弟,饿死师傅"

"教会徒弟,饿死师傅。"这可能是我们在职场最常听到的一句俗语,说出这句话的往往都是担心教会别人,就会撼动自己位置的"职场老鸟"。还有一些是觉得自己的上司或领导在工作中不坦诚教授,很多事情都藏着掖着,不让自己学会的"职场菜鸟"。但是,教会徒弟就真的会饿死师傅吗?在这里分享几个故事。

有一名老化验员,业务精通,技术熟练,工作更是任劳任怨,去年单位分来了一个大学生跟她学习化验,一年后那个大学生基本学成。可就在最近,单位突然提出岗位精简,万万没想到她自己被减了下来,领导重新安排她去干从未做过的工作,她伤心委屈更感到不公平,原来她只当"教会徒弟,饿死师傅"是开玩笑的话,现在居然成为现实!难道这些年的辛苦努力,都比不过一个新来的大学生?![1]

---

[1] 教会徒弟饿死师傅?[EB/OL].[2010-10-27]. http://bbs.foodmate.net/thread-401175-1-1.html.

最近，老王也遇到同样的困惑，老王在一家广告公司上班，公司共有15名员工，其中有3名是元老级的员工，2007年他们中有2名是跨行业到这家公司的，有1名是毕业不久的大专学生。这几年中，老王可以说是手把手地教会了他们如何做方案、做活动，如何客观地介绍媒体以及解决广告推广中的常见问题。经过几年与市场的不断磨合，他们的业绩层层上升，但是却越来越不好管理了。现在公司的新业务中招来的大多也是一些"一无所知"的应届毕业生，老王想和以前一样教他们工作方法和技巧，但是又担心，以后业绩真做起来，又不好管理，到底该不该把自己十几年总结的工作方法和工作技巧毫无保留地教给新员工呢？①

大多数企业的管理者和培训导师都对"教会徒弟，饿死师傅"这句话存在误解。实际上，在当今快速发展的社会，对于一项工作，徒弟越早学会、越早上手，对这个部门和公司都是一件好事。相反，如果徒弟越晚上手、越无知，那身为其领导和上司的人就越麻烦，部门也会碰到很多麻烦，其他的同事还要帮忙收拾残局。所以，一位真正有管理认知的师傅，通常都知道坦诚教授的重要性。

真正有能力、有水平的师傅从不担心教会徒弟就会被饿死，为什么呢？真正的知识和技能水平都是通过长年累月的勤学苦练得到的，不是看一眼或者随意说教几句就能掌握的。如果你在工作时藏头露尾，成天忌惮着会被徒弟偷师，那通常就说明这个师傅的真实水平也高不到哪去，可能也就比徒弟多知道一些工作的窍门和几项小技能而已。

很多徒弟认为拿到一个"模板"就能够解决工作中遇到的任何问题，然后天天向师傅要解决问题的"模板"。事实上，你仅仅是拿了一个问题的解决"模板"而已。但凡真正有能耐的师傅，都是乐于和别人分享知识的人，因为在分享过程中自己也可以得到提高。而且，即便是师傅愿意倾囊相授，能够真正沉下心去学的徒弟也不多。

当然，任何晚辈都不要抱着师傅教你是义务的心态，如果你连对他人的经验和学识的尊重都没有，那恐怕就没人愿意向你传授经验和知识了。

所以说，"教会徒弟，饿死师傅"是大家对新人培养的认识误区，实际上，师傅对徒弟坦诚相待，带动徒弟学习和钻研，不仅能够提升企业本身的竞争能力，加强企业适应社会发展的生存能力，也能够激发人力资本存在的潜力。如何处理好师傅和徒弟之间的关系，促进其相互学习和进步，是应届毕业生培养的关键所在。当然，在通过"传帮带"培养新人的过程中，加强对新

---

① 教会徒弟，饿死师傅，该把自己十几年总结的方法和技巧毫无保留地教给员工吗？[EB/OL]. https://baike.1688.com/doc/view-d21860615.html.

人的感恩教育，也是新人培训工作中的重中之重。

误区六：培养应届毕业生是人力资源部的事情

人力资源部是企业的重要组成部分，不仅负责公司的招聘和薪酬方面的工作内容，更主要的是做好企业内部培训。人力资源部门自身肩负着人力资源规划、员工招聘与配置、绩效考核、培训与开发、薪酬福利管理及劳动关系六大模块的工作职责。特别是对人员培训方面，需要从企业的战略规划和发展目标出发，根据其内外部环境的变化，预测企业未来发展对人力资源的需求，保证企业人员分布上的科学与合理。

有些企业认为培训员工是培训部门的事情，与自己无关。培训没搞好，将全部责任归咎于培训部门。培训部门确实负主要责任，但不是全部责任。培训部门只是主导协调的部门，培训下属应是集体义不容辞的责任，培训只有全员参与，才会产生最大的价值。

有这样一个案例①，与柏明顿合作的客户中，有一个从事高科技生产的家族企业，由于公司规模持续扩张和经济效益稳步提升，公司高层逐渐感觉到，员工的综合素质和技能已无法满足公司快速发展的需要，并将成为制约公司可持续发展的一大瓶颈。于是，公司决定将全面提升员工素质和技能当作人力资源部门长期关注的重点。

这家公司根据发展需求，重新修订了现有岗位的任职要求，同时向员工下发了培训需求调查表，但是调查结果显示，很少有员工提出明确的培训需求，而且大部分员工的反应较为冷漠。于是，人力资源部提出培训计划，并开展了一系列的培训活动。

由于各部门业务非常繁忙，这家公司做出硬性规定：除特殊原因外，所有相关员工必须参加培训。经过一段时间的培训，员工素质和技能均有一定程度的提高，但是课堂气氛呆板，员工不主动参与互动，受训员工对所学知识不能融会贯通，参加培训只是为了应付培训后的考试。

经人力资源部了解，产生以上现象的主要原因是员工对自己在素质和技能方面存在的"短板"认识不清晰，不认同人力资源部门确定的培训内容，对公司硬性规定有抵触情绪。因此，部分员工学习热情不高，基本以"应付"的态度对待培训。

一些企业认为培训只是人力资源部门的事情。还有些企业急功近利，培训

---

① 员工对培训为何如此冷漠 [EB/OL]. http://sh.yuloo.com/hr/knowledge/pxfz/88735.html.

了几次员工，就想马上见效。许多企业将老、大、难的问题，交给培训部门来解决，这又是一个不合理的因应措施。

　　培训不是处理问题的唯一手段，也不要因为找不到解决方案就"推卸责任式"地把问题推给培训部门解决。依据某商业杂志对变革工具的分类，遇到管理问题至少有四大类工具可以被选择运用。

　　文化工具：愿景、企业文化、组织氛围与公司制度规章规定等。
　　领导工具：管理影响力、内部沟通说明、共识倡导营销等。
　　权力工具：角色定位、控制系统、财务诱因与职位升迁等报告体系。
　　管理工具：战略规划、绩效评估、培训、标准作业流程等。

　　也就是说，遇到管理上的问题，解决工具的选择是非常多元的，要先思索运用什么工具，不同问题要用不同工具来处理，有时需要多种工具交互运用，做到多管齐下、灵活使用。所谓的培训，也只是众多得以运用的工具之一，不客气地说，还是不一定有立竿见影效果的工具。培训要面对难以解决的问题，包括较弱的执行力、纪律不彰、士气低落、职业操守差等。这里绝不是要低估培训的重要性或是效果，但如果单靠培训，效果会大打折扣。①

　　我们应该明白，培训是个系统，不是一两个部门能操纵的。培训能不能建立，一是看需求，二是看投入，三是看原有的内部团队。培训不是一朝一夕的事情，而是一种持续的行为，需要多个部门参与协同，共同培养应届毕业生的职业能力。

误区七：应届毕业生成长是他自己的事情，其他干预的成效有限

　　企业对于应届毕业生的成长一直存在这样的一个误区，即应届毕业生的成长主要在于毕业生自己，除此之外的其他干预对于应届毕业生来说，成效是逐渐递减的。但事实上是，应届毕业生的成长和企业的成长，与企业对应届毕业生的培育分不开。大家都知道企业的"企"字，是由"人"与"止"组成的，其本义是抬起脚后跟站着，今用为盼望的意思，如企盼、企望、企求等。但我们从企业社会责任的角度，也可以做这样的理解："人"在，企业在；"人"走，企业"止"。这里的"人"，就是指企业的员工，包括它的管理人员。从这个层面来说，企业对员工成长的帮助，实际上是有利于企业自身发展的。

---

① 企业管理咨询网. 成都创昕企业管理咨询有限公司：别把所有难题都推给培训［EB/OL］.［2014/12/24］. http://www.consulting-china.cn/detail_wz/2014-12-24/4820.html.

如果只强调企业发展、企业成长，忽视员工发展、员工成长，就很难行得通，其后果是员工要么"用脚投票"，要么消极怠工甚至起破坏性作用。珠三角、长三角地区近年来出现"民工荒"[①]的一个十分重要的原因就是，随着60、70后民工逐渐退出，80、90后人员逐渐成为民工主体，但企业的人力资源管理部门却仍保持着对员工成长重视程度不高的思维模式。

在美国《财富》杂志最新公布的全球前500家企业中，IBM公司名列前茅[②]，这500家企业绝大多数在使用IBM公司的产品。是什么力量使IBM历经风雨而不断发展呢？IBM自己总结说，"杰出尽职的人才组成团队是成功之本"。IBM公司的发展及多元化的文化需要，使IBM要经常招纳新员工，补充新鲜血液。对于毫无经验的新员工，IBM公司不仅对其情有独钟，而且十分重视对新成员的培养，在IBM[③]看来，经过4个月的培训，只是使受训者有了一个IBM员工的基本概念，要成为IBM的正式员工，还要经过一年的实习。实习期间，公司给每个新员工派一位师傅，一对一地进行传帮带。而且，师傅和徒弟要共同制定一个实习计划，明确师傅教什么、徒弟学什么，师傅会定期向人力资源部和新员工所在的部门反馈实习情况。实习结束后，就到了选择走什么路的时候了。

IBM把员工当作企业最重要的资产，为员工提供管理和专业两种成长渠道，使员工有多种机会和广阔的空间去发展自己的职业生涯，实现个人的职业理想。另外，IBM有非常完备的员工培训制度和具体实施计划，广泛采用和推广网上培训，提升学习和工作的效率，激发员工的个人发展潜力。IBM公司正是将员工成长作为企业成长中的重要部分，才取得如此成就。

实际上，应届毕业生作为求职过程中的"职业菜鸟"，其本身是一种并未被合理挖掘的资源。许多企业会因为应届毕业生无工作经验，特别是认为当前90后作为企业发展人才的生力军，不能吃苦且缺乏工作意识，而忽视他们的优点。过分地高估对应届毕业生培养的成本投入。其实，应届毕业生的成长不只是他们自己的事情，企业对于这类新员工的成长辅导发挥着重要的作用。企业应该改变原有的看法，重视新员工和企业共同成长的内在需求。对应届毕业生进行积极有效的外在和内在干预。一方面通过已有的员工培养体系，为新员工制定详细的成长计划，通过不同阶段、不同岗位、不同任务的训练，逐渐提升新员工的业务水平和技术水平；另一方面，着重加强对新员工的企业文化构建，培养其对企业的认同感和归属感，同时，加强对新员工感恩意识的培养。

---

① 刘军胜. 让员工与企业共同成长 [J]. 企业管理, 2011 (7): 6-9.
② 李荣生. IBM: 让员工与公司一起成长 [J]. 中国培训, 2000 (08): 8-9.
③ 佚名. 美国: IBM建网上大学 [J]. 成才与就业, 2011 (17): 62.

由此，能够有效地减少新员工的流失，避免企业培训成本投入的损失。

误区八：应届毕业生的招聘由人力资源部去做就可以了

随着我国经济的发展，人力资源管理在企业中越来越重要，招聘更是人力资源管理工作的重中之重，它既是有效进行人力资源管理的前提，又是人力资源管理的关键环节。很多企业认为招聘应届毕业生只是人力资源部门的事，与其他相关部门没有关系，出现这样的误区主要有以下几个因素：第一，在招聘应届毕业生之前，人力资源部门要制定人才招聘计划，并成立人才招聘小组，招聘小组由人力资源部经理负责，在有些情况下主管人力资源的副总经理要对此事负责；第二，在招聘实施的阶段，面对应聘者，人力资源部门相较于其他部门来说更专业，对于面试过程中出现的问题和疑惑，人力资源部门有更好的措施应对；第三，在面试结束之后，人力资源部门对应聘者的筛选显得更有效率；第四，对应届毕业生的接收和跟踪阶段，人力资源部门发挥着重要作用。因此，在应届毕业生的整个招聘过程中，人力资源部门是不可或缺的，这也致使很多企业认为招聘应届毕业生，由人力资源部门去做是理所当然的。

但是，随着社会分工日益复杂化，企业不断追求收益最大化，为了让空缺职位能招聘到合适的人选，相应的人才需求部门应该发挥其应有的招聘职责，将合适的人才放在合适的岗位，充分体现人尽其才。

案例

业务部门与人力资源部门存在"两层皮"的现象，既存在于人才的招聘、培养方面，又存在于人才的业务能力未能有效地与其他部门相融合上。这既需要企业提供一个使双方成为利益共同体的激励机制，也需要企业提供一套使彼此能有效沟通的方法论。在这个方面，海尔是走出标杆实践的第一家企业，他们的财务、人力、法务、战略、IT五个部门分别派出BP（业务伙伴），组成了一个叫作"三自（意为自创业、自组织、自驱动）"的部门，一起协同实现对前台的影响。招人是非常困难的事情，很多公司都是依靠HR（人力资源部门），从浩如烟海的简历中发现人才，打电话、预约面试。但在阿里巴巴，HR的流程是反的，招人变成了项目经理、产品经理自己的事情。马云强调："千金易得，一将难求。不要把招人的权力随意下放给项目经理和HR。"马云当年反复强调招人的权力，这个人是否能进来，要老板自己做决策。腾讯的HR认为，招聘是最不能授权的事，越是往一线授权，可能招到的人就越是那种处在"神经末梢"的执行单元，他们只会把眼下的活干好，不会去拓展一下思维，更不会为企业的经济利益思考。所以腾讯公司强调：部门第一负责人一定要面试，如果这个负责人的管理幅度太宽、工作很忙，要授权给总监，这位总监也一定是被认可的有能力做好高标准人才把关的人。

从上面的例子可以看出，招聘人才并非只是人力资源部门的事，要与公司的整体发展目标相协调，就要让人才需求部门负责人和人力资源部门一起对需求人才进行招聘，这样可以提高应聘者与岗位之间的匹配度。如果将招聘工作主要交由人力资源部门来承担，那么，用人部门在员工招聘方面大多被动等待，参与度较低。同时，由于部门用人标准不明确，往往会出现通过人力资源部筛选的候选人经过用人部门面试和测试后，被用人部门拒绝录用等情况，造成员工招聘工作重复低效。人力资源部门应更多发挥其人才战略规划功能，重视招聘与企业战略相结合，分析企业内部各个岗位的人才需求细则，招聘更合适的人才。

误区九：应届毕业生的培养没有 3 年时间是不行的

应届毕业生有以下特征：首先是职业规划模糊、没有工作方向；其次是刚离开校园抗压能力小，对工作有新鲜感和热情，但是遇见困难容易退缩；最后是长期在家长的溺爱中成长，性格不稳定、容易感情用事。所以，需要对刚入职的应届毕业生进行岗前培训，使其对公司有一个全方位的了解、认同公司的事业及企业文化，坚定自己的职业选择，理解并接受公司的共同语言和行为规范，让其职业规划跟随公司的发展。同时，使应届毕业生明确岗位职责、工作任务和工作目标，掌握工作要领、工作程序和工作方法，尽快进入岗位角色。但是，对于应届毕业生后期的职业生涯规划成长路线，需要企业投入大量的人力、物力、财力和精力，将应届毕业生培养成企业内的一名中层管理人才更需要大量的时间成本，所以存在一种误区：应届毕业生的培养没有 3 年时间是不行的。

案例

不少企业招聘人员表示，并不排斥招聘应届毕业生，反而很愿意招聘毕业生，自己培养储备人才，有利于增加企业的凝聚力。但毕业生常吃不了苦，熬不过 3 年的职业沉淀期。深圳激扬光电有限公司就出现过这样的情况：公司给应届毕业生的起薪是技术类3000元/月；工作了4～5年的熟手，月收入可以到1万元左右；若带团队，月收入则高达1.5万元；如果应届毕业生能坚持熬过3年，好好学习，则有极大的机会成为公司的骨干甚至中层。但现实情况往往是，他们干了还不到1年就跳槽了。据该企业统计，近几年，往往是招10名应届毕业生，3年后最多只能留下2人。企业还表示，一名大学生毕业后进入公司，到成长为一名基本合格的工程师，要3年时间。同时，也有一些企业将员工的培训放在重要位置，比如宝洁公司（P&G）制定了三全立体培训体系，即三全立体培训体系模型：全程——职业生涯时间维度（入职、职业生涯早期、职业生涯中期、职业生涯后期）+全员——职位维度（M职位系列、A职位系列、T系列）+全方位——内容维度（基础素养、专业素养、管理素养）。全程：指从新员工入职到退休，宝洁推行全职业生涯规划，在每个阶段都有对应的培训与之配合。对于一个员工进入职业生涯中期，即所谓的职业生涯平台期后，宝洁鼓励员工横向发展，成为资深的讲师。全员：指公司内所有员工，从生产制造、市场营销到IT服务，都是宝洁培训体系的覆盖对象。全方位：指宝洁将提高员工素养作为培训的主要任务。将员工素养又分为基础素养、专业素养和管理素养三大类。同时，企业更应该重视的是根据不同的岗位需求对人才进行有针对性的培养，充分发挥人力资源部门的战略规划思想，提前做好人才梯队培养规划，并且能根据员工的不同性格、能力、资历水平制定不同的人才培养计划。

综上所述，新进应届毕业生经过一系列的培训，在接受相关业务知识、职业素养培训的同时，接受企业文化的熏陶及团队文化的引导，能力及素质将得到很大的提升。但这只能稳定一时，根据马斯洛需求理论，人的需要在基层需求得到满足的时候，将提升自我需求为更高一级的需求，因此需要为员工提供提升自我的机会和平台。应届毕业生入职半年后，应根据本人特点和公司需要制定1～3年的成长计划，让新员工看到希望。

误区十：培养应届毕业生是为他人作嫁衣

作为公司长远和扎实的人才渠道，校园招聘为公司引进了大批专业对口、具备基本综合素质的人才，公司对应届毕业生也充满了期盼。然而，应届毕业生的离职率居高不下，导致人力、财力、物力的浪费。公司陷入了想招应届毕业生为企业培养所需的人才，但又害怕为他人作嫁衣的两难境地。企业之间的竞争归根结底是人才的竞争，为此，应认真分析应届毕业生离职的情况，有针对性地采取措施，并逐步摸索和建立一套应届毕业生培养经验。

很多中小型企业存在难招到合适人才的问题，即使是招到合适的人选，在将其培养成公司的管理层人员时，就会出现为他人作嫁衣的现象。例如，在深圳市第八届技术技能人才招聘会——IT及电子业专场上获悉，不少企业仍有招聘应届毕业生的需求，可是面对一些应届毕业生干不了多久就跳槽的情况，企业又面临培训人却用不到人即"为他人作嫁衣"的局面，企业招聘人员纷纷表示：应届毕业生只要坚持熬过入职后头3年的"沉淀期"，必定会迎来好前途和好"钱途"。与此同时，也有企业人事负责人认为，不应一味挑剔应届毕业生，企业应该思考自己有没有创造留人的"土壤"。深圳市天翔绿能电器有限公司人力资源部表明："现在的孩子普遍家庭条件好，吃不了苦，认为干技术就是干苦力，不愿意干。经常是我们刚培养好他们，他们就跳槽走人了，我们是在给别人作嫁衣。要让这些应届毕业生稳定下来，首先工资和基本的福利要有保障，有些企业不给买社保，不给买公积金，肯定留不住大学生。还有就是应届毕业生一来，符合深圳入户条件的马上就要给他们办户口，部分企业通过户口'卡'人，肯定是不合适的。其次，要让应届毕业生感觉在企业能学到东西，既然招的是刚毕业的学生，就要考虑到他们没经验，企业必须投入成本对其进行培养。最后，企业内部应该建立人才的梯队机制，让人才有发展、上升的空间。"同时腾讯HR也对员工的流失进行了分析，得出"进公司满3年的毕业生的流失率是普通员工的3倍"这一结论。优秀毕业生是腾讯人才的重要来源，会得到非常好的待遇和培养资源。毕业生从进公司到独当一面，平均需要3年时间。入职3年的毕业生，正是投入大量资源刚刚培养起来的骨干。

部分企业应届毕业生离职的原因是对未来的职业发展目标不清晰，对未来的发展方向迷茫。明确的职业生涯规划是应届毕业生与企业共同发展的指引。因此，建立应届毕业生职业生涯规划至关重要，要引导其明确自己的职业定位和职业发展方向，将个人发展与企业发展所设定的职位技能相匹配，开发培养与职位相适应的职业素质，让其看到自己职业发展的轨迹和终极目标，并在不同时期对其进行引导、跟踪和修正。同时在工作中要适当安排一些具有挑战性的独立工作，锻炼应届毕业生的适应能力，使其在工作中成长，增强其自我认同感和价值感。为不同性格和价值取向的应届毕业生开辟不同的职业通道，促进其发展成长，进而促使应届毕业生的自我价值得以实现。

误区十一：应届毕业生的招聘和培养与小公司无关

目前，越来越多的企业喜欢招用应届毕业生，如华为、联合利华、宝洁公司等，大胆地使用提拔德才兼备的新人，这对一个组织的活力，尤其是对组织的发展有着非常重要的战略意义。新人有许多独有的特点，如学习能力强、可塑性强、人力成本低、易于培养、充满拼劲、为组织带来活力等，这些特点或许是老员工和辗转职场的求职者所不具备的。尽管应届毕业生有如此多独特的优点，但其流动率却长期居高不下，这也反映出目前许多企业在新人的招聘以及管理中存在许多问题。

用成长构建 MT 发展正循环——阳光城集团"光之子"项目

管理层重视："光之子项目"得到公司高管的大力关注，"光之子"的成长也得到公司认可。2017 年 9 月，14 名"光之子"破格升职到副总监岗位，被赋予中层管理干部岗位职责，担任地产项目、区域各职能负责人或副职角色，完成从个人贡献者向团队管理者的重要转变。

保留率合理：不包含新入职的 2017 届"光之子"，前 4 届"光之子"的综合保留率为 77.67%。

出苗率喜人：14 名"光之子"晋升到中层管理层，其他岗位晋升率为 67.5%。

管培生项目与其他人才发展项目最大的不同在于，学生起初对于企业贡献较少，需要更长的培育周期，但一旦进入正轨，管培生本身优秀的综合素质和强大的企业认同感，将比同样能力的社招员工爆发出更为强大的力量。选材、培养、成长、发展，四个维度通力协作，才能形成管培生培养的正循环，而其中更以成长为四者中的原动力，唯有成长不会辜负努力，以选材为基础，以培养做助力，以发展做拉力，让"光之子"的未来更加灿烂！

毋庸置疑，高素质的新人会给企业的生存和发展带来巨大的影响，因此行业巨头或者大规模企业都惯于提拔起用新人，使其能为企业作出贡献。在实践中，对新人的青睐往往成为大型公司的标配，小型公司或者初创公司却陷入不敢聘用应届毕业生的忧虑中，一方面认为培养新人成本太高，另一方面是新人的流动性强。麦可思研究院发布的《2016 年中国大学生就业报告》显示，中小企业雇用了超过一半的应届毕业生。事实上，在被问到为什么选择校招生时，HR们频频提到"学习能力强""可塑性强""有创意有想法"等，以此概括应届毕业生的独有特点。

结论：小公司也需要重视应届毕业生的招聘和培育。

首先，出于人才储备的需要——找到认同公司文化、陪公司走得更远的年轻人。以初创公司为代表的小公司业务普遍不稳定，人员流动性大，热切希望能找到陪公司走得更远的年轻人。正如里德·霍夫曼在《联盟》一书中写到的，我们早已告别终身雇佣制的时代，需要建立新型忠诚观，管理者和员工相互信任、相互投资、共同受益。其次，相比大型公司完善的发展体系而言，小公司尚未成型的发展体系无疑为新人提供了得天独厚的参与机会，更能激发新人的"事业心""成就感"，实现企业与个人的共同发展。智联招聘发布的《2016年应届毕业生就业力调研报告》显示，对90后应届毕业生来说，工作不仅是谋生的手段，更是成就自我的重要途径。接受调查的应届毕业生中，62.6%的被调查者选"挣钱"，71%的被调查者希望通过工作"成就自己的事业"。毫无疑问，职场新人希望通过工作获得自己的成长空间。

第二章 认识新人——应届毕业生认知

一、整体社会对90后应届毕业生的认知画像

(一) 性格特征

人的性格受生活、工作环境等外在因素的影响,在社会生活实践中逐渐形成对现实比较稳定的态度,不因时间、地点的变化而急剧改变,是一个人在习惯化的行为方式中表现出来的人格特征。性格是区分个体之间人格差异的关键因素,但不是一成不变的,而是可塑的,工作、生活等因素的重大变化往往会造成一个人性格特征的变化,因而人的性格往往具有更多的社会属性。

90后的情感强烈[①],外显而又张扬,但深度不够,具有情绪心境化、隐蔽性差的特点。社会环境的现实情况使一些90后大学生情感上躁动不安、荣誉感强、虚荣心强。他们物质生活丰富甚至奢靡,精神生活却又空虚迷茫。在他们张扬傲慢的背后是孤寂、无奈和无法宣泄的压抑情绪。90后大学生正处于"疾风怒涛"的情感时期,在对喜爱的对象表示热衷、对信服的人表露出钦佩和羡慕、对取得成就时欢欣鼓舞、对不平之事表示愤慨等方面的表现程度,比90前的大学生更为强烈。随着年龄的增长,社会刺激的增多,其自我调节的能力本应不断增强,但一些90后不善于控制自己的情绪,放任甚至是放弃了自己宝贵的情感,而选择去麻痹甚至是戕害自己的情感,这是一个值得关注的问题。

虽然90后性格不是那么沉稳,心性也不成熟,考虑事情也不够周到,但是有些公司仍然喜欢招聘应届毕业生,特别是创业类公司。如果以创业公司HR的视角来看,原因显而易见:便宜又努力,提升空间大。应届毕业生起薪低,又不像有些职场老人那般"浑水摸鱼",通常他们在进入第一份工作时,似乎认为是接受了一份为证明自己价值的任务,通常显得饥饿又有野心。应届毕业生没有职场老人那般老练和富有经验,但是他们的野心却显而易见,这使得无数应届毕业生刚踏入社会就立下要在该行业闯出一番天地的目标,他们接

[①] 张宝君.90后大学生心理特点解析与对策[J].思想理论教育导刊,2010 (4):111-114.

受新知识的能力很快，适应性强，有拼劲，干劲足，想极快获得上司的认可。

刚出校门的他们精力充沛，资质好的应届毕业生往往工作几年就有质的飞跃。应届毕业生像一张白纸，好培养，没有路径依赖。职场老人的经验是有适用范围的，有时候并不适合现在的公司发展情况，所以应届毕业生"性价比"更高。当然，应届毕业生也存在缺点。因为初出茅庐，缺乏对社会的认知，对自身的定位与对行业理解的匮乏，导致培养他们的前期成本高。同时，他们也存在频繁跳槽、遇到困难就会抱怨、团队合作精神不足、太过于自我等问题。

（二）代际认知差异

认知包括感觉、知觉、记忆、思维、想象和语言等，它是最基本的心理过程，是人获取身体内部、外部等信息并对信息进行加工的过程，并将加工后的信息转换成内在的心理活动通过认知过程支配人的行为。代际认知差异是由生理、心理、社会地位、成长环境、社会经历、社会发展水平等因素导致的，不同年龄群体对社会同一现象有不同的看法或观点，导致出现较为显著的群体观差异或者"代沟"，从而形成代际认知差异。

作为陆续迈入30岁的一代人，90后在众人的吐槽声中居然也被调侃要步入"中年危机"了。他们正在成为职场中的重要力量，是每一个有长远发展意识的雇主都需要重视的员工群体。界面新闻职场频道发起的员工理想雇主调查，将代际认知作为主要因素单独分析时发现，代际间的职场态度差异是真实存在的。总的来说，他们注重个人发展，喜欢在放松的工作环境中沟通合作，同时也可以清楚地知道自己工作经验不足，需要更多前辈的指导。

与其他代际的职场人士相比，90后对自己工作绩效的认可是明显偏低的。在被要求自我评价工作绩效时，只有17.72%的90后信心满满地表示自己的工作绩效超过90%的同事。事实上，越是年轻的职场人士，对自己工作绩效的认可度越低。其中固然有工作娴熟度的差异，但也有可能反映出了另一个问题——90后确实还缺乏职场信心。

和短期的眼前利益相比，职场中的90后更注重长期利益。换言之，和薪酬福利这些唾手可及的回报相比，他们更看重个人发展和工作发展平台。97.49%的90后认为"更大的发展空间"是跳槽的主要因素，95.4%的90后认为"更多的学习机会"是跳槽的主要因素，而薪酬回报只是排名第四的跳槽原因。对于90后来说，"我能否享受自己的日常生活和自己是否有很多的空余、自由的时间工作"是判断工作好坏的第一标准；其次他们还希望"自己的工作具有一定的挑战性"。加班工资是90后最看重的薪酬福利，这甚至比奖金和年度涨薪更重要，除此之外，员工折扣和交通、餐饮、电话等补贴也颇受他们青睐。另一方面，假期对 90 后来说也是多多益善，产假、育婴假、额外带薪假期，都是他们所看重的。但 90 后对目前在创业公司中颇为流行的股权激励并不感兴趣，和这样有"画大饼"嫌疑的福利措施相比，"立等可取"的实在好处显然更受他们青睐。

在雇主品牌的问题上，90 后比其他代际的职场人士"眼光更长远"，这体现在他们对公司理念和声誉的高度认同上。在经营策略上，90 后最为关注的是公司 CEO 本人的经营理念是否优秀、公司产品是否处在行业领先位置。与更为年长的职场人士相比，他们较少关心公司当前是否处于盈利状态，或公司营收是否实现了增长。

（三）成长环境差异

《马克思恩格斯选集》中提到，"人的本质不是单个人所固有的抽象物，在其现实性上，它是一切社会关系的总和"。人不能独立于社会而存在，每个人都是一个独立存在的个体，由于身处的环境不一样，每个人向社会表达的情感也会千差万别。个人成长环境包含家庭环境、经济环境、信息环境、社会环境等，这些因素共同塑造出独特的个体。

1. 家庭环境

家庭是社会的细胞，也是人类生活中最基本、最重要的个体存在点。20 世纪 70 年代初以来，我国政府开始大力推行计划生育政策，1978 年以后，计划生育成为我国的一项基本国策，而严格执行计划生育政策基本上是在 1982 年以后，所以 20 世纪 80 年代以后的家庭逐渐呈现出家庭规模小、关系简单、成员沟通顺畅、家庭决策比较民主等特点。这为 80、90 后提供了更为舒适的成长环境，同时也带来了一系列问题。他们大多自幼生活与学习条件较好，受到的关怀教育较多，有较好的发展基础，但缺乏磨砺并且缺少兄弟姐妹之间的关爱及相互照顾的生活体验。既缺乏独立生活的能力，又缺少集体生活的经验，独立意识强与自立能力差的矛盾突出。

冯颖（2016）认为，90 后往往以自我为中心，忽略团队合作[①]。由于中国独特的计划生育政策，大多数 80、90 后作为独生子女，在父母长辈的呵护下成长。虽没有亲兄弟姐妹的陪伴，但也不用害怕有人会与他们争宠，日常生活中就是衣来伸手、饭来张口，不用分享，想要什么父母也会竭尽全力实现他们的愿望。从小父母长辈就围绕着他一个人转。这也是他们中部分人比较自我、

---

① 冯颖. "80、90 后"性格特征及人力资源管理创新的调查报告[J]. 人才资源开发, 2016, No. 319（04）：128-129.

只会一味索取的一个重要原因。社会经济的高速发展、生活节奏的加快、电子产品的不断更新，人际间缺乏面对面沟通的机会，使人与人之间的情感越发冷漠，甚至即使是隔壁的邻居，也可能没有互相往来。这也导致80、90后更加孤独、自我，缺乏与人交流与合作的机会，使得他们在刚进入企业时我行我素，经常忽略团队其他员工的存在、不懂得宽容别人、缺乏合作意识、崇尚自由主义，比起团队合作来完成一个项目，他们往往更愿意独自完成。

2. **经济环境**

20世纪90年代以后，国内经济形势有两大特点：一是经济总量的高速增长，二是市场经济体制的确立。90后成长于一个经济迅速发展的时代。经济的快速发展，人民生活水平的整体提高，使得青少年的生活状况得到进一步改善，为青少年的健康成长提供了物质保障。经济发展的同时，人们的消费需求也开始升级，生活的需求出现多样化。在解决温饱问题后，人们对文化教育、医疗卫生、养老保健、环境保护以及生活质量等方面的需求也均有明显提升。

20世纪90年代也是市场经济体制确立和发展的重要时期，市场经济的发展，一方面极大地调动了人们的积极性与创造性，给社会生活和人们的思想观念注入活力，但同时在价值观上也产生了一些消极影响，经济的发展带来了市场的繁荣，商品的富足伴随着某些西方资本主义利己拜金的价值观。许多世界观不成熟的青年把市场经济中的价值尺度直接引入人生观中，过分注重个人的、眼前的利益，产生急功近利的思想，使得拜金主义、个人主义、享乐主义、实用主义在部分90后青年中大行其道。比如，大肆崇洋媚外，过度消费圣诞节、情人节等，而对中华传统节日无一问津，反映出西方文化和经济的冲击使部分90后深陷其中。这告诉我们要理性消费、注重实际，千万不要只贪图享乐。

3. **信息环境**

20世纪90年代以来，在科技方面发展最为迅猛的就是网络和电子技术。网络的普及和电子技术的发展对90后的成长和生活方式产生重要的影响。而90后青年可以说是伴随着网络成长起来的，他们对网络更熟悉、更感兴趣，更习惯网络化的生活以及通过网络来认识世界。网络影响着青年的社会认知和行为模式，它为青年提供了一个认知价值观和行为规则的信息环境。

90后生活在信息化高度发达的时代，科技的进步、大数据经济的发展、互联网通信工具的革新，使得他们有更多的机会与途径接触、认识外面的世界。他们能很快在网络上搜查、学习国际最新思想，也能把该思想通过网络快速传播。他们能很快接触到大量新兴事物，同时也能很快地接受这些新兴事物。这主要源于中国的不断开放，他们的观念也不断改变，迎合了开放大潮。

4. 社会环境

由于所处的社会环境、国家政策、经济发展水平的不同，每代人的观念也会发生相应的变化。特别是对待工作与生活的关系。60、70后可以称作是工作狂，他们拼命地工作以满足家庭的基本生存需要。他们不注重生活品质，是因为许多家庭连保障基本生存都困难。人口多，吃饭的人就多，经济压力就大。但80、90后却大大不一样。随着中国经济的高速发展、GDP的逐年提高，大多数家庭基本实现小康的目标，他们开始有更多元化的需求。生活的安逸让他们开始注重生活品质，享受生活的美好。工作是必要的，但不是生活的全部。加班也被认为是工作效率低的体现，而享受生活永远是排在第一位的。

（四）信仰、信念与价值观差异

信仰是人类心灵的主观产物，是个人的意识行为，是人类的一种情绪，带有主观和情感体验色彩，能超脱于现实而存在。信念是指对客观事实或即将成为客观事实的一种判断、看法或观点，具有较强的稳定性和执着性。价值观是指人们认定事物、辨别是非的一种取向或思维，这种取向或思维是基于人一定的思维感官基础上做出的认知、理解、判断或抉择。一个人的价值观呈现主观性、稳定性、持续性等特点，但群体的价值观则呈现出局部的一致性和整体的差异性。

信念是信仰的基础，信念、信仰是最高的核心价值观。信仰、信念与价值观受社会发展水平和文化教育的影响，它们直接决定了一个人、一个群体追求美好生活的目标，参与社会竞争的动力。

20世纪90年代以来，随着改革开放的深入和经济全球化程度的不断提高，在文化方面最突出的特点就是文化全球化与本土化的冲突及融合。伴随着经济全球化，同时进行的是文化意识的全球化，很多研究成果指出，"经济全球化"实质上是当代发达资本主义主导下的全球化，因而这种文化的全球化实质上是西方发达资本主义国家在强势的经济实力影响下的意识形态的输出。全球化在根本上追求的是一种统一性，其中自然包括民主、自由等普世价值观的认同，但更多的是一种资本主义意识形态的扩张，对90后青年而言，他们主要面临着欧美强势文化的入侵和日韩流行文化的渗透。

80、90后认为自己比同龄人出色的占大多数，随着社会竞争压力的不断增强，越来越多的年轻人开始向更广阔的领域探索，不局限于某个范围内，他们有更高的视野，使自己逐渐满足社会发展的需要，提高自己各方面的能力。因为他们不断努力，所以才会越来越优秀，变得越来越自信，自信的员工才能为企业创造更大的价值，这也是企业需要的。

（五）思维方式差异

思维方式是人们观察问题、分析问题、解决问题的模式化、程式化的心理结构，是看待事物的角度、方式和方法。思维方式对语言、行为起着决定性作用。不同地域、文化背景的人，看待事物的角度、方式和方法是不同的。

什么是90后？狭义上讲，就是20世纪90年代出生的人，而广义上讲则是出生于20世纪90年代具有鲜明特征的一群人。在"逻辑思维"中曾这样来区分90后：当任何一件事发生之后，70后和80后会花大量的时间在站队上，先做一个价值观判断，然后找到自己的阵营，对于90后来说，大家基本上不做价值观判断，他们的判断标准只取决于有趣或者无趣。也有人说"宅系文化"是90后的代名词，生长于城市的大多数90后人群隶属热衷动漫、游戏为主的ACG（动画、动漫、游戏）圈，他们所爱好的也正是互联网追逐的最有利益价值的区域。

某专栏曾表明90后的某些思维方式并不值得推崇。以简单的"宅系文化"来讲，这是一种社会发展的畸形现象，以追求视觉感官为主要乐趣的闭塞生活方式，减少了人与人之间的正面交流与社会活动，应正确地引导而不是推崇。"逻辑思维"联合创始人曾多次强调"90后思维"的价值，认为可以简单地从90后判断事物的方式中捕捉到很多商业价值点，从而让整个互联网来迎合他们的喜好，这实为不妥。按照他们的理解，90后思维的核心思想就是不在乎也不认同别人的观点，只在乎自己的感受。这种思维值得去推崇吗？从个人的角度理解就是彻底自私，从社会的角度理解就是没有责任感。

目前90后已经成为消费市场的主力军，甚至成为社会的中坚力量，90后作为一个伴随着互联网成长的群体，在互联网的影响下他们也逐渐形成了独特的思维方式。互联网对于90后来说是一个社交平台。他们有着与他人分享快乐的冲动，他们总是试图通过各种方式把自己和他人联系在一起。

（六）爱好、喜好的差异

爱好说明一个人喜欢做某事，具有浓厚的兴趣并积极参加。喜好说明一个人对某个东西或事感兴趣。爱好、喜好和人的积极情感联系密切，良好的爱好和喜好也是推动人们积极生活和努力学习的不竭动力和源泉。"萝卜青菜，各有所爱"，每个人的爱好和喜好也是多种多样、与众不同、各具特色的。

90后也并非都是不羁的职场独行侠，事实上，他们比其他代际的职场人士更注重团队合作，同时他们也希望能在公司内部自由交流。作为玩着数码产品长大的一代人，他们希望利用微信等即时通信工具保持与同事的联系。和正襟危坐的正式交流途径相比，90后更希望在与同事的日常相处中自然地增进联系，因此他们认为灵活工位是最有效的内部社交途径（这意味着他们最容易接受"无固定工位"的办公室），还喜欢团队经验分享、团队午餐或咖啡等交流方式。

喜好自由、无拘无束；喜好简单，拒绝繁琐；喜好随意，拒绝拘束；喜好创新，拒绝单一。对于应届毕业生来说，可谓是初生牛犊不怕虎，他们以最简单的方式来告诉社会，90后无畏无惧。

（七）对规则的认知

规则是约定俗成又被广泛认同能起到实际作用的法则，或根据某种规律人为制定出来让大家共同遵守的一种制度、流程、章程或规范。社会存在很多规则，也由规则维持着，但规则也有制约性，并且是不可消除的。规则不是一成不变的，它会随着社会的发展不断地废止、改变或完善。

90后的性格决定了他们对公司规则乃至社会规则的质疑，这使他们矛盾。一方面，他们肯定了规则的存在，认为存在的规则就是合理的，即存在就是合理的。另一方面，在具体实践过程中，遇见不可预知的事件时，他们就希望打破原有的办事程序，尽快得到帮助。同时也希望不要墨守成规，应大胆创新，为企业文化提出新的理念。要求员工恪守规则有时是因为企业不希望新人走弯路，同时也是领导者能有效管理下属且能在他们的管控和预知范围内实现对新人培养的方法。打破固有规则，提出新观念，适当改革则是公司转型和提升自身竞争力的有效方法。

应届毕业生拥有打破原有规则，对旧事物进行创新的勇气，职场前辈拥有经验，成熟老练。两者结合能发挥最大的效益，不会让新规则不可预知，使其在一定范围内发展，也不会使旧规则一直被沿用，使其得到逐步完善与发展，从而使天平保持平衡。

二、公司决策层对应届毕业生的认知画像

（一）对90后的感性认知

1. 责任心

责任担当是接受并负起责任，做好分内应做的事，是在社会关系中必须完成的一种相互的行为。服务他人、服务集体、服务社会、服务国家，反映的是

责任主体的一种具有责任感的心态，一种对他人、社会承担的职责、任务和使命。责任担当是遵守社会生存与发展的规则，是一种个人对社会集体的自觉精神，是个体对人类命运共同体的一种情感表现，是个体对工作任务的一种理性态度，反映了个体与社会的相互依存的关系。责任心是一个人最有价值的品格之一，一个有责任心的人往往能圆满完成上级交代的各项任务。

作为职场新人，90后经常被贴上"自私""没责任心""非主流"等标签，他们往往被认为是缺乏责任感的一代。很多HR都抱怨，90后的职场新人充满了新鲜活力，但普遍缺乏责任感、吃苦精神，缺乏踏实、敬业的态度。事实上，从90后这个群体步入职场开始，他们就被看作是最有个性的一代。冯巧云（2016）在文中这样表述：不少雇主认为90后员工在工作上有创造力和一些新想法，但习惯以自我为中心，遇到困难时喜欢推卸责任，担当意识较差，缺乏责任心。而且工作热情很短暂，没多久就会陷入一种萎靡不振的职业倦怠期，缺乏激情与主动性。相对于其他年代的老员工，他们缺乏为企业付出智慧和努力的奉献精神。

高校毕业生就业中缺乏责任担当，是毕业生在就业行为中没有尽到对自身和他人（家人、学校、工作单位、社会等）的责任，或者做得还不够，表现为对国家、社会不负责任，对家庭不负责任，并最终对自己不负责任。

有人说，他们任性叛逆；有人说，他们冷漠不孝；有人说，他们赖在青春期里长不大。有的企业拒绝招收应届生的一个重要原因是他们认为应届毕业生缺乏诚信、缺乏责任心。如武汉某电力公司3年来未招收一名应届毕业生，其原因是，他们曾招聘了三个翻译，公司十分重视并培养、使用他们，但这三名翻译纷纷跳槽，其中一位不辞而别，严重影响了公司翻译工作的正常进行。此后，一贯倡导诚信为本价值观的公司领导做出了不招应届毕业生的硬性规定。

2. 可塑性

可塑性，本来是指生物体在不同生活环境的影响下，某些性质，比如结构、形态和功能会随着环境的变化而发生变化，逐渐形成新的性质或者特征。可塑性是一种生物属性。对于应届毕业生来说，可塑性可以理解为影响性、发展性和延展性。一张白纸好作画，应届毕业生虽然缺乏工作经验，但是他们如同一张白纸，可塑性非常强。新员工还没有沾染职场的一些不良习气，没有职场受挫的经历，所以初入职场总是踌躇满志，总想着干一番事业，这种激情能够帮助他们在企业里有一番作为。高校扩招和社会对教育的重视使90后员工受到的教育程度普遍提高。由于网络的发展，他们会主动接收各方面的信息，这就使他们有独特的思维，具备探索性、开拓性和创造性的思维能力，所以他们独立学习的能力比前人更强一些，可塑性很强。

公司把这些刚刚走出校门的学生招进来,可以按照公司自身的业务需求、人才规划对他们进行培养和塑造,培养出来的人才就更加适合公司发展需求。另外,自己亲手培养的人才对企业文化和价值理念的认同度较高,也会非常具有归属感和责任感,所以他们的忠诚度也会更高一些。

3. 规则感

规则,是运行、运作规律所遵循的法则,是一个群体共同认可并且愿意遵守的法则,而规则感则是指群体成员愿意遵循规则的主观意愿。90后职场新人"喜欢个性,拒绝平庸;喜欢灵感,拒绝说教;喜欢可爱,拒绝成熟;喜欢绚丽,拒绝单调;喜欢直截了当,拒绝拐弯抹角"。应届毕业生刚从学校出来,生活规律改变,很容易厌倦朝九晚五的生活节奏。随着工作走向正轨,他们对不断简单重复、枯燥乏味、缺乏新意的工作慢慢丧失激情,变得不适应也不服管。

英才网联2013年对90后就业情况做了一份调查,结果显示,有43%的90后认为要找对自己职业发展有帮助的工作;38%的90后找工作时主要以自身兴趣爱好为主,选择有意思的工作;有12%的人选择轻松、不影响生活娱乐的工作;有4%的人选择企业重要岗位;还有3%选择了助理一类较清闲的工作。调查还显示,35%的90后希望拥有愉快的工作氛围,员工彼此都能成为朋友;22%选择能够发挥员工个性、真正做到人岗匹配的工作;20%希望让新人尝试重要岗位的工作;13%看重企业给予员工的表扬,注重员工关怀;10%选择了实行轮岗作业,不断地制造新鲜感。

4. 忠诚度

忠诚度是员工对企业归属程度的重要体现,具体而言,是指员工理解、认同和接受企业的价值观、文化理念,并愿意在实际工作中,用自己的言行去践行企业文化,因此,可以把忠诚度归结为道德品质层面的问题。道德品质或是忠诚度对于企业而言,是一个老生常谈的话题,却一直未能引起应届毕业生足够的重视,或者没有在应届毕业生培养的过程中被引起足够的重视。人无信不立,企业无信不昌,如今许多知名企业把"道德品质"列在人才标准的首位,其实并不是冠冕堂皇的做法。华硕电脑中国业务群品牌总监郑威认为:企业开展校园招聘,是有意要去培养、磨炼、打造一个人,因此可以接受一张没有工作经验的白纸,但道德品质却决定了这张白纸材质的优劣。

一个成熟的企业在招聘应届生时,考虑更多的往往是道德品质方面的素质,尤其是诚信意识、奉献精神和责任感。一些外企在团队面试前都会要求应聘者签下保密协议或作出口头承诺,防止案例外泄,但尽管如此,还是会有一些毕业生将面试内容以"笔经""面经"等形式公布在网上,给公司的招聘工作带来损失。2007年,著名外企玛氏在第一轮面试后,发表了致参加者的一封信,表明会在充分调查的基础上,对分享了面试题目的同学作出取消面试资格的处理,并表示"无论事情是大是小,原则问题不可以马虎,希望我们都能从小事做起,一起为创造健康、公平的就业环境而努力!"

缺乏诚信成为企业不敢轻易招聘应届毕业生的一个重要因素。惠普(中国)有限公司人力资源总监张国伟曾经深有感触地说:"学生们总是这山望着那山高。对于撕毁'协议',公司能理解的是学生考研成功了,或者是出国留学。但从一家公司跳到另一公司,就让人头疼了。要知道有的学生甚至已经参加了公司的新员工培训。"张国伟呼吁,"大学生要讲诚信,要想明白自己到底需要什么。学校在这方面也应该尽一些引导的责任,而不只是帮助学生做毁约的证明"。

5. 学习力

学习力顾名思义是学习的动力、能力和毅力,简而言之,是指学习的主观能动性和学习效果。中华人民共和国成立后,教育在经过几十年的挫折后得到发展,建立起了一套比较完善的教育体系,教育福利也有了极大的发展。随着中国经济的发展,人们的收入也在逐渐提高,适龄儿童接受初等教育的相对成本大大降低,更多的儿童接受了正规、系统的教育。大部分90后都接受过或将能接受至少高中或高职学校的教育。中华人民共和国国家人口和计划生育委员会《中国流动人口发展报告2011》显示:新生代农民工(80、90后农民工)受教育水平明显提高,大学生所占比例超过5%。而且,因为90后接触的知识面广,他们的学习能力也非常高,更能跟上时代的步伐。

专业能力对毕业生而言固然重要,但是事实上要成为一个行业合格的从业者,仅学习大学课本中的内容还远远不够。大学课本提供的更多是一些知识、理念和逻辑,只有当毕业生真正进入公司、接受公司的培训后才能真正理解。这时,你的学习能力将决定你学习的效率、成果以及公司将要对此付出的成本。因此,所有的HR都会喜欢能够勤奋自学、学习效率高、有悟性的应聘者。必须强调的是,这里的学习能力并不等同于毕业生在学校里所取得的专业成绩,而是"终身学习、成就终生"。著名管理大师德鲁克说过:学不等于知,知不等于行。也就是说,对于职场,学习知识和技能不代表系统掌握了知识和技能,掌握了知识和技能不代表能够把其转化为实际的工作行为。只有不断吸收、接受新的知识、新的技能,不断把它们转化为提升工作效率和工作创新的支撑,才能成为有潜力、有发展前途的员工。

某网络通信股份有限公司的人力资源经理表示:"我们公司不苛求名校和专业对口,即使是比较冷僻的专业,只要学生综合素质好、学习能力强,遇到问题能及时看到症结所在,并能及时调动自己的能力和所学的知识,迅速释放出自己的潜能,制定出可操作的方案,也同样会受到欢迎。"

6. 创新性

企业需要那种具有创新能力的人。那什么是创新呢?创新是与众不同、别具一格,是立足当下、着眼未来,对环境、路径、要素、方法等的改善,以提升效率、提高质量为主。创新是企业发展的不竭动力,是企业赢得成功的重要保证,创新能力是我们每一个求职者都应该努力培养的素质。反映在面试中,企业招聘人员一般会问:"在以前的工作中,你有没有做成功过一件其他同事从来没做过或者根本没想过的事情?或者你是否对一些新鲜的事物感兴趣?"用以考察应试者的创新意识和创新能力。

李开复在给中国高校学生的一封信中也曾这样描述:"仅仅勤奋好学,在今天已经远远不够了。因为最好的企业需要的人才都是那些既掌握了丰富的知识,又具备独立思考和解决问题的能力,善于自学和自修,并可以将学到的知识灵活运用于生活和工作实践,时时不忘创新,以创新推动实践,以创新引导实践的人。只有这样,我们才能不断研发出卓越的产品。"

江苏上上电缆集团是一家年销售超百亿的高新技术企业,"公司发展很快,需要大量人才。"人力资源部胡云科介绍,根据他们搜集到的各部门信息,最近几年进来的新人,创新意识强、敢于发表自己的意见。"综合素质不错的新人还是挺多的。不少部门的新人都会就工作方法、技术改进等,提出一些有建设性的意见。"

应届毕业生与公司老职员相比很大的一个优势就是创新能力。很多老职员安于公司现状,不愿再出头创新,而有研究表明一个就职者初入公司的 3~5 年是最有创新精神的时期,公司希望这些"注入的新鲜血液"能够带动起整个公司的士气,与老职员的经验碰撞出新的灵感的火花。当前,国家大力提倡创新,企业对创新的要求日益增高,所以应届毕业生的创新能力显得尤为重要。

(二)价值定位

1. 投入产出比

应届毕业生缺乏工作经验,所以他们在刚开始找工作的阶段不会对薪酬有太高的要求,他们更多是抱着学习的心态或者关注更加长远的职业发展心态去应聘的。招聘稍微有经验的往届毕业生需要投入更多的成本,因此,很多企业为了降低成本选择招聘应届毕业生,然而,这对于企业的持续发展是非常不利的。

心理学家研究发现，工龄为 2～5 年的员工创新行为最多。刚毕业的学生，适应职场需要 2～3 年时间，如果还没到 2 年就离职了，这家公司对员工的投入产出比肯定是比较低的。"在相同的条件下，我宁愿招应届毕业生。'旧'人虽然具备相当的工作经验，但是形成了以前企业或自己的一些思想观念，有时要融入新的企业文化并不是件简单的事；其次，'旧'人因自身有了一定的经验价值，所以会要求更高的福利报酬；应届生用来做企业的储备力量是一个很好的选择，三个字'成本低'，他也愿意，何乐而不为呢？"某科技公司的陈经理说明了他招用应届毕业生的理由，同时他还指出，他每年都要招聘十多名应届毕业生来为公司注入新鲜血液。

应届毕业生是企业的长期资产，应届毕业生的职业发展能使他们成为企业长达 40 年以上的资产，而处于职业生涯中期的员工则不能带来这么多的价值。如果公司优待这些新人，他们可能永远不会离开公司。

2. 打造人才竞争力

企业的竞争是人才的竞争，归根结底是人才力的竞争。人才力，是企业腾飞的翅膀；修炼人才力，是企业基业长青的唯一选择。国家进入创新转型期，人才的竞争成为企业间竞争的核心，如何推动企业内部的人才管理水平，从而提升自身核心竞争力，成为众多企业急需解决的问题。中国人才管理第一品牌——北森测评技术有限公司副总裁武春曾呼吁，企业人力资源应具有伯乐的精神，去发现自己的"黑马"，要给员工更多的挑战、发展和机遇。

"招最好的人，给最大的空间"，一直以来是百度所坚持的人才观，企业的资源能否帮助自己的研究至关重要。在 AI 人才招聘方面，百度力求招揽到最优秀的科技人才。在 2017 年校园招聘活动中，百度相继前往 20 余所高校举办线下宣讲会，为大学生们详细介绍了百度的人工智能技术、人才培养机制以及企业文化等方面的内容。以"在这里，做自己"为主题的 2018 年校园招聘则面向全球应届毕业生开放涉及技术类、产品类、用户设计类、管理支持类的 1500 个岗位。寻找有潜力的应届毕业生，并聚焦人工智能，用梦想的平台提升人才竞争力，共同推动中国 AI 行业前行。

对于未来的 AI 人才布局，百度校园品牌部主任李轩涯表示："百度希望发掘优秀的 AI 人才，为他们提供专业的技术与团队支持，最大限度地为优秀人才提供自由、开放的成长环境。希望可以鼓励他们一同解决人工智能学科领域当中最有价值的技术问题，培养中国人工智能领域的未来储备和精英技术人才。"

3. 打造人才梯队

人才梯队关系到企业未来持续发展，从业务需求出发完善对各类人才需求的中长期规划，同时通过盘点人才，找出各类、各层次人才存量与人才增量之间的差距，进而帮助企业有规划、有目标地进行各类别、各层级的人才培养。企业对人才需求的填补通常以外引为辅、内培为主。因为，内部培养的人才能够更加认可企业价值理念，服务企业发展，尤其是经营管理人才。而外部引入的人才，始终存在文化融入的问题。因此，坚持聘用应届毕业生有助于企业领导在五年内将最具资质的员工提拔至监督或管理职位。若员工中没有应届毕业生，这些职位可能难以填补。

2017 年，国内领先的一站式数据招聘管理云平台 e 成科技，联合国内 AI 领域媒体"量子位"发布了一份《BAT 人工智能领域人才发展报告》。在这份数据报告中，百度正在扮演 AI 国内人才"黄埔军校"的角色，这就要得益于百度率先在国内高校推行的本土化"硅谷—斯坦福"人才培养模式。

近年来，百度与西安交通大学共建大数据创新人才平台，开设人工智能精英班。还牵头与南京大学、浙江大学、中国科学技术大学、中国科学院大学等高校签署战略合作，共建产学合作技术平台与人才联合培养机制。通过"百度之星"开发者大赛、"百度之星"程序设计大赛、西交大大数据竞赛等技术类大赛，以及百度 AI 高校技术汇、百度奖学金等活动，与国内高校在人才培养、科学研究、数据开放、资源共享等方面展开全面合作。在 AI 人才竞争如火如荼的情况下，完成校园—企业的人才储备机制，学研一体制胜未来全面储备 AI 人才。

4. 打造鲶鱼效应

鲶鱼效应来源于一个故事。挪威人喜欢吃沙丁鱼，但是渔民从海里捕捞回来的沙丁鱼到岸上都是死鱼，只有其中一个渔民每次捕捞回来的沙丁鱼还有很多活鱼。为此，很多渔民不解，纷纷向他询问原委。原来这个渔民在捕捞沙丁鱼后，在沙丁鱼娄中放入几条鲶鱼，鲶鱼喜欢吃沙丁鱼，沙丁鱼为了防止被吃掉，在求生意识的驱动下，只有拼命地游动，这样到岸的时候就增加了沙丁鱼的存活率。目前，"鲶鱼效应"理论作为企业的激励机制被广泛应用于人力资源管理和领导活动，具体包括竞争机制的建立、人才的启用、领导风格的变革等。一方面，企业要不断补充新鲜血液，把那些富有朝气、思维敏捷的年轻生力军引入职工队伍中甚至管理层，给那些故步自封、因循守旧的懒惰员工和官僚带来竞争压力，才能唤起"沙丁鱼"们的生存意识和竞争求胜之心；另一方面，不断地引进新技术、新工艺、新设备、新管理观念，这样才能使企业在市场大潮中搏击风浪，增强生存能力和适应能力。

应届毕业生刚走出校园，对社会充满了探索的愿望，对未来有憧憬，也有改变世界的理想，他们对工作充满激情，有着往届生无法比拟的热情。这类人进入企业具有明显的"鲶鱼效应"，他们对工作的积极性着实能够带动整个企业的工作氛围。应届毕业生年纪轻，喜欢新鲜事物，观念新颖，思维活跃，可以给企业注入年轻的基因，增强企业活力。

5. 打造变革驱动力

为什么要变革，如何变革，是很多企业目前面临的问题。他们一方面遭遇着国内外市场经济的影响，另一方面遭受移动互联网引发的冲击。在行业内有这样一种说法：唯一的不变就是变化，所以变革势在必行！针对企业，可以理解为三驾马车并驾齐驱从而驱动企业的变革。这三驾马车分别是：员工业务效率、业务执行能力、管理组织架构。

众所周知，现实的约束与理想的变革存在一定差距，企业的成员通常已经习惯了既有的工作流程和做事方式，已经适应了既有的体制机制，已经形成了较为稳定、平衡的利益分配格局，当企业变革触及了组织成员的现实利益或者引起了对领导者过去决策的怀疑时，变革就变得更加困难。

应届毕业生虽然需要企业投入资源进行培训，但是他们的学习能力十分强，只需花很少的时间就可以很快地适应工作岗位，为企业创造利润。加上之前没有其他企业文化的烙印，对既往的规律、习惯可以更加客观地理解和评价，对当前利益和未来长期利益可以进行更加客观的平衡，因此可以减少企业改革的阻力。他们有冲劲、肯学习，专业上不会被固有经验束缚，在发展潜力、创新能力、工作激情方面有明显优势。年轻人通常干劲十足、喜欢挑战和冒险，精力充沛，提供给他们一展拳脚的机会，他们一定会尽自己最大的努力做好自己的工作，证明其能力与价值，为企业的改革创新做出贡献。

6. 承担社会责任

很多大型的国企和央企，在招聘时往往只对外去招应届毕业生，而很少进行社会招聘，一个非常重要的原因就在于，他们是央企、国企，要承担为国家吸收优秀毕业生的职责。

某服装公司负责招聘的经理从企业的社会责任角度，谈了他招聘应届毕业生的原因。他指出，任何企业都有它不可逃避的社会责任，我国每年有大量应届毕业生面临就业问题，作为企业有责任进一步培养这些毕业生，无论将来培养出来的人留不留在企业，他都将会成为一个对社会有用的人。某地方国有军工企业也将"为社会创造价值、为股东创造财富、为员工创造幸福"作为企业的发展宗旨。他们认为，其中"为社会创造价值"就是指作为地方国有企业，要肩负提高就业率、促进社会和谐稳定的重要使命，因此将校招作为每年人力资源的重点工作之一，持续为企业输送新鲜血液。

三、人力资源从业者对应届毕业生的认知画像

（一）培养周期

应届毕业生是否一毕业，在进入社会有了岗位后就都成了人才呢？未必。一般来说，应届毕业生离开学校、初入社会时，缺乏极其重要的实践经验，只是具备了成为人才的学历和知识条件。他们在学校接受的是理论知识的培养，很少与实践相结合，这就导致理论与实践脱节。在学校习得的知识和技能，到工作岗位上并不能完全把所学之识恰当地运用在实践中。而且，现实中的很多专业和工作岗位不对口，即使对口，从知识到能力的转化，也需要一个循序渐进的过程。故而，应届生不是一开始就能适应工作岗位的，要在入职前接受企业人力资源部持续系统地培养和锻炼。

为什么企业一般都要对应届毕业生进行培养呢？他们认为，应届毕业生初来乍到，能力有限，在不接受培养的前提下是不能够胜任本职工作的，且应届毕业生思想单纯，可塑性比较强，能够在接受培养后成为企业的有用之才。但他们认为要把应届毕业生培养为有用之才，周期比较长，一般有"七年之律"一说。首先，1～3年在基层积累工作经验、夯实基础，到管理层，用两三年的时间熟悉锻炼，再成为部门人才，不就是七年吗？也有人力资源从业者认为人才的生命周期，大致可以分为引入期、发展期、成熟期、衰退期或持续发展期，应届毕业生在经历了这四个生命周期所花的时间差不多有七八年。对此，培养周期越长，就越增加企业的成本，国家电网许继集团在开展人才快速培养交流时强调，要缩短人才培养周期，快速培养优秀人才。

（二）流动状况

流动状况可以用流动来表示，指的是企业内部员工由于各种原因离职和新进员工所发生的人力资源变动。很多企业的人资从业者认为，从整个企业的流动状况来看，员工的流动是相当频繁的，尤其是应届毕业生。据新民网报道，2016年下半年上海企业的员工流动率为10.7%，其中应届毕业生的流动率为12.9%，高于总体企业员工流动率2.2个百分点。人资专家分析指出，应届毕业生年富力强、善于学习、可塑性强、敢拼敢闯，这些优点正在吸引着越来越多的企业招聘更多的应届毕业生。同时，也有一些应届毕业生由于求职就业的准备不充分，对人力资源市场缺乏全面、准确的认识，一味地好高骛远，频繁

更换工作。也有相当一部分求职者认为工作环境差、劳动强度大、工资待遇低、管理不合理、企业文化不够丰富,使应届毕业生对企业的认同和归属感不强,从而导致频繁地更换工作。

胡蓓(2008)等人认为毕业生在择业的过程中,把职业发展放到了相当重要的位置,没有职业发展前途是毕业生跳槽的首要原因。专家指出,企业员工的流动率在10%~20%之间波动属于正常的波动范围,但企业理想的状态是尽量不要有人员的流动。为此,为了能够保证企业持续稳定发展,一个必要的举措就是要想办法留住人才,避免人员更替频繁带来不必要的成本增加和效率下降,尤其要降低应届毕业生的流动频率。总的来说,企业不能把应届毕业生频繁更换工作归咎于其个人原因,企业也应该在工资待遇、工作环境、劳动强度等方面对应届毕业生放宽条件,提高待遇,积极营造特色的企业文化,增强其对企业的认知和归宿。企业若想提升对优秀人才的吸引力,可从职业发展、学习培训制度、报酬制度、组织特性、工作特性和组织表现等六方面来吸引人才、留住人才。

(三)成才率

成才,也称"成材",指成为对社会有用的人,泛指根据社会和个体的需要,按照一定的目标和方向把有潜力成为人才的主体,培养成为具备一定素质或者实践能力的人的过程。成才率最初的来源是钢铁行业的术语"成材率",原指合格产品重量与投入原料重量的百分比。而应届毕业生的成才率,指的是优秀毕业生与同年毕业生总数的百分比。企业人力资源从业者认为,应届毕业生成才率普遍偏低,这主要有2个原因。其一,现在很多学生的生活条件逐步得到改善和提高,尤其是90后,他们生活在衣食无忧、安逸和舒适的环境中,家长的溺爱和纵宠导致其对未来没有规划,对人生没有追求。其二,受周围环境的影响,一些人在高中时能全力以赴应对高考,进入了大学就变颓废了。进入大学后空闲时间比较多,周围有人开始打游戏、看电视,有些人便跟风学习,认为大学就是享受的天堂,殊不知应该开始为未来求职脱颖而出锻炼能力。人民网的一份报告显示,北京大学、清华大学应届毕业生进入职场后,成为出类拔萃的顶尖人才和领军人物偏少,高考状元的成才率远远低于社会的预期。最高学府的学生的成才率就这么不理想,那么其他学校应届毕业生的成才率便可想而知,这就是很多企业在校招时总是找不到优秀人才的原因之一。

知名教育家刘道玉谈道,"一个高校毕业生能否成才,基本上不取决于名校、名师,不取决于学历和学位之高低,不取决于是否出国留学,不取决于学习条件之优劣,也不取决于家庭是否富有。一个人是否能够成才,只能取决于自己。具体地说，取决于自己的志趣、理想和执着的精神。根据我对国内外一些著名学者成才经验的研究，大学生们能否成才，需要淡化名校情结，不要太在意专业的选择，走出盲目追求高文凭和高学位的误区，最重要的是要培育和强化决定成才的五个重要素质。一是酷爱读书，立学以读书为本；二是善于自学，这是成才关键；三是拥有超强的记忆力，是成才的基础；四是文理兼修，以博取胜；五是悟性，这是学习的最高境界"。

（四）物质追求

现如今，毕业的学生愈来愈多，就业压力也越来越大，即面临的失业率居高不下，是企业的岗位处于饱和状态不需要招新人吗？当然不是，应届毕业生盲目追求物质回报，缺乏对家庭的责任担当，毕业生作为家庭成员，在就业中缺乏对家庭生活秩序的延续与发展必须担负的义务与责任。家庭是社会的细胞。毕业生不知道如何对家长孝敬与尊重，不具有强烈的孝道行为，认为家庭对他的付出理所当然，狭隘地认为回报父母仅仅是指钱财方面，没有通过顺利、更高质量的就业，实现家庭温情。

数字时代的快速变化让应届毕业生所获技能难以赶上时代，在2013年的德勤调查中，39%的大公司高管表示"几乎不能"或"不能"找到满足他们需求的人才。从理论上来说，应届毕业生大多处于失业和待业状态，企业人才缺口大，应该是供过于求，但现实却不是这样，为什么会出现这样的情况呢？曾经有某企业的人力资源从业者认为应届毕业生对物质有过高的追求，把物质放在了第一位，凡是遇到工资低和工作环境条件不好的工作均不考虑；并指出曾在某段时间需要招一个会计人员，来了很多应届毕业生面试者，最终都是因为工资偏低而放弃。最后，他建议，应届毕业生作为刚入职场的新人，不应该把对物质的追求看得非常重要，而是应该尝试总结经验、夯实基础，学得一身本领，年轻就应该以多学东西为主。

对物质的追求是人之常情，也是无可厚非的，对于刚毕业的大学生也不例外。但应届毕业生到底是应该不管工资待遇埋头工作、积累经验，还是应该有自己的物质追求呢？现如今很多人认为，应届毕业生作为年轻人，固然应该多学习经验来增加自己的知识，提高自身的能力。但作为企业，也要给予应届毕业生生活保障，满足其基本的生活需求，且不得低于社会的平均水平。

（五）抗压能力

抗压能力主要就是抗挫败能力，在困难面前是否积极乐观向上，是否沉着冷静，是否经受得住高强度的工作，是否经受得住领导的批评和指责，是否能承担起事情的责任,尤其在面对客户时,能否有良好的沟通和应变能力。

一项针对90后大学生的抗压调查报告[①]显示,72.3%的人表示在遭遇挫折后,自己心理会留下阴影;有5.1%的同学表示自己会因此一蹶不振;表示愿意"总结经验,从头再来"的则只有9.4%。另外,在信息技术高度发达的环境下成长起来的90后大学生,人际交往主要靠电话、短信、QQ及MSN等方式,而传统的沟通方式如聚会、信件等则不受青睐。调查结果显示,愿意以聚会和信件方式交朋友的90后分别为17.4%和13.8%。同时,有77.4%的90后感到缺少知心朋友,会因自己无人倾诉而觉得莫名空虚和无助。

中国化工集团德州实华化工有限公司人力资源总监赵秀萍在面对记者访谈时指出,现在的应届毕业生的抗压能力和以前比起来普遍偏弱,遇到点困难就喜欢撂挑子,动不动就要辞职。有些人力资源从业者认为,曾经轰动一时的富士康跳楼事件涉及的大多数是应届毕业生,其中一个原因归于他们在面对新环境高强度工作的抗压能力比较弱。某销售企业在进行校园招聘时,明确所招销售人员要具备良好的抗压能力。这说明企业有高标准的要求,低能力求职者不符合企业要求。不可否认的是,刚毕业的学生在应对困难时的抗压能力是偏弱的,这是正常的,不是每一个人都能积极乐观面对压力和挫折。但尽管如此,企业还是愿意招应届毕业生,因为他们学习能力比较强,可塑性也比较强。

四、部门负责人对应届毕业生的认知画像

(一) 承担责任

承担责任是指一个人对自己的言行举止产生的结果承担相应的义务和责任。它是一种自觉意识,也是一种传统美德。一位优秀的员工必须具备责任意识,在清楚地知道自己在工作中的责任是什么之后,认真自觉地履行,将责任转化到行动中去。"有责任意识,再危险的工作也能减少风险;没有责任意识,再安全的岗位也会出现险情。责任意识强,再大的困难也可以克服;责任意识差,再小的问题也可能酿成大祸。有责任意识的人,受人尊敬,招人喜爱,让人放心。"责任是一种能力,又远胜于能力,责任是一种精神,更是一种品格。

对于刚刚从校园生活步入社会的应届毕业生来说,一直在家长、老师、同

---

① 周宏星,张忠春.试探90后大学生的受挫能力教育策略[J].淮海工学院学报(社会科学版),2013,11(7):34-36.

学的庇护下成长。突然间没了保护伞，在面对工作中出现的困难时，总是显得措手不及，更有甚者选择逃避应该承担的责任。世上没有不需要承担责任的工作，工作就意味着责任。千万别害怕承担责任，就像没有责任感的军官不是好军官，没有责任感的公民不是好公民一样，没有责任感的员工也绝不会是好员工。具备高度责任感的人，从不把该负的责任推诿给别人，永远会被周围的人包括自己的领导赏识。一位部门负责人在对应届毕业生的要求里提到："能力和责任心，我选责任心。能力和道德，我选道德。宁可踏实一点，也不要夸夸其谈。"

就像北大才女刘媛媛所说的那样，"早晚有一天，如今被贴上90后标签的我们会成为这个世界的中流砥柱。90后会成为企业家，会成为领导，如果在我们老去的路上不变坏，主动承担起社会责任，不随波逐流，不趋炎附势，不摧眉折腰，在自己平凡的工作岗位上做到问心无愧，把平凡的事坚持下去那就是不平凡。每一个认真负责工作的人，都值得被认真对待。抱怨是逃避责任的理由，偷懒是害人误己的表现，在这个浮躁的社会，如果做不到认真负责，对打工者来说，永远也显示不出自己的能力。久而久之，就会和这个工作岗位需求的胜任力越来越远，永远得不到领导的赏识。对个体者来说，将会失去客户的信任，这样的后果就是徘徊不前或失业。因此，对于应届毕业生来说，要明确自己的工作内容和责任，在工作实践中不断培养自己承担责任的能力，进而为自己的工作负责"。

（二）成长欲望

一位企业招聘负责人对应届毕业生的评价是这样的：心理欲望都很强大，渴望快速成功，干出一番事业，也有部分人觉得自己在学校学习能力多么好，又是学生会干事又是班级负责人，拿过很多证书和奖学金，就会产生一些不切实际的期望。一项对1万多名学生的调查显示，其中51%左右的学生认为，35岁前将达到自己职业生涯的顶峰，这种毫无根据地给自己定位，不肯改变自己的就业取向，不肯降低自己的身价，可能是目前大学生就业的最大障碍。现实情况是应届毕业生大都没有经历社会生活的实践与磨炼，就业心态浮躁，急于求成，并且还有在一起相互攀比的现象出现。企业所青睐的应届毕业生是具有良好适应能力、能够脚踏实地工作、对自己能准确定位的人。刚出校园的大学生都有对自己期望值过高的倾向，在面临现实落差的时候，多数人不懂得如何去协调，有的人因此发展到自卑自弃，对工作失去信心。所以，对自己有一个准确的定位，对于应届毕业生来说非常重要。同时，作为企业的招聘负责人，需要比较耐心和专业地对应聘者进行职业规划，告诉应聘者很多岗位虽然开始时工资不高,但是积累到一定程度,可能比很多刚毕业一下子就能拿很高工资的某些岗位长久稳定地高薪。比如,现在很多年轻人都想着做"网红"。先不讲"网红"现在赚大钱的只是少数,即使现在一个月能赚一万元以上,可是能靠做"网红"活一辈子吗?现在的"网红",多数是吃青春饭的。因此,面对应届毕业生成长期望过高的愿景,用人单位应该加强对其进行职业培养和实践锻炼。

(三) 工作创新

工作创新也是一种能力,它是员工在工作岗位上创新的能力。工作创新能力与员工个人能力素质有很大关系,主要受成长背景、文化程度、工作学习环境等影响,与人生观、价值观、世界观等认识有关,它需要员工具有较强的革命精神和科学态度。提高工作创新能力,有利于工作的进步。

原三一重工人力资源部负责人李志畴的观点是:应届毕业生思维活跃,可以增强企业活力,尤其在IT行业,应届毕业生是最被看好的。其次,应届毕业生在企业工作,与企业之间有一种类似"初恋"的关系,有利于培养员工对企业的忠诚度。此外,招聘应届毕业生也是企业成熟的表现。如海尔集团、三一集团等知名企业,每年都要面向高校招聘大量的人才。处于职业生涯中期的员工可能会促进公司持续改进,对公司的体制已经非常适应了,能解决问题,但其带来的创新拐点水平较低。如今,应届毕业生的多样化水平在逐年上升,如果企业的校招计划有多元化的要求,那么应届毕业生的多元思维就可以帮助企业培养具有高超创造性思维能力和强大决策能力的员工。初生牛犊不怕虎的应届毕业生,对社会中的很多事物存在新鲜感,更有初出茅庐的闯劲,能用新的眼光看问题。虽然可能有些方法超出实际范围,但是能带来新的解决问题的思路,不同的人倾向于拥有更开放、更具创造性的观点。企业可以鼓励这些应届毕业生为项目提供创意方向,或者利用数据进行头脑风暴。

(四) 团队精神(集体荣誉感)

团队精神是一个组织最看重其成员具备的素质之一,它集中体现一个人的大局观、协作精神和服务意识。团队精神需要每一个成员互相学习、互相认可、互相补充,它主要强调团队成员间通过协同合作将个人利益与集体利益相结合,使组织成员齐心协力,朝着共同的目标奋斗,从而促进组织高效率运作。同时,团队精神能够发挥团体合作的优势,利用团队成员个性和能力差异,优势互补,发挥积极协同效应,达到 $1+1>2$ 的效果。

一位企业部门负责人曾说过:任何合作都是利益的合作,缺乏利益驱动的合作基本都是空谈，不值得做的事情，谁都不会去做；那么，对于一个新人来说，你看重的利益应该是什么？我认为应该是：你的团队认可你，用心和他人合作比你一天到晚想着法子证明自己更重要。和他人合作，不但能取长补短，还能让你从默默无闻中脱颖而出。很多年轻人，不知合作之道，把"心高气傲"当作特殊气质。其实有两句古语说得很透彻："君子过人以为友，不及人以为师。"比人强也不狂躁、不摆谱，而是和人合作，分利益给合作者，你的事就容易办。比人差，也不是嫉妒和破坏，而是学习他的长处，对照自己，多反思多行动，自己的工作就会不断进步。不论你以前如何，加入新的团队就需要磨炼自己的性格。我见过很多新人，都有两种毛病。一是太强悍，什么人都不买账，觉得自己最好，不妥协、不会合作商量，和谁都搞不好关系。二是太软弱，什么都不敢说，什么想法也没有，稍有挫折困难，就一蹶不振。作为新人一定要避免这两点问题。就算你是公司重金请来的，再有才也要合作，平常也要独立思考。古语说："太刚则折，太柔则卷。"才人多学合作，常人多开思路。在一家单位工作，无论是政府部门还是企事业单位，都需要团队合作，一般不会只靠自己单打独斗。所以，一个人有合作意识很重要，这一点往往会决定自己能否快速地融入团队，并得到别人的认可和支持。曾有一个女大学生，父亲是一家上市公司老总，家境丰裕，她养成了任性、以自我为中心的习惯，进单位后总认为自己背景深、能力强、资源广，对于领导和同事的建议不加理睬，自行其是，导致后来同事们都不喜欢跟她合作，对她提出的想法也是流于表面的附和。结果就是虽然她也有一定的工作成果，但人际关系不好，最终因无法接受同事们对她的态度，而选择了离职。总之，建立和谐的人际关系是应届毕业生融入团队的保障，帮助新员工建立人际关系是促使新员工尽快融入团队、认同并热爱公司的保障。

（五）面对挫折

大学生是"天之骄子"，或多或少有一种优越感，一些名校毕业生会表现得更甚，尤其是当他们与文化水平相对较低的同事在一起，或是从事一些所谓的"智商不高"的工作时。眼高手低可以说是他们的"通病"。正如阿里选择不招聘应届毕业生，是因为刚刚毕业的他们不知道自己想要些什么，没有清晰的思路，应对突如其来的挫折处理能力欠佳。阿里想让他们先在小公司锻炼自己，吃点苦头，明白自己的方向在哪，自己想得到什么、要争取什么。"我们不需要听话的人，我们需要对明天有创造的人"，是阿里拒绝那么多应届毕业生的原因。同时，原三一重工人力资源部负责人李志畴特别指出，以下几类应届毕业生是企业特别偏爱的。一是在学校担任过公共职务的人，如校级、班级干部，或学生会成员。因为企业相信这类学生的接触面、人际交往、社会体验经历更广泛，处理应急事务的能力较强，面对挫折表现得相对稳重。二是有良好心理素质者。现代社会没有压力的工作是不存在的，应届毕业生都应锻炼自我承受压力的能力，决不要封闭自己，应多参加公益活动，使自己爱好更广泛，心胸更广阔。除了所处公司的压力之外，很多职位的压力也是相当大的。要在规定时间内完成一件任务，期限太短就只能靠加班来完成，频繁出差、遇见突发状况等都是工作中可能出现的情况，有时甚至是常态。面对这种情况，积极开展挫折教育，目的在于"打压"应届毕业生初出校门的那种"舍我其谁"的傲气。这样的培训可以减轻新员工的浮躁心理，让其在正式上岗前对自己有一个合理的定位，从而促使他们日臻成熟起来，同时也能进一步深化企业形象。

（六）执行力

个人执行力是组织中的个体通过理解和贯彻组织战略意图，把组织目标转化为效益和成果，从而达成预定目标的办事能力。应届毕业生普遍执行力较差，也总是眼高手低，小事不愿干，大事干不了。很多人在人生成长道路上，都是没有方向地奔跑，没有具体明确可实施的目标，一切全凭自己的想法，经常不切实际。但是，很多毕业生喜欢构想自己的理想职业生涯，殊不知，毕业后的现实社会狠狠地打了自己一巴掌，想象得再丰满，都填补不上现实的骨感。一位人力资源负责人就举例说过发生在身边的真实案例。前几天有个朋友，她刚大学毕业，要钱没钱，要资源没有资源，更是什么都不懂，却直接对我说她要做一个商城，打电话问我的松柏商城做得怎么样。我电话上跟她聊了很多，晚上又收到她在微信上给我的留言，问我能不能帮她建立一个电商。这件事要告诫大家学会从身边的小事做起，干什么行业就先把那个行业了解清楚。应届毕业生的缺点也很明显：首先是缺乏工作经验，尤其是缺乏职业经历，缺少从事具体工作的职业体会；其次是他们常常眼高手低，对他人、对公司要求很高，但完成工作的质量却与成熟的工作者有明显的差距。对于应届毕业生来说，具有较强执行力的人，总是能很好地发现并抓住机会，这种人在组织里的成长速度会很快，所以公司不用花很多时间教他，只需要为他寻找一个好的导师就可以了。如果一个人的学习生涯长期处于被动状态，长久地就会养成被动的习惯，虽然他们也能在社会中找到工作，但也只能成为劳动力、生产力的一部分。

五、新人导师对应届毕业生的认知画像

据统计，目前美国已有超过 1/3 的大企业正式实施了导师制，71% 的财富 500 强公司都拥有导师计划。一些国内企业如华为、TCL、东软、中国电信等也都引进了导师制。应届毕业生入职后，为了帮助他们快速成长，指定企业员工做他们的工作"导师"是促使他们正确、快速成长的有力技术支持和有效的保证。"导师"主要负责应届毕业生的工作指导、工作任务分配、日常工作辅导以及问题解答等，这就是所谓的"传帮带"。这样做是为了保证导师对应届毕业生的培养效果，帮助他们感受和了解企业文化、企业价值，协助他们获得适当的角色行为，尽快适应工作氛围和规范，并迅速融入企业。导师须对应届毕业生在"对待权威、礼仪礼貌、动手能力、心态心气及感恩"等方面做全面的认识。

（一）对待权威

从导师的视角看待应届毕业生对待权威的态度，在我看来就是观察他们是否具有敢说真话、敢于质疑的勇气和技巧。同时，从侧面也体现出他们是不是具有自己的想法、有没有创新的能力，而不是一味迎合、没有主见、不会质疑。

应届毕业生普遍的特征是率真、敢于说出自己内心的想法。中共中央办公厅、国务院办公厅下发了《关于进一步弘扬科学家精神加强作风和学风建设的意见》，其中提到，要崇尚学术民主。鼓励不同学术观点交流碰撞，反对门户偏见和"学阀"作风，不得利用行政职务或学术地位压制不同学术观点；要鼓励年轻人大胆提出自己的学术观点，积极与学术权威交流对话。丘成桐也说道："中国要在科技上领导世界，必须要让年轻人能挑战科学界老人的权威。"学问应以自然为师，只有经过观察、实验、计算和感悟才能知道真理，才能完成一流的学问。而科学上的真理，并不由某个科学家或者领导说了算。

应届毕业生在对待权威方面，会比具有一定工作经验的员工表现得更加叛逆，在对待工作方面，其主观性较强，容易以个人为中心。一般而言，"闹事"的多数是应届毕业生，而社会上招的人多数是比较"老实"的，因为他们在外面吃过很多苦，受过很多挫折，接受过自然法则的洗礼。相较应届毕业生而言，社招人员会以结果为导向，他们会觉得还是公司比较好，即使有一些问题，有一些挫折，还是能忍受。但是，也不能因此否定应届毕业生的优点，导师心里很清楚，应届毕业生的创新思维、积极昂扬的心态，会为企业注入强

大的新鲜血液，容易打破企业发展的思维定式，激发企业的工作效率。如何激发出应届毕业生的内生活力，是导师培养的核心任务。

（二）礼仪与礼貌

小时候，我们的耳边不断有人说"90后是垮掉的一代人"，等到我们长大后，又听到"00后是垮掉的一代人"。其实，我们这些被前辈们从小嫌弃到大的人才是最有素质、最有礼貌的一代人。哔哩哔哩董事长陈睿说：从"B站"可以看出95后的用户是真正具备文化自信的一代，他们从小见多识广，有了更多的知识才会自信；其次，他们的人文素养普遍优于80后、70后，从小接受了非常好的人文教育；并且拥有道德自律，在道德水准上优于更年长的观众。

正是这些让当代应届毕业生拥有待人处事的想法，会尊重导师以及上司，并且知道哪些场合有哪些礼仪，在什么场合说什么场合的话，把自己最好的一面展现出来。

（三）动手能力

一方面应届毕业生通过大学3～4年的学习，系统、全面地掌握了本专业、本学科的基本理论和方法，但是由于学校环境受限，并没有将所学知识有效地投入到实际生活当中，不会学以致用、为我所用。在导师看来，应届毕业生的动手能力和实操力有待加强。

另一方面，应届毕业生刚踏入社会，拥有的是无限的热情和敏捷的反应力，在对待一项任务的时候往往能比较快速地完成，不容半点拖拉，因此也获得更多人的认可。从这一角度看，应届毕业生的动手能力，即执行力还是值得肯定的。

新希望集团董事长认为，应届毕业生虽然学了很多理论，但是他们总习惯把课本上的东西拿来跟社会比较，认为所有的工作都能够胜任，这是他们普遍存在的问题。一方面是因为应届毕业生在校期间，更多的是理论学习，缺乏实际的操作和实践拓展平台。另一方面是因为学校缺乏对他们进行全方位的职业规划训练，导致应届毕业生的就业观念还未转变。

我们要积极地培养毕业生的动手能力，引导他们分析解决实际操作过程中遇到的问题，与实际相结合创造性地开展工作，并不断结合新情况来学习新知识、技能，掌握解决新问题的能力，提高他们的竞争力。

（四）心态与心气

一方面，负责招聘面试的工作人员发现，应届毕业生容易存在两个极端，要么不自信，要么太自信，也就是自负。不自信的表现是极度的礼貌、谦逊，说话不敢直视对方的眼睛，微笑都不自然，非常紧张，双手无处安放，小动作太多，回答问题总是用不确定的口吻答复。而太自信的表现是急于表达，对方没有问到的问题都会侃侃而谈，进而没有重点，偏离主题，所有问题都是肯定的答复，但答案都太过表面，甚至是教科书式的回答，或者是网上"面试一百问"之类的所谓的标准答案。应届毕业生在面对得失时，缺少坦然的心态，功利心和进取心并进，反而得不偿失。

另一方面，应届毕业生就业心态浮躁，缺乏主见，求职目标模糊不清。他们会为了找到一个毕业落脚点，为解决基本的生活问题，随意应聘就业单位，当他们不喜欢所选单位职业岗位或找到另外一个待遇更好的公司时，就随意跳槽，没有一个正确的择业心态。

除此之外，刚刚毕业的大学生，他们积极、乐观、心态好，心气也比较高，总是在脑海里想象着自己在不久的将来会有一番作为。遇到困难时会积极寻找解决方法，向别人求教，虚心学习；在遇到有不同声音的事情上，和别人讨论争辩，也会为自己发声，说出心底的想法。

同时，90后在明辨是非，判断善恶、美丑时常常逆向而行、有悖于常理。他们善恶分明但有时善恶不分，他们敢爱敢恨、果敢直接，但却无法真正判断是非对错。从某种程度上说，他们思想和价值观更加趋于功利性，常常以自我为中心，趋利避害，这是90后一代人自我矛盾的集中体现。聪明的90后都有一技之长，但大多数人对学习没兴趣，并且有强烈的叛逆意识。90后大学生的平均智商高、好奇心强、接受新生事物能力强，富有创造力，具有创新精神。

（五）感恩心态

90后敢爱敢恨，果敢直接，他们特立独行、张扬个性，自我意识很强，他们对同学、朋友重情重义，但是对父母、教师以及社会有着不同的态度。随着社会经济的快速发展，很多青年人处在一种冷漠的"冰雪世界"中，认为其他人的好是理所当然的，没有一点感恩的心态。互联网的时代带来了翻天覆地的变化，也带来了90后的冷漠，在笔者看来，心存感恩是一种生活态度，感恩父母、感恩教师、感恩社会会让世界变得更加生动。

1. 感恩父母

"百善孝为先",感恩教育首倡感恩父母含辛茹苦的养育。三千年前就有这样的千古孝思绝作:"父兮生我,母兮鞠我,抚我畜我,长我育我,顾我复我,出入腹我。欲报之德。昊天罔极。"感恩父母是中华民族延续了几千年的传统美德,更是儒家文化强调最多的内容。舐犊情深,父母之恩深似海。父母是我们生命的缔造者,每个人的身躯都汲取了父精母血的营养,都是父母生命的延续。从呱呱坠地到羽翼日渐丰满,父母倾尽其所有的精力和心血,才使我们有机会感受人生的幸福和世界的多彩。俗话说:"不养儿不知父母恩。"感恩父母是人最本能的情感。其实,儿女并非不知道父母的恩情,而是在看待此问题的方式上出现了偏差。

多数 90 后大学生将父母养育儿女看作是天经地义之事,把父母的严格管理看作是刁难自己,甚至出现仇恨父母的心理。岂不知"爱之深、责之切",这都是因为父母"望子成龙"之心使然。即使有时候父母的教育方式欠妥,但这绝不能成为子女悖逆父母的理由和借口。不管父母的身世背景、文化水平和个人素养如何,父母都是我们有生以来最大的恩人,是值得我们永远感恩和回报的人。因此,提倡感恩,首先就要感恩父母,感恩父母是做人之本。

2. 感恩老师

对于老师,大多数学生还是感恩的。老师教授很多专业知识、为人处世的道理,在不经意间引导学生前进的方向。90 后尊敬师长,认为老师或者自己的师傅是引领自己的灯塔。

"凡学之道,严师为难。师严然后道尊,道尊然后知敬学。"说明当今社会依然需要继续传承尊师重教的精神。当孩提时代的思想还处于一片混沌之时,是老师的辛勤付出和谆谆教诲提高了学生的认知水平和理解能力,为其人生带来了智慧和光明,引领学生走进知识的殿堂,帮助和扶持学生成长与成才。中华民族自古就有尊敬师长的优良传统,为人子弟者,都不可忘记恩师的培育之恩和指路之功。

3. 感恩社会

伟大的思想家孟子曾说:"爱人者,人恒爱之;敬人者,人恒敬之。"儒家思想文化要求人们在追求自身利益的同时应顾及他人和社会的利益。这种思想依然适用于建设社会主义和谐社会的今天,如果人人都能克服"唯我主义",学会用感恩的情怀和周围的人、事相处,影响社会风气的"雾霾"就会早日散去。

首先,90 后大学生是社会前进和发展的中坚力量,社会不仅为他们提供安全、稳定的成长环境,还为他们提供生活、学习所必需的物质条件。正是因为社会的保障,90后大学生才能有舒适与美好的生活。"一粥一饭,当思来之不易;半丝半缕,恒念物力维艰。"当人们不再为温饱发愁,过着衣食无忧的生活时,不应该忘记这一切物质享受都凝结着社会上无数劳动人民的辛勤付出。其次,社会为90后大学生人生价值的实现创造了精神条件。个人的成功固然与自身的奋斗与努力密不可分,但也离不开社会所提供的发展平台。社会为90后大学生的健康成长默默地提供支持,不能忘却这种赋予之恩。

另外,社会犹如一个大家庭,人是构成这个家庭的重要组成部分。形色各异的人有着各不相同的家庭和成长环境,必然有各自不同的性格特点,在与人相处的过程中,不可避免地会产生各种矛盾。更何况是个性张扬的90后大学生,他们更容易出现人际交往障碍的问题。此时,感恩之心就像维系情感的纽带,帮助人们回想起朋友、他人曾经的携手相助,矛盾也会随之解开。无论是北京奥运会的成功举办,还是汶川大地震的成功救援,每当社会需要全民参与时,全中国人民都会义无反顾地凝聚在一起,与祖国同进退,与社会共发展。

90后大学生更要继承前辈们的光荣传统,在社会需要我们的时候尽绵薄之力,这样才能彰显中华民族强大的向心力和凝聚力。

六、应届毕业生自我认知画像

(一) 对待生活

生活,对于刚从"象牙塔"走出来的应届毕业生而言,既表现得乐观、独立和满怀热情,也存在迷惘、失落和无所适从。其中一部分人对待生活表现出乐观、独立与热情,他们片面地认为,只要毕业后肯吃苦,不好吃懒做,一定会过上他们想要的生活,但市场经济对人才能力要求的提升,职业专业化的发展,使得他们的这种乐观变得不切实际。另一部分应届毕业生则变得迷惘、失落和无所适从,因为他们盲目地认为自己是"天之骄子",想当然地认为自己毕业之后将从事所谓的"白领"工作,不用整天为生活忙忙碌碌。现实情况则是应届毕业生没有经历社会生活的磨炼,就业心态浮躁,通常陷入相互攀比的怪圈,一味在意单位能给予他什么,而很少考虑自己能为单位创造什么,对物质和生活待遇的要求超出企业愿意支付的标准。由此,现实的就业压力、家庭压力的下放和理想职业的不对等,使得应届毕业生逐渐成为生活中的"盲流"。这两种对待生活的表现背后,反映出的是用人单位对应届毕业生职业规划培养和指导的缺失。

(二) 公司认知

很多刚踏入社会的应届毕业生对于公司的认知和选择,都是茫然不知所措的。应届毕业生会选择在各大招聘网站上不停地投简历,不停地预约面试,一个接一个电话和 HR 谈待遇和福利。哪家公司待遇和福利好就去哪家,成了很多应届毕业生的选择。这暴露出了应届毕业生对待公司的几种认知态度:一是注重公司的福利待遇,忽视个人职业发展需求;二是对公司的要求高,缺乏对公司性质及发展潜力的深层次了解;三是存在"国企比私企好,大企业比小企业好"的认知错觉。由此,人才市场上总有一些大学生抱着"骑驴找马"的心态,先随便找一个工作单位,随时做好跳槽的准备。所以,对于应届毕业生而言,尚未树立起良好的择业观,没能切实结合自身职业发展规划来选择公司类型。总而言之,小公司易于速成,大公司利于积淀,这是职场中的一般规律。而具体选择怎样的公司,则取决于应届毕业生自身的优势、特长、资历及所处专业的就业情况等。

(三) 看待工作

截至 2017 年,高校的应届毕业生已全面进入 95 后时代,他们是价值观和生活方式急剧变化的一代,是在互联网环境中全面成长的一代,他们的就业观、择业观呈现出的全新状况,将会影响今后整个人力资源市场的发展变化。智联招聘发布的 2017 年应届毕业生就业调研报告显示,在应届毕业生对待就业压力的态度方面,调查对象普遍认为当前的就业压力大,其中,40.8% 的应届毕业生认为难就业,就业形势严峻;47.0% 的人认为就业有难度,但还可以接受,可见就业的形势越加严峻。在评价工作标准方面,应届毕业生将"学习和个人成长"作为理想工作的最重要的评价标准,其次才是"待遇好"和"发展有潜力",二者分别占比为 55.9% 和 34.9%。在工作取向方面,应届毕业生的择业观仍然明显受到社会传统就业观和父母观念的影响,表现出对国有企业、事业单位等体制内稳定工作的偏好。究其原因,一方面,我们可以把问题归结为当前教育机制、人才培养体系,尤其是求职者的自身能力和就业观念等,与市场机制和社会需求存在着不同程度的脱节。另一方面,刚刚走向社会的大学生一般成功欲很强,会有一些不切实际的期望。这种无根据地给自己定位,不肯改变自己的就业取向,不肯降低自己的身价,可能是大学生就业的主要障碍。

(四) 团队认知

团队精神是一个团队的核心，所谓团队精神，简单来说就是大局意识、协作精神和服务精神的集中体现。团队精神的基础是尊重个人的兴趣和成就。核心是协同合作，最高境界是全体成员的向心力、凝聚力，反映的是个体利益和整体利益的统一，进而保证组织的高效率运转。当应届毕业生进入一个新的团队时，对于性格内向的新人，在团队的认识上会有回避、观望、团队活动参与积极性弱等表现；对于一个性格外向的新人，则会显得更加主动、积极沟通、参与和协作。张扬的自我个性使应届毕业生相对而言比较缺乏团队忠诚感，他们会因为对成功的渴望、强调得到他人对自己的认同而缺乏团队意识。另外，应届毕业生可能会认为自己学历比团队一些成员高，难免会给人一种不够谦虚的感觉。

(五) 对待同事

从校园人到职场新人，如何处理职场人际关系，是应届毕业生需要面对的首要问题。单位领导、培训导师和同事事关他们的职业发展和能力提升，在处理这些关系时，有以下几种态度：

1. 对待领导

90后已经成为应届毕业生的主力军，就其成长的家庭而言，90后的家庭突破了很多传统观念，父母的生活态度有了很大改变，他们主张独立与开放，追求的是成功的事业与高质量的生活，所以对孩子的教育脱离不了金钱，不能从情感的角度去感化孩子，势必会使孩子产生叛逆的心理。所以，许多90后学生有自己的观点，敢于反抗和质疑父辈、学校的一些不甚合理的说法和规定，语言的创新性更强。由此，他们在对待领导的态度方面，更强调公平的待遇，对于不满，更容易向领导反馈，甚者发生争执。

2. 对待导师

刚入职的应届毕业生，对自己将要从事的岗位充满期待，有一股很强的冲劲，对任何事情都表现出一种求知若渴的态度。导师作为培训学生入职的重要角色，对学生们今后的职业规划和发展起着至关重要的作用。应届生对于不同的导师，态度是不一样的。如控制欲较强的导师虽然能让团队管理工作变得井井有条，但是员工却会因为培训导师的独裁而得不到充分授权，长此以往，员工难以成长，将表现出一种抗拒的态度。对于"和事佬"型的导师，虽然能够拥有较好的人际关系，管理的团队气氛融洽，但与其他部门竞争稀缺资源时，将出现团队整体竞争力低等问题，此时也会引起团队成员的不满。

3. 对待同事

和同事的相处是个比较微妙的事情，不同公司和不同文化下同事间的关系可近可远，但归根结底大家是竞争协作的关系。应届毕业生普遍存在自私、抗压能力弱、嫉妒心较强的特点，可能会因为个人的得失，做事只考虑自己不考虑别人，重竞争，轻协作，导致其在处理同事之间的关系方面，缺乏同理心。甚者会因为工作的分工不均和同事之间产生过激的行为，在看到同事比自己强的时候，会搞些小动作，想方设法给同事找麻烦。所以，培养应届毕业生正确对待同事之间的关系，既是应届毕业生需要逐渐学习和完善的事情，也是企业减少内耗的重要工作。

（六）自我定位

在大众教育的背景之下，大学生逐渐失去在求职就业上的优势，然而很多大学生思维还没有转变过来，再加上普通大学对大学生的约束不够，学生缺乏自主学习的能力，导致很多学生在大学期间，只追求考试不挂科，没有学到能够真正运用到工作中的知识。因此一进入社会，处处碰壁。不知道自己喜欢干什么，自己似乎什么也干不了，成了大学生的通病。

应届毕业生刚刚踏入社会，对社会、企业中的一切还都不熟悉。从整体来看，应届毕业生这个群体的平均智商超过了以前的同龄人，好奇心强、接受新生事物能力强，同时自信又脆弱，敏感又自私。他们比较了解中国社会的主流思想和价值观，且价值观更加现实，但其自我个性张扬，比较缺乏团队忠诚度。正是这些不确定的因素，导致企业对于应届生的招聘十分谨慎。应届毕业生对未来的生活和工作是满怀憧憬的，对于工作的期望值较高，他们也深知在工作经验、职场经验、团队协作等方面存在的不足。对于如何做好从"校园人"到"职业人"的转换，做好自身的职业发展规划，仍比较迷茫。

（七）服从规则

应届毕业生刚刚步入社会，没有工作经验，在工作与社会中面对不同的选择时，通常按章办事，更守规矩，因此可塑性较强、好管理。这使一些大公司也愿意选择招聘应届毕业生，比如微软、IBM等。但其实在十年、十五年以后，如果整个公司都是规规矩矩、听话的人，公司的创新能力和发展前景会大大下降。

七、应届毕业生的客观画像

我们普遍认为应届毕业生的平均智商超过了以前的同龄人,好奇心强、接受新生事物能力强,很多人都有一技之长,我们不可否认那是属于他们本身的闪光点。90后自信又脆弱,敏感而自私;往往具有成年人很难理解的古怪爱好,比如爱穿破洞裤,收藏各种写真集、唱片,追星等。但他们却又是不一样的90后,他们从内心世界出发,从小接触互联网使他们了解得更多、看得更远,从童年就开始变"老",更加懂得成人世界的规则,了解中国社会的主流思想和价值观,且价值观更加现实。

随着经济快速发展,伴随着国外文化和思想的冲击,他们的消费观念正逐步被改变,过度消费、享乐主义一涌而现,追求功利或表现得不切实际;他们张扬自我个性,比较缺乏团队忠诚度;他们也是网络事业的开拓者,信息接收及时且理论知识丰富,但内心有时空虚,缺少朋友的关心,面临职场勾心斗角、社会的冷漠,在身边缺少人文关怀时,易产生感情上的空缺。大众对90后存在误解,具体表现为以下几点。

1. 很多孩子学习焦虑

自从九年义务教育普及以来,很多孩子表示压力太大,来自家长的望子成龙、望女成凤的压力,来自学校做不完的功课的压力,来自身边同学周末补课、时刻学习的压力。近年来,新闻上不时报道因学习压力大而患上抑郁症的学生,这一现象常常发生在高中或者大学。一方面是学生的心理素质差,另一方面是外部环境因素,更多的还是原生家庭的问题。父母应该时常关心自己的孩子,不要一味只关注成绩、看分数,更应该从多方面考虑,引导孩子全面发展,关注孩子身心健康,减轻孩子学习的焦虑,营造积极乐观的氛围,帮助他们树立足够的信心来面对困难。

2. 自私且承受挫折能力弱

90后大多数是独生子女,有些孩子会不自觉地流露出自私的一面,做事通常只考虑自己不考虑别人;承受挫折的能力相对较弱,甚至遇到不大的事情也会有很大的情绪反应,或采取过激的行为。

3. 嫉妒心比较强

有些学生嫉妒心比较强,看不惯别人比他(她)强,自己没有的别人不能有,不允许别人比自己"拽",否则他们就会搞些小动作,甚至会想方设法让对方"拽不起来"。

4. 有强烈的反叛意识

许多 90 后学生有自己的观点，敢于反抗，敢于质疑，语言的创新性更强。这是这一代人的显著特点，但是有些时候他们的反叛意识也会出现偏差。一旦在学校遭遇意外事件，比如偶然的停水、停电，有些学生（包括平时比较老实的学生）便会通过起哄、制造混乱来宣泄心中的情绪。

5. 极力表现与众不同

一部分学生在学业上无法做到出类拔萃时，会选择其他各种方式获得心理满足。比如，上课调皮捣蛋、起哄，穿奇装异服，试图通过这样的表现来获得"与众不同"的感觉，引起老师和同学的关注，寻求心理平衡。

6. 对网络十分依赖

青少年沉迷上网的现象被称为"网络海洛因"，是影响青少年成长的重要因素。迷恋网络的孩子，也有求助心理咨询师的，他们往往都知道迷恋网络的害处，却无法控制自己，老想往外面跑。

每个孩子都是独一无二的，我们在看到他们不足的时候，也应该思考是什么原因导致他们变成了如今的面貌，家庭应该做些什么，社会对 90 后的关注又该是什么。在我看来应从以下几点出发考虑。

1. 树立真正的时代偶像

每个时代都会产生偶像。而部分 90 后没有高品位的志趣，缺失真正的偶像，他们的成长显得有些迷茫。因此，应该引导他们把真正对国家有贡献、对社会有影响力、对人有积极引导作用的人当作前进的灯塔。

2. 家庭的变化

除了 90 后父母的生活态度有了很大改变外，一些 90 后还经历了家庭的重组变化，这无疑带给他们情感和心理上的创伤，部分人变得冷漠与自私，缺少应有的温暖与亲切感。由此可见，一个温暖的原生家庭对一个人的成长有着至关重要的作用。

3. 学习压力

90 后的孩子接受义务教育，经历了多次教育改革，虽然体验过"减负""素质教育"，但还是承受了很多学习和升学压力。繁重的课业负担和心理压力，使得部分 90 后对学习没有兴趣甚至厌学。教师和学校方面应加强学生的心理疏导，从本质上关心学生，不要因为压力过大让学生走上不可回头的道路。

4. 受到大量信息的包围

90 后大都怀有强烈的民族自豪感和民族自信心。调查显示，这主要源于这些年国家改革开放和社会建设取得的伟大成就。例如，北京奥运会、上海世博会的成功举办，国家经济实力整体提升等，都增强了学生对国家和民族的热爱之情。他们深切地感受到近年来我国社会主义现代化建设事业给他们的生活环境带来日新月异的变化，因此对党的路线、方针政策的理解不仅仅停留在字面和概念上，而显得更鲜活、更具体。

90后不仅仅局限于关注自身的升学问题，还将更多的目光投向社会民生问题。调查显示，他们关注的问题主要集中在官员腐败现象、现行升学制度弊端和部分损害民生的现象等方面，部分学生能够深入思考一些社会民生问题产生的根源。90后高中生对所处的整体社会环境表示满意。相对于部分80后中学生曾遇到家长下岗带来的生活困境，绝大多数90后高中生认为现在的生活是幸福的。

90后有着较强的自我意识和独立人格，他们的自我意识通常和正确的是非观念结合在一起。他们并不是单纯追求引起他人和社会的注意，而是更多地追求自己独特的观点和解决问题的办法。他们并不想反主流，而是想尽早融入主流甚至创造主流。

90后的偶像范围更广。除文体明星外，许多财经界、政坛人物都成为他们崇拜的对象，同时，地域也从国内扩展到全球。

90后表现出追求成功的强烈渴望，但缺乏明确的目标和方向。究其原因，一方面这与当今社会的快速发展和复杂变化有关，互联网的普及带给他们大量信息，成功的案例比比皆是。这使他们对未来的选择感到迷茫；另一方面，受到自身所处环境的影响，他们与外界社会的深入接触较少，同时也受到年龄的局限，所以对自身发展缺乏明确认识。

90后的课业负担相对于80后有所减轻，但他们仍然肩负着较重的升学压力。许多学生表示，他们的竞争已经上升到考上好的大学乃至好的专业。这主要是社会就业压力和家长期望值普遍提升所致。

尽管最大的学习动力仍然来自升学压力，但90后学习动力出现多样化趋势。例如，有的学生学习英语的动力源于社会交流的需要，有的学生学习生物是因为喜欢自己研究得出结果等。老师的人格魅力也成为鼓励学生学习的另一重要动力，当然，这些老师并不一定局限于本校。

5. 与人交往

在同学关系方面，90后更开放、更爱交流。与80后最大的差异在于，他们往往打破班级、年级甚至学校的界限进行交流和交往。师生关系方面，90后与老师的关系更为融洽。因为年轻教师在校园里逐渐增多，他们与学生都是在改革开放后成长起来的一代，相似的生活背景使得师生间更易于沟通。

90后与家长的关系正悄然发生变化，亲子沟通增多。主要有两方面原因：一是90后的家长大多是70后，多数接受过较完整的教育，家庭氛围更民主，家长更能倾听子女的意见、理解子女的想法；二是90后更懂得沟通交流的技巧，学会用一时的"让步"换取在具体行为实施中家长的迁就。

当今社会，市场竞争越来越激烈，随之而来的职场竞争、人才竞争也越来越残酷，如何使自己在激烈的职场竞争中立于不败之地，并且脱颖而出，已是当今职场人士面临的最大"痛苦"与"心结"。如何在人才的选、用、育、留上有所突破，特别是如何快速高效地培育自身企业的优秀人才，值得更多企业思考。

我们都知道，应届毕业生有很多问题。在职场中，他们往往对工作的期望值太高，理论太多，不服从管理，责任心差，眼高手低，做事随性。当然，应届毕业生也富有可塑性、创造性，并且有朝气、有理想、有激情。正是应届毕业生具有双重性质特征，使得许多企业对应届毕业生的招聘处于观望状态。因此，近些年来，对员工的职业生涯规划管理也越来越受到企业重视。鉴于此，如何快速帮助企业全面认知和培养应届毕业生，做好应届生的职业生涯规划管理也尤显重要，这也是本书写作的初衷和愿景。

第二部分

如何构建应届毕业生快速成长路径

第三章　如何设计应届毕业生的培养路径

目前，关于培养路径没有统一、规范的定义，朱春蕾等人力资源专家主张将其理解为学习路径图。在 HR 相对统一的认知中，培养路径被理解为培养过程设计，等同于应届毕业生成长路径，等同于培养计划的实施过程，这些理解和认知具有一定的科学性与现实意义。企业在应届毕业生的培养中，或多或少面临困惑：

不能准确知道什么时候他们可以成为可用的专业人才；

不知道公司投入的大量培训是否产生了应有的价值；

大多数人经过半年的培养，结果由期望变成了失望；

少数表现突出的应届毕业生因频频离职而留不住；

部分没有离职的人却不堪大用；

还有些人，你绞尽脑汁想让他们离职却找不到合适的理由。

一、如何理解培养路径图

应届毕业生培养路径，应该简化为岗位培养目标实现的过程设计，可以解构为以下几个要素：

需要培养的目标岗位是什么？

该岗位主要的工作任务是什么？

胜任该岗位主要工作任务需要的专业知识有哪些？

胜任该岗位主要工作任务需要的专业技能有哪些？

如何科学、高效地获得这些专业知识与技能？

而获得这些知识和技能是应届毕业生培养的核心内容，其实质是关于应届毕业生需要赋予什么能力的问题。对应届生的培养，分为六个阶段（图 3-1）。

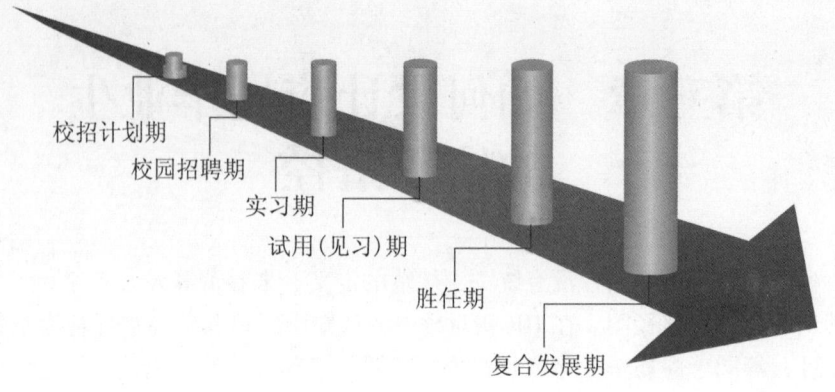

图 3-1 应届毕业生培养阶段性规划图

二、如何建构培养路径图

(一) 构建流程

培养路径设计,一般包括知识线、技能线、时间线三类。

知识线设计应当遵从结构性思维,对知识点进行分层、分类、递进式罗列,形成从浅入深、从易到难的学习路径。

技能线设计应当遵从程序化思维,即按照操作过程实现的先后顺序,形成从易到难、从始至终的学习路径。

时间线的设计应当遵从应届毕业生招聘入职全周期逻辑,即从招聘准备到其成长为主力军的全流程,按照心理变化、知识与技能模块排列推进,形成心理变化周期、学习周期结合管理的时间变化路径。

应届毕业生培养路径建构一般需要遵循的流程环节如下:

确定应届毕业生未来需要胜任的岗位;

明确该岗位的主要工作内容;

明确该岗位的主要工作任务,形成工作任务清单;

针对每项工作任务清单,请岗位专家绘制该任务的流程图;

针对各主要任务流程图的各个环节,列出胜任标准;

针对达到各环节的胜任标准所需要的知识与技能清单;

将知识与技能清单分别归类汇总,形成岗位知识图谱和岗位技能图谱;

根据知识与技能演进逻辑和递进原则,分别编制各阶段知识学习清单和技能学习清单;

结合单位资源需要,将各阶段知识与技能清单汇总,形成各阶段学习目标与计划书;

最后形成岗位胜任过程培养的路径图(图3-2)。

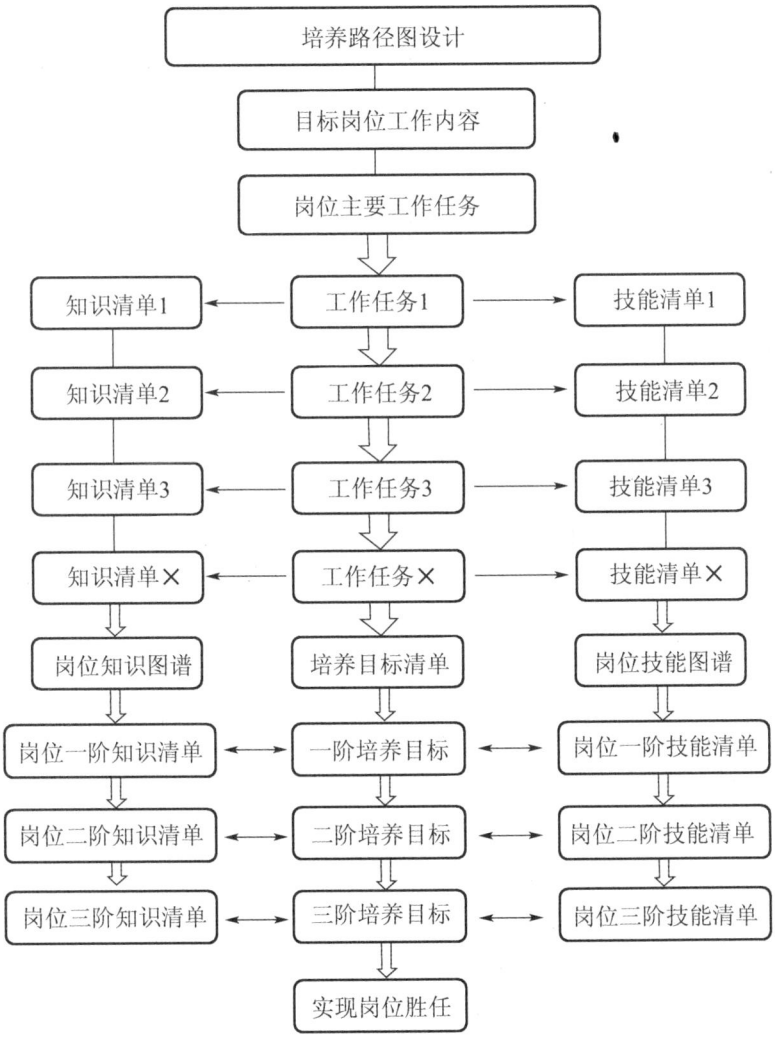

图3-2 应届毕业生培养路径图流程

(二)需要注意的问题

此外,在构建应届毕业生培养路径的过程中HR经理还需要高度关注岗位价值和岗位文化两个方面的问题。

1. 关于岗位价值的问题

每个岗位是用人单位为支撑业务价值实现而设立的，即每个岗位应当有岗位价值描述，且应当写进岗位说明书。岗位价值描述有两个用处。

（1）判断岗位工作职责归集的合理性

本岗位中各项工作的内容是否服务于岗位价值实现，如果对岗位价值没有贡献，则需要进行岗位工作内容调整或推进流程优化，使之与岗位价值相匹配。如很多公司人力资源部和行政部合并为一个部门，人力资源部往往是人事制度的制订者，行政部门则是人事制度的执行与监督者。如果两个部门合并办公，最终可能让相关人员"既当裁判员又当运动员"，从而产生特权思想。

（2）判断工作行为的正当性

HR的职责，应当让所有员工实现岗位价值最大化。当某些工作任务描述模糊、流程环节不够清晰时，对该岗位工作人员是否应当采取行动去推动相关工作，或是判断该岗位是否应当承担该项工作，则由该项工作内容是否有利于提升本岗位价值决定。如某个岗位为产品线品质检验，其岗位价值是防范瑕疵品流出工厂，其工作职责是依据《生产说明书》和《产品检验规范》对生产过程中的产品进行检验。而当该工作人员发现《生产说明书》有错，可能导致生产成批的错误产品，从工作职责上看，该品质检验人员没有责任和义务对该错误承担责任；但是，从岗位价值来看，他有责任指出《生产说明书》的错误，有义务制止瑕疵产品出厂，这种行为是正当的。又如某企业总裁办主任的价值在于减轻总裁工作强度与工作时间，提升总裁的决策效能，工作职责则是协助总裁开展各项经营管理工作。如果有一项工作，该主任有能力作出科学判断，做出处理意见并向总裁建议或报备，但总裁行事风格是独断专行，试问该总裁办主任应当注明自己的处理意见和建议后向总裁汇报，还是直接当一个"二传手"，请总裁直接判断并做决定？答案显然是前者，因为其岗位价值决定了他应当选择前者。

2. 关于岗位文化的问题

岗位文化的问题可以理解为职业精神的问题，部分岗位秉持专业精神，如果本岗位专业精神与岗位价值相偏离，最终将影响岗位工作任务的完成。譬如会计岗位秉持的专业精神是"不做假账"，但部分公司为了谋求上市而以虚假的方式要求会计人员虚增资产、收入，瞒报费用或成本，以此做大利润。实际工作内容与岗位专业精神相冲突，这可能对会计岗位从业人员是一种折磨，此类冲突将影响会计人员工作任务的完成质量。再比如，对于企业而言，法务部门的重要职责是对企业经营管理活动中的重要活动进行法律风险评估，做到事前介入、事中控制、事后核查，并提出切实可行的风险防范措施，尽量降低企业的法律风险。但是往往在决策中,激进型的管理者风险偏好较高,为了快速决策、快速行动,要求法务部门尽量弱化风险或者不提风险,这也会影响岗位履职质量。

三、应届毕业生培养路径的特点

(一) 目的性

基于岗位基本胜任为阶段培养目标,基于岗位的全面胜任为整体培养目标。针对应届毕业生的培养,应有明确的培养目标,管理培训生式的培养只应当成为应届毕业生培养过程中的某一阶段性目标,而不应该成为全部,即应届毕业生的短期培养目标应该是基于具体工作职责与主要工作任务的岗位基本胜任能力培养。从中长期来看,培养目的应该是基于岗位导向的全面胜任。如果没有明确的、具体的培养目标,则培养路径设计具有随意性,培养计划就没有针对性,培养过程也无法考核,培养成效自然无法检测,这无异于浪费单位资源,浪费应届毕业生的青春。

(二) 完整性

一般岗位均涉及多种知识与技能,因此培养路径一般要涉及多种知识与技能的学习与训练,一般岗位具有以下特征。

多任务性:任务的差异性决定了知识与技能需求的差异性。

多环节性:每类任务也可能涉及多个流程环节,不同的环节决定了知识与技能的差异性。

复杂性:一项任务的单一环节如果比较复杂,或具有较高的技术含量,则需要多种知识或技能。

这些知识与技能组成了本岗位的知识地图与技能清单。需要胜任某一岗位,应参照本岗位知识地图和技能清单,设计培养路径,要做到三个完整性确保:

知识地图完整无遗漏;

技能清单完整无遗漏;

培养流程环节完整无遗漏。

(三) 连续性

知识与技能的学习最好不要间歇性、跳跃性,要确保两个连续性。

时间的连续性：根据记忆力遗忘曲线，学习的知识随着时间推移将逐渐被遗忘，从而导致前期的学习效果大打折扣。

学习内容连续性：如果学习的内容没有连续性或出现断缺，则会降低关联性学习效果，增加单一模块知识与技能的学习时间成本或相关资源消耗会大幅增长。

（四）递进性

学习路径设计应当遵循递进性原则，主要体现在以下几个方面。

由易到难的递进性：学习模块由易到难的过程设计，遵循学习规律、培养学习成就感、构建学员专业自信，是促进学习效果提升的必要途径。

逻辑关联的递进性：知识与技能之间的逻辑递进，前期已学知识与技能服务于后者所学，能有效减少重复学习和无效学习，帮助学员构建清晰的逻辑图谱的有效途径。

工作任务设计的递进性：工作任务实践安排也应体现由易到难的递进性，从而帮助学员提升专业自信，逐步胜任现有工作岗位。

递进性设计体现了岗位学习计划的专业性与科学性，一般应邀请本岗位最资深的专家、三年左右的骨干、毕业一年左右的学员，以评审方式对递进性进行评价与调整。

（五）经济性

经济性从投入产出比角度进行评价，即以最少的投入产生最大的培训收益，追求同等培训收益状况下产生的培训成本最小，或在既定的培训成本投入状况追求培训收益最大化，则该培训行为具有经济性。

任何人才培养都有成本，包括以下几种成本。

人工成本：应届毕业生未创造价值期间的人工成本、导师指导期间（一般约占正常工作时间的15%）的人工成本及其他因人才培养产生的人工成本。

教学或实践成本：讲师的培训课酬、内部课题开发成本、培训场地布置与占用费用、培训器材耗材或折旧费用等。

培训管理费用：管理人员成本、过程考核、效果评价等。

沉没成本：此类成本往往被HR或绝大部分管理人员所忽视，主要体现为低效或无效的培训带来的沉没成本。例如通过科学的设计，最佳培训过程设计应为在3个月内完成培训，并达到某项任务胜任标准或学习效果，但由于设计的随意性导致培训需要4个月才能达到目标，超出最佳培训过程设计的标准时间（1个月）所产生的所有人工成本、培训成本与管理费用，还包括由于延后达到胜任标准而损失的价值创造等机会成本,以及信心损失等无形成本。

负效应成本:所谓的负效应成本,是导致整体收益负向增加即效应降低的培训投入。此类成本的产生往往是因为人才培养的专业性不足。这种负效应成本主要包括以下几类:

①如果培训过程设计不够科学,可能导致错误的经验被传承所产生的成本。

②因用人部门负责人或导师言传身教或践行的亚文化价值观,传承给应届毕业生并成了他们的主流价值观,从而导致企业重塑企业文化的成本增加。

③因讲师或导师的指导能力问题,导致应届毕业生的岗位胜任信心丧失,从而产生的离职成本。

④因职业规划培训脱离企业实际、培训倡导的价值观与企业实际背离、"前热后冷"式培训氛围营造、错选导师等培训负效应,而产生的离职成本。

⑤考核不够公平或透明、调薪机制不科学等激励或保障性因素导致的离职成本等。

⑥由于负效应所产生的纠偏成本等。

要让培训行为产生较好的经济性,则需要注意以下几个方面。

产生超越期望的收益:通过巧妙设计,促进既定的培训投入产生超越明确的期望收益。如在应届毕业生学习部门制度和流程时,很多部门经理往往拿出制度或流程手册让应届毕业生自主学习,这种学习方式较为被动且缺少实践,从而导致学习效果不佳。最好的学习方式为"即学即用、干中学、学前思、学促评",即在工作需要时进行学习则学习效果最好,在学习之前让应届毕业生思考可能的制度与流程是什么,在学完后需要对该项制度或流程进行评价,说说为什么要如此设计、为什么和自己设计的不一样、有哪些方式可以进一步改进。这种学习效果不言而喻,最重要的是产生了超越制度或流程学习期望的收益:

对于公司或部门而言,指导老师和应届毕业生对现有制度和流程开展了一次具有科学性与合理性的评审,进而可能促进部门制度或流程优化。

促进导师对制度或流程进行深刻学习与反思。

促进应届毕业生养成主动思考的习惯。

其他收益,如请应届毕业生在导师指导下进行制度与流程稽核或推动文档整理和规范化,进而推动部门管理规范化。

降低培训投入:为达到既定的培训收益,而尽可能降低培训成本的行为。如在指导应届毕业生胜任某项工作过程中,为了降低工作实践过程中的场景布置投入、导师专项指导成本和应届毕业生犯错成本,最好借助导师手中正在开展的工作进行指导,一般采取"双轨制",即在不额外增加工作场景布置的情况下,导师通过指导应届毕业生完成既定的工作任务,进而实现应届毕业生同步完成学习与工作任务;也有一些单位通过已经完成的工作,改动部分环节让应届毕业生重新再实现一次,即让应届毕业生借助现有资源通过复盘方式完成学习任务。

要实现经济性,则需要培训管理者在培训过程中巧用资源,活用资源,并且贯彻于应届毕业生培养的全过程。

四、应届毕业生心理成长路径

根据华润公司对应届毕业生心理成长阶段的跟踪调查数据显示,应届毕业生自从与用人单位签订三方协议起到成为相对稳定的业务骨干,一般要经历期待期、破冰期、磨合期、迷茫期、独立期、反复期和稳定期七个阶段(图3-3)。

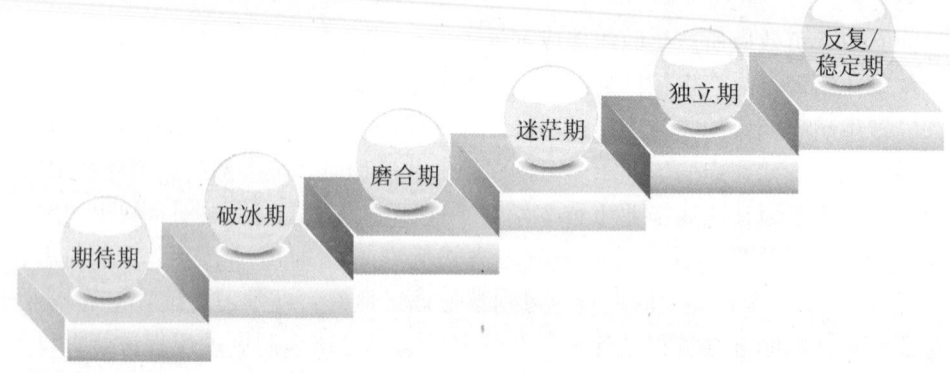

图3-3 应届毕业生心理成长阶段图

(一)期待期

1. 定义

应届毕业生即将踏上社会,初次参加工作,期待着获得的薪水至少可以养活自己,不再需要父母给养,能够减轻家庭负担。

2. 持续时间

一般为入职前至入职后1个月内。

3. 心理状况画像

用一句话表示为"前景很美好"。用人单位为了吸引优秀应届毕业生加盟，往往在学校宣讲和面试后的互动时间，偏向强调本单位的特色、优势，对弱势与不足之处避而不谈，从而让应届毕业生对用人单位产生非理性向往，让应届毕业生认为自己加盟将会迎来一片光明的未来。

4. 阶段心理特征

应届毕业生刚从学校步入社会，一般体现为憧憬、兴奋与紧张交织。

憧憬：由于没有工作经验，应届毕业生往往通过自身有限的社会认知和对公司有限的信息，憧憬公司给自己带来发展机遇，憧憬通过自我学习成为职场精英，憧憬通过自我收入提升回报父母，憧憬通过自身努力实现人生的一些"小目标"。

兴奋：基于对未来工作与生活的向往，以及对用人单位、工作岗位与工作任务的新鲜感，应届毕业生往往精神亢奋。

紧张：应届毕业生即将面对新的环境，对于未知世界的新奇或恐惧，和对自己是否能够适应公司环境或胜任未来工作的揣度与担忧，都让他们感到紧张。

5. 应对策略

由于此阶段周期相对较短，应对策略为细致观察、冷却处理。如果没有出现严重的焦虑状况，一般不用干预。因为应届毕业生出现的心理状况也应该是职场磨炼的一部分。如果出现了严重的焦虑状况，则应主动干预，通过配置心理医生和生活导师的方式，进行疏导与舒缓。

（二）破冰期

1. 定义

应届毕业生入职后，开始正式接触公司，了解公司制度与文化，了解岗位工作内容与业务流程，就如同一艘破冰船正式下水驶向一个未知的领域，充满新鲜感、好奇感，同时收获大量信息，一时难以适应。

2. 持续时间

一般为入职后的 1～2 个月。

3. 心理状况画像

此阶段的心理画像用一句话描述为"试水知冷暖"。由于自身之前对公司、工作内容、上司、人际关系等进行了大量的预先假设，而现实击破了个人假设与想象的世界，很多内容已经超越了预期或想象，这种体现只能在自己体验与试水的过程中获得，却无法描述与分享。

4. 该阶段心理特征

应届毕业生入职后，一般体现为好奇、紧张、不适应，同时要面对信息爆炸。

好奇：公司中很多事物、工作内容、工作制度与流程和自己想象的不一致，所有的一切对于应届毕业生都是新鲜的、新奇的。

紧张：需要适应新的环境、需要熟悉业务流程、需要面对纷繁复杂的人际关系，标志着他们正在经历从学生到社会人身份的转变，心理表现为紧张、多虑等；身体表现为失眠、心慌、出汗、食欲不振、肌肉绷紧、胸闷甚至呼吸困难。这种紧张与焦虑可能导致白天工作时注意力下降、工作效率低、反应迟钝等，夜里则可能胡思乱想，导致辗转难眠，第二天白天继续紧张，恶性循环。

不适应：从学校步入社会，作息时间发生了变化，全新的人际关系、规范化的工作制度与流程，与大学生活相比改变巨大。面对这种改变，大部分应届毕业生在初期阶段往往表现为不自信与不适应。

信息爆炸：全新的环境带来了海量的信息，每类信息的接收、判断、过滤、筛选、存储让应届毕业生的大脑负荷满满，同时受制于专业性不足，让应届毕业生面临着选择困难与信息处理迟钝。

5. 应对策略

配置生活导师：对应届毕业生进行专业导师（也有一些单位称其为"师傅"）的配置行为较为常见，而对生活导师的配置则相对较少。这一现象说明用人单位更重视专业发展，认为人际关系处理、工作习惯养成、生活与工作之间的平衡则属于应届毕业生自己的事情，公司没有精力也没有必要介入。这一观念也成为应届毕业生培养的一个误区。因为应届毕业生恰恰缺乏人际关系处理经验，没有良好的工作习惯，在生活与工作之间难以找到平衡，这些对工作绩效的影响显而易见。因此，配置生活导师，对于引导应届毕业生正向思考、舒缓紧张情绪，引导其逐步适应环境、应对信息爆炸带来的选择困难，都具有现实意义。此外，需要特别强调的是，生活导师不是保姆，生活导师的角色是教练，是应届毕业生心理成长的引路人。

定期检测并及时肯定：应届毕业生在入职初期表现的紧张和不适应，通过定期检测并及时肯定，让应届毕业生感知受到关注，感知自己成长的步伐，有助于帮助应届毕业生增强自信，有利于缓解其紧张与不适感。

（三）磨合期

1. 定义

磨合一词的背后，是坚持与妥协的碰撞。当应届毕业生经过期待期与破冰期后，发现现实与理想之间的偏差较大，部分自己坚持的东西可能在公司不被认可，公司或部门坚持的东西也难以被自己接受。但是，只要坚持前行，这种思想碰撞就会持续，碰撞就会有坚持或妥协，这就是磨合期。

2. **持续时间**

一般持续 1～2 个月。严格意义上，破冰期也是磨合期的一部分。

3. **心理状况画像**

此阶段的心理画像用一句话描述为"有泪暗自淌"。当现实碾压理想时，自己曾经珍视、秉持与坚信的东西被抛弃，同时被迫接受很多自己之前不能接受的事务，思想的挣扎与煎熬，只能独自承担与忍受。

4. **该阶段心理特征**

应届毕业生经历过期待期与破冰期后，紧张感逐步消解，心理特征表象一般表现为观望、放不开和迷茫。

观望：经历过破冰期的冒进与不适应，经历过内心的坚守与放弃，应届毕业生的冒进心态有明显转变，对待未知事物不再主动发表没有思考成熟的观念，对待没有把握完成的工作任务不再贸然认领，观望的心态明显。此阶段，不是应届毕业生已经不再主动，而是惧怕失败与内心期待共存，即心中有想法，但不再冒进。

放不开：此阶段应届毕业生已经初步了解用人单位与工作岗位，对陌生环境开始有所熟悉，对部分事务开始有自己的想法，但不敢轻易表露；想去尝试所学，却又担心自己不能胜任。对人际关系处理与专业能力均不够自信，不能完全把握他人的思维习惯，担心自己的贸然行为被嘲笑或轻视。

迷茫：面对某些与自己秉持的观点相悖的情况，是坚持还是放弃？自己是否能够胜任现有工作？长期下去自己是否有前途？自己应该在这个企业坚持还是果断放弃？这些想法让应届毕业生感到迷茫。

5. **应对策略**

这个阶段是应届毕业生离职风险产生的起始阶段。应当充分发挥应届毕业生生活导师的作用，通过积极的心理疏导，发掘他们的优点，鼓励他们坚持正确的理念，面对亚文化的袭扰时，引导他们正向思考，在他们取得进步时及时肯定，让他们构建成长自信，帮助他们顺利度过磨合期。

（四）迷茫期

1. **定义**

迷茫期是磨合期的延续。应届毕业生在历经磨合期后，对用人单位现状与工作内容有了初步了解，同时在磨合期堆积了过多负面情绪且得不到有效梳解，专业学习遭遇挫折可能让其对职业选择产生怀疑，人际关系处理的失误让其忧心，从而产生了一系列的迷茫。

2. 持续时间

一般为入职后 2~3 个月。

3. 心理状况画像

此阶段用一句话描述为"现实很残酷"。此阶段的应届毕业生表现得非常挣扎，是其心智重塑、价值观重构、职业生涯自我规划定位选择的关键时期。

4. 该阶段心理特征

在此阶段，其内心的一般特征为焦躁、心态失衡、患得患失，有时可能士气低落。

焦躁：可能是莫名的焦躁，也可能是因为持续压抑内心真实的想法或自己秉持的理念被持续否定带来的负面情绪的爆发。

心态失衡：过度的焦虑、焦躁，或持续被否定或专业自信心崩溃，或是部门负责人对其持续的无视或轻视，均可能导致应届毕业生心态失衡。

患得患失：过于忧虑自己的行为可能给自己带来的不良后果，人际关系处理信心不足时，也让应届毕业生出现患得患失的表现。

5. 应对策略

这个阶段是应届毕业生离职风险最高的阶段。应对策略应坚持以生活导师介入疏导为主，部门负责人辅导为辅，具体措施类似于磨合期。

（五）独立期

1. 定义

独立期是应届毕业生职业技能稳步提升、职业自信逐步建立的关键时期。在此阶段，应届毕业生逐步独立开展各项工作，有如婴儿学步、如履薄冰之感，但最终可实现独立担当并基本胜任目标岗位工作。

2. 持续时间

持续时间一般为 3~6 个月。根据岗位工作任务复杂程度可能会存在差异。

3. 心理状况画像

此阶段心理画像可以用一句话描述为"男儿当自强"。当应届毕业生开始独立担当某项具体工作时，如同初学步的婴儿，安全感低、冒进、步履蹒跚、患得患失，但他仍需勇敢承受并担当。

4．该阶段心理特征

在此阶段，其内心迷茫感并没有完全消退，一般表现为安全感低、易冒进、过分在意得失。

安全感低：由于对专业知识与技能掌握得并不熟练，专业自信未完全建立，企业融入未完全完成，而独立开展工作的形势并没有改变，应届毕业生尝试独立完成工作、检验专业能力与构建专业信心，但受制于能力不足，导致安全感不足。

易冒进：想尝试新事物，想急于检验自身所学，并试图证明自己的表现。冒进是应届毕业生不够自信的表现，需要通过新的业绩与表现证明他们的价值并提升自信。

过分在意得失：过分在意得失，是应届毕业生急于证明自我，期望得到认可的表现。而太在意得失也容易使人迷茫与不自信。

5．应对策略

此阶段是迷茫期与独立期反复交织的阶段。从另外一个层面看，让应届毕业生适当承担挫折与失败，更有利于其心理成长。因此，需要设计周密计划，引导生活导师与专业导师对其进行科学疏导，上级和导师以及周围的同事及时肯定其成长与进步，是促进其快速、独立进入稳定期的重要手段。

（六）反复期

1．定义

反复期其实是迷茫期、独立期与稳定期三个心理阶段的循环，即应届毕业生可能由独立期反转到迷茫期，也可能从稳定期反转到迷茫期或独立期。

2．持续时间

一般在入职后 6 个月左右。

3．心理状况画像

此阶段由于多种心理阶段交织，用一句话表述为"阴晴相交织"。即三个阶段的心理状况在此阶段反复与转换。

4．阶段心理特征

在此阶段，应届毕业生成就感与挫折感并存，迷茫、焦躁、喜悦、冒进、患得患失可能交替出现，心理状况稳定性由弱变强，是进入稳定期前的必经阶段。

5. 应对策略

同迷茫期与独立期应对策略。

（七）稳定期

1. 定义

到此阶段，应届毕业生初步具备专业能力，能够独立开展工作，面对工作困难或障碍时心态相对平和，冒进、焦躁状况出现频率大幅减少，工作习惯基本养成，心态趋于稳定。

2. 持续时长

一般在入职6～12个月之后出现，并保持稳定。

3. 心理状况画像

进入到职业发展的稳定期，用一句话表述心理状态则为"百炼成金刚"。经历过反复期的磨炼，应届毕业生职业化心态基本养成。

4. 该阶段心理特征

在此阶段，职业信心逐步增加，成就感逐步降低，工作新鲜感逐步降低，常表现出"佛系"，工作倦怠感开始积累。

佛系：即有也行、没有也行，不争不抢，不在意输赢的心态。由于入职后岗位分工较细，加上应届毕业生岗位经验不足，这个阶段的岗位特性往往表现为简单、重复性操作。把应届毕业生从迈出校园要"改变社会、改变世界"的豪言壮志拉回现实，应届毕业生在平淡的岗位工作中易滋生无所谓、都可以的佛系心态。

工作倦怠：由于工作的琐碎不符合应届毕业生迈入职场前的设想，岗位工作在短时间内很难让其产生成就感、自豪感，因此，应届毕业生容易慢慢丧失工作热情，对岗位、对工作缺乏兴趣。

5. 应对策略

开启职业发展规划设计，理顺应届毕业生的职业成长路径，通过职位晋升通道给予应届毕业生持续的激励，让他们保持持续进取的心态。其次，在公司内部要促进人才流动市场化，建立岗位横向交流的渠道，促进应届毕业生多岗位轮换，熟悉上下游业务，使其保持对工作的兴趣和新鲜感，同时锻炼其具备全局视野和复合发展能力。

五、应届毕业生专业能力成长路径

应届毕业生的心理成长路径经历期待期、破冰期、磨合期、迷茫期、独立期、反复期和稳定期,在不同时期会有不同的职场表现。对于企业而言,应届毕业生是否能成长为符合企业发展、需要的人才?应届毕业生多久才能成长为企业可用、好用的人才?应届毕业生如何快速理解、认可并践行企业的价值文化,对企业形成并保持归属感?这些都是未知数,也是变数。于企业而言,应届毕业生如同一个"青苹果",有内涵,但青涩。因此,打造应届毕业生成长路径是 HR 经理的重任。从岗位认知、企业认知、企业感知、岗位感知、岗位模拟、岗位实战等系统规划和设计应届毕业生的成长路径,促进其快速由"青苹果"成长为企业期待的"红苹果"。

(一)岗位认知——介入毕业设计

每年 9 月,很多用人单位开始进行校园招聘,部分企业提前至暑假,在假期邀请学生到单位实习并借此机会进行考察、鉴别与挑选应届毕业生。但是,大部分单位选择在每年 9 月份至次年 6 月份完成应届毕业生招聘。

经验数据表明,优秀的企业均在应届毕业生正式毕业前半年,甚至每年的 11 月份完成校园招聘。应届毕业生完成签约后,就进入了毕业设计阶段。用人单位可以根据应届毕业生岗位需要,给应届毕业生布置毕业设计或论文题目,进而推动应届毕业生在进入用人单位前主动学习,掌握岗位专业知识。把应届毕业生的毕业设计或论文与用人单位岗位需求进行紧密结合,是一项双赢的选择。

促进毕业设计或论文效用最大化。应届毕业生将毕业设计与工作需要相结合,实现效用最大化。现实中,毕业论文的设计目标往往是让应届毕业生通过规范的学术训练达到毕业要求,对内容价值的挖掘相对较少。用人单位的介入,可使其毕业设计更贴近市场需求,增强毕业设计与工作的相关性。

帮助用人单位节约用人成本。用人单位可以推动应届毕业生提前学习与工作岗位相关的知识与技能,有助于用人单位节约成本。因为做毕业设计是学校的基本要求,应届毕业生有主动学习未来岗位相关知识与技能的意愿与动力,用人单位可以免于支付学习阶段的薪资,从而节约用人成本。

提高应届毕业生与用人单位双方的意愿。用人单位介入毕业设计有利于推动应届毕业生自主学习岗位所需的专业知识,也可以通过师傅进一步考察应届毕业生是否适合工作岗位,进而做出筛选决策。应届毕业生对未来工作心怀期待，希望早日接触工作内容，同时毕业设计或论文也是学校要求，结合工作内容做毕业设计对应届毕业生而言是一举两得。所以，双方均有较强的意愿。

用人单位的具体操作流程如下：

指定论文或毕业设计选题；明确实现目标；从用人单位选派指导教师；编制推进计划；为论文或毕业设计提供相应的软件或硬件资源支持；审查并同意提交。

也有很多大型成熟企业深化校企合作，采用"订单式"的定制化模式，培养企业所需人才，尤其是培养研究生等高层次人才。企业与高校本着"面向市场、适应需求、优势互补、资源共享、互惠双赢、共同发展"的原则，通过"订单式"培养的方式，在应届毕业生学习阶段就强化其对企业岗位的感知，在应届毕业生选择企业、融入企业、与企业共同成长与发展方面具有较好的效果，具体做法如下。

企业根据自身人力资源需求计划和人才培养发展规划，提出人才培养"订单"。

企业与高校共同制定或修订专业人才培养方案，在师资、技术、设备等办学条件方面进行合作，利用双方的资源优势，采取多种形式组织教学，完成联合培养。

人才培养在学制内分两个阶段进行，第一阶段是在学校进行为期一学年的学校课程学习阶段，第二阶段是为期两学年的论文研究（企业实习）阶段。学生由学校导师和企业导师共同培养，在拿到毕业证和学位证后按照约定与企业签订劳动合同。

学校负责"订单式"学生在校期间的日常管理及指导工作，企业支付给学校相应的补助。

（二）企业认知——充分利用毕业实习

毕业答辩之前是毕业实习期，学生有相对空闲的时间。不同学校的毕业实习期虽然有所不同，但大部分学校均安排在最后一个学年，而且一般由学校随机分配定点单位，安排相应的实习内容，应届毕业生收获有限。用人单位应当充分抓住这个机会，邀请已经签约的应届毕业生到用人单位进行毕业实习，这也是一个双赢的选择。

降低企业招聘风险。邀请应届毕业生到单位实习，可以进一步筛选已经签约的应届毕业生，如果不合适则提前解约，对双方均有利，对企业而言有利于降低招聘风险。

降低企业用人成本。实习期间，企业需要支付应届毕业生实习期的意外保险、交通费、住宿费与生活补贴，远低于企业支付的用人工资。用人单位可以在此期间进行入职前培训或岗位实习，从而缩短入职后的培训成本。最后，用人单位还可以帮助应届毕业生在正式入职前做学习计划，在此期间用工成本相对较低，用人单位选择的自由度相对较大。

有利于应届毕业生进行理性选择。就业毕竟是应届毕业生的人生大事，增加对签约单位的了解也是应届毕业生的强烈愿望。此外，在学校"先就业再择业"的就业宣传理念下，应届毕业生到用人单位进行实习，实地了解用人单位与工作岗位的基本情况，有利于应届毕业生进行理性选择，进而降低用人单位的人才流失率。

有利于应届毕业生适应工作节奏。应届毕业生在学校作息时间相对散漫，各项事务均由父母或老师安排。毕业实习期有利于应届毕业生实现"心理断奶"，实现相对独立，感知与适应工作节奏，缩短入职后的适应期。

用人单位的具体操作流程如下：

签约时通知实习安排；安排学生集中住宿；实习接待；组织实习动员会；开展实习前培训；岗位实习；集中培训；毕业设计论证；实习考核；实习总结；返校任务布置；返校。

实习期间可以具体安排如下内容：

企业员工入职前的应知应会培训；基础工作岗位顶岗实习；应届毕业生入职前再筛选；毕业设计或论文审核与论证；心理压力与独立生活能力训练；商务礼仪与职业素养培训。

（三）企业感知——入职培训

入职培训在各类用人单位都被广泛采用。不同单位的入职培训内容、方法均不相同。入职培训往往由 HR 完成。入职培训是应届毕业生从学生转变成社会人的必经阶段。但很少有单位认真思考入职培训的意义与定位。入职培训一般有融入社会、融入企业、培养职业素养、养成良好工作习惯和实现心理断奶等目的，具体如下：

减少应届毕业生的压力和焦虑感；

减少应届毕业生融入企业的成本；

有利于降低应届毕业生的流失风险；

缩短应届毕业生达到业务熟练或精通程度的时间；

帮助应届毕业生接受并认可单位的价值观、文化以及期望；

协助应届毕业生融入部门，扮演恰当的行为角色；

帮助应届毕业生适应用人单位群体工作氛围，适应相关的工作规范；

帮助和鼓励应届毕业生形成正向思考能力与积极的态度。

现实中，很多HR都误解了入职培训的真正作用。入职培训是企业文化建设的一部分。可以利用应届毕业生的入职培训重塑企业文化。通过入职培训，让员工了解公司，了解行为规范，了解优秀的公司前辈，是促进员工对企业文化认可的重要环节。同时，企业文化传递的基因是企业文化建设的重要组成部分，入职培训的时候是企业文化基因的最佳传播机会。最后，入职培训的对象都是新员工。新员工会有意地弱化自己的行为习惯，更倾向于采用新企业约定俗成的习惯。这也非常有利于企业文化建设。

一般应届毕业生在入职培训过程中涉及的培训内容包括企业发展历程、企业发展规划、企业员工手册与行为规范、公司制度与政策、企业主业务流程、企业通用的操作技能、企业职能分工、行业发展历程与趋势、产品发展历程与趋势、企业专用工具与技能、信息管理系统操作技能、企业文化与价值观等。

需要特别说明的是，并不是所有入职培训都是有效的，部分培训甚至存在负效应。如有些单位在入职培训培养与宣传的企业文化与企业现实偏差太大，在入职培训时对应届毕业生关怀备至，而业务部门则对他们不闻不问，即"前热后冷"式培训氛围可能让入职培训效果大打折扣或呈现负效应。

（四）岗位感知——知识培训

岗位知识培训是应届毕业生的必经过程，关于岗位工作任务所涉及的原理性、流程性知识，应届毕业生必须掌握。主要涉及的内容如下：

部门职能与价值贡献；

部门规范制度与业务流程；

部门内部组织架构与分工；

岗位职责与价值贡献；

岗位工作流程；

岗位专业知识与工作原理；

岗位专业技能。

部分用人单位担心本部门没有相应课程，其实不用担心，可以充分利用应届毕业生资源，以"边学习、边开发"的方式推进，具体流程如下：

梳理本部门主业务流程与子业务流程，并画出流程图；

明确业务流程图中各环节所包括的知识、技能、软硬件平台与资源输入；

明确胜任各环节所需的知识与技能清单；

汇总成本部门的知识与技能清单；

形成应届毕业生应知应会清单；

安排相关人员担任讲师；
按照课程开发要求对应届毕业生进行分工；
讲师完成授课；
应届毕业生按课程开发要求提交相关课件；
组织评审并进入课程库。
（具体操作详见第四章）

经验证明，活用应届毕业生资源对课程进行开发，是放大应届毕业生培养效用、推动应届毕业生培养路径形成的有效方式。

（五）岗位模拟——知识与技能初步运用

岗位感知培训中知识与技能学习均是结构化学习方式。当然，并不是所有岗位均需要进行岗位模拟训练，也不是需要进行模拟训练的岗位中，所有任务和流程环节均需要进行模拟，开展模拟训练的岗位任务一般符合以下几个特征：

岗位工作任务相对复杂，通过讲解与演示难以完全掌握；

对知识与技能要求相对较高，需要将知识与技能正确、熟悉运用方可驾驭；

岗位任务犯错成本较高。

以上三个条件符合一项均应进行岗位模拟，如飞机驾驶的模拟。岗位模拟的注意事项如下。

事先组织开发。事先组织专业人员开发岗位模拟项目任务，明确实现目标、输入资源、输出标准、完成时限，且与岗位工作内容紧密相关，或是曾经完成的工作任务亦可。

项目设计评审。组织不同层次的评审团队，对模拟项目的可行性、完成时限、输出标准、难易程度、参与人员要求等方面进行评审，需要确保四个原则，即"项目紧贴培养要求、难易程度相对适中、资源投入相对节约、完成时限相对合理"。项目最好能够模拟工作场景，能够以团队方式实现过程模拟，完成时限最好为 30～45 天。

配置专业导师。由于项目有一定的难度，应当让项目设计者或在岗工作不超过 3 年的同事作为专业导师，指导模拟项目实施。选择前者作为导师，有利于验证项目设计的科学性与完整性；选择后者作为导师，则有利于实现导师与应届毕业生共同成长。

组织结项评审。应当按照用人单位的结项评审要求，举行结项评审，其目的是营造竞争氛围、认同应届毕业生的付出、增强仪式感，同时让应届毕业生完整地履行岗位业务流程，养成规划意识与习惯。

需要特别说明的是，最好的模拟项目是单位正在开展的项目。可以尝试让应届毕业生与公司现有人员"双轨"同步推进这个项目，营造内部竞争氛围。

（六）岗位实战——逐步提升

岗位实战一般是应届毕业生逐步独立承担岗位任务，最后实现完全胜任的训练过程。此阶段的核心训练方式是"干中学"。步入岗位实战训练阶段，主要目标是实现岗位胜任，也涵盖如下目的：

将前期所学知识与技能进行熟练运用；

查漏补缺，将岗位所需而前期未能进行学习或训练的知识与技能补全；

训练导师科学化、规范化地指导应届毕业生；

逐步接手岗位工作任务，最后实现完全胜任。

岗位实战阶段的注意事项如下：

事先编制指导计划。事先组织应届毕业生的岗位导师，编制应届毕业生实战阶段的整体训练计划，训练计划应包括已学的知识与技能应用、未学知识与技能训练计划、工作任务独立担当计划等，时间应当以月为单位，明确学习目标与工作目标。

对指导计划进行评审。组织不同层次的评审团队对训练计划的可行性、时间安排、与当前工作任务结合状况等方面进行评审，做到科学合理。

配置岗位导师。岗位导师是应届毕业生实现岗位胜任的领路人。本着"扶上马、送一程"的思想，应当选择在岗工作不超过三年的同事作为其专业导师，指导其实现岗位实战训练并实现胜任。如此选择导师配置，有利于实现导师与应届毕业生共同成长。

应届毕业生与导师共同制订周计划。应届毕业生应当根据整体训练计划要求，结合岗位需要，编制本周的工作计划与学习计划，并与导师商讨确认，提交培训管理人员存档，作为检查评价的依据。

组织周期性评审。应当按照总体计划与周计划要求，举行周期性评审，其目的是营造竞争氛围，及时肯定与认同应届毕业生的成长，增强仪式感，同时及时把握应届毕业生成长状况，促进其养成计划与总结的职业意识与习惯。

需要特别说明的是，本阶段应届毕业生岗位导师的选择特别重要，建议遵循以下原则：

能"低配"就不"高配"。即让恰好能指导应届毕业生的人当导师最为合适。经验表明，资深专家往往很忙，对应届毕业生需要学习、掌握的内容往往不屑指导。而让刚好能够指导应届毕业生的人来担任导师，促进教学相长，导师往往更加尽心尽力。

导师应当具备正向思考能力。对应届毕业生而言，价值观尚未形成，导师的价值观与思维习惯对应届毕业生的影响重大。一个具有正向思考能力的人作为导师，对应届毕业生一生的成长至关重要。

导师应当有意愿进行指导。如果导师没有意愿进行指导，过程将变得被动，不利于应届毕业生的成长。

必要时应当实行"双轨制"。部分难度较大、任务较急的工作任务，可由部门其他人员与应届毕业生进行"双轨"推进，是否采纳应届毕业生推进的结果需要视质量而定。但最终需要由双轨转向"单轨"，即独立承担。

（七）岗位胜任

对于应届毕业生而言，通过课程的导入和模拟项目开发的实践，使其有计划地了解和掌握工作中需要的基本技能，逐步承担由易到难的项目开发角色。引导新员工形成良好的职业化意识与工作习惯，使其能够基本胜任岗位需求。本阶段的主要任务是岗位经验积累与传承、岗位重点风险识别与防控。在完全胜任该工作岗位后，可以考虑进行部门内部岗位轮换，为其职业生涯规划启动与复合发展做准备。

六、应届毕业生培养资源配置

（一）显性资源

1. 讲师资源

应届毕业生的成长离不开一批愿为人师、乐于传承的讲师队伍。讲师队伍的发展一般要经历三个阶段，第一阶段是内部培训体系尚未建立，讲师队伍主要来自外聘；第二阶段是培训体系基本建立，内部讲师与外部讲师兼顾发展；第三阶段是内部培训体系相对完善，以内部讲师为主，外部讲师为辅。外部讲师在内部人才培养方面所起的作用有限。要打造内部的人才培养体系，就要建立一支素质过硬的内部讲师队伍，需要从以下几个阶段着手。

第一阶段：发掘与鼓励阶段。此阶段是告别免费授课的阶段。为了鼓励更多的人成为讲师、愿意当讲师，应当建立内部授课薪酬标准体系，课酬标准一般不低于个人时薪的3倍。另外，可以允许培训课时兑换有薪假，兑换标准一般为1:4。

第二阶段：规范化阶段。此阶段讲师人数相对较多，大家授课热情相对较高，此时应当以质量为衡量标准，以课件标准化、授课群体规模、课程难度、授课质量构建分级分类评价标准，具体如下：

为课件开发支付薪酬，促进课件标准化；

按授课规模、授课质量分级分类支付课酬，促进讲师授课质量提升；

对讲师进行分类分级、动态管理，构建讲师成长阶梯；

将讲师资格列入部分岗位任职资格，基本建成讲师管理体系。

第三阶段：以战略为导向调整讲师体系。在此阶段，讲师资格需要认证，讲师评价不再以具备讲授课程的能力作为唯一评价标准。而是以第二阶段的讲师管理体系为基础，以对公司经营战略支撑程度与贡献度、讲师能力传承、课件设计与开发为重要评价标准。此阶段在第二阶段基础上发展而来，具备以下显著特征：

课件开发能力成为讲师评价的重要标准，目标是促进知识与经验显性化、固化与标准化，使其成为知识管理的重要抓手。

讲师资格从被动管理走向定向培育，讲师队伍培育建设成为支撑战略发展的重要抓手。

学员评价不再作为授课质量评价标准，学员学习效果评价与战略支撑与贡献度评价，将成为讲师新的评价标准。

2. 导师资源

导师是应届毕业生成长过程中不可或缺的资源。在应届毕业生专业知识与技能的辅导与解惑、岗位胜任引导、应届毕业生职业素养与工作习惯养成等方面具有不可替代的作用。导师分为两大类，一类是生活导师，一类是专业导师。

其中，生活导师具有以下特征：

相对年长、在单位工作时间相对较长。这类人员对公司情况相对了解，他们的话语在应届毕业生心目中有较高的可信度，引导效果相对较好。

工作与生活经验丰富，但与应届毕业生专业相关性较弱。导师工作与生活经验丰富可在应届毕业生面临困难与困惑时，做到透彻理解并正确引导；导师与应届毕业生专业相关性相对较弱，有利于应届毕业生敞开心扉。生活导师的角色也更加纯粹，应届毕业生对其信任度更高。

应当具备较强的正向思考能力、认可公司文化与价值观、乐意培育新人。导师的正向思考能力有利于引导应届毕业生树立正确的价值观；认可公司文化与价值观，有利于引导应届毕业生认同公司文化与价值观，避免将其培养成公司文化的破坏者；乐意培养新人是一种意愿表达，如果是被动接受导师角色，可能出现与应届毕业生互动不良的情况。

另外一类是专业导师,专业导师的目标是传授岗位所需的专业知识与技能为主要目标,应具有以下特征。

以任务为导向配置导师,不建议导师终身制。因为应届毕业生在不同的成长阶段,随着专业能力不断提升,所学知识与技能在不断变化,应由不同导师在不同阶段对其进行引导。

倡导导师"低配、适配、不高配"。选择刚好能指导应届毕业生的人担任导师,有利于教学相长,促进二者共同进步。

专业导师也应与生活导师一样,具备培育新人意愿、正向思考能力、认同公司文化等基本素质。

3. **课程**

课程的定义是所有获取知识、技能与观念转变的过程。因此,课程管理者需要更新思维,不能狭隘地理解为只有讲授的课程才是课程。凡是有利于应届毕业生获取知识与技能的过程设计,均应视为课程开发。因此,应届毕业生的课程具有以下几种类型:

以讲授为主的知识性课程;

以操作为主的技能类课程;

以任务模拟为主的综合训练类课程;

以干中学为主的总结分享类课程;

以促进自学为主的毕业设计或专题设计;

以课程开发为主的知识或技能性训练课程;

操作说明书或指引流程图均可理解为课程。

作为 HR 和部门负责人,要坚决摒弃"基础性专业知识和技能性课程反正都得上,晚些上不如早些上"的错误观点。科学分析表明,最好的培训是在应用之前,缺少应用场景的密集授课,可能让课程效果大打折扣。课程管理应当遵从以下要求:

专业课程均以胜任业务流程的需要为服务目标。如果不是能力储备性培训,所有专业课程均应来自胜任业务流程的需要,而不是部门经理或业务骨干的主观判断。

课程的目标必须明确。即一个课程的教学目标必须清晰,授课结束后要让学员掌握哪些知识和技能必须明确。

课程的授课对象必须明确。课程涉及的知识与技能,将因授课对象不同而不同,如果授课对象都已全部掌握,则这个课程对这类对象不适用;如果他们没有这方面的基础,经过授课后也掌握不了,这也不适用。所以,课程开发必须有明确的授课对象，了解他们的学习基础，针对他们的基础来设计相关的课程。

课件应当完整。一个课程应该包括以下内容：讲师 PPT、学员 PPT、讲师手册、学员手册、课程大纲、课前导读、专有名词索引、课程练习、参考答案等。

内部培训课件设计课时长度不应超过 3 小时。课时过长，不符合成长学习习惯，也会影响学习效果，用人单位的成本也相对较高；课件应以实现具体教学目标为目的，合理设计课时长度。

努力让课程成为用人单位的知识地图，是课件开发的基本目标。

4. 其他物资

应届毕业生培训过程所涉及的物资包括课程道具、场地布置、奖励性或荣誉性物品、学员手册等，应以经济实用为主，服务于应届毕业生的成长。

（二）隐性资源

应届毕业生的成长，除了人力资源部门、岗位导师外，还需公司领导、人力资源部门负责人、专业人才等多重力量的支持。

1. 高层领导

应届毕业生的培养不只是基础人才培养，也不仅是人力资源部门的工作，而是公司快速培养战略人才、打造战略竞争优势的一部分。因此，高层领导的参与是必然的责任与义务。此外，高层领导态度鲜明支持应届毕业生培养工作，有利于提升部门负责人的重视度，也有利于化解课程开发、导师队伍建设等其他培训资源配置方面的阻力。

2. 专业人才

为了确保应届毕业生培养过程设计科学合理，需要汇集各类专业人才的智慧，他们具体的贡献体现在以下几个方面：

岗位知识与技能清单的萃取；

课程开发的科学性评审；

培训路径设计的专业性与科学性评审；

模拟项目设计的专业性与科学性评审；

阶段性培养成效总结评审；

实战与胜任培养计划评审；

过程考核与评价等。

专业性越强的岗位，专业人员参与的重要性越突出。

3. 部门经理

用人单位的部门负责人是应届毕业生岗位成长的关键人员。虽然他本人参与不多，但是他对应届毕业生培养的态度决定了部门导师、部门专业人才参与的态度与意愿。建议将应届毕业生培养体系建设纳入该部门的年度工作，列入部门绩效管理评价，进而增强部门负责人的参与动力。现实过程中，很多单位将应届毕业生人才培养列入部门绩效计划，权重占比往往不低于15%。

4. 项目经理

让应届毕业生参与到具体工作中，项目经理是关键人员。建议当应届毕业生完成实战培训后，所有能让应届毕业生参与的任务应当放手让其参与。有些单位将应届毕业生的专业岗位任务参与率作为部门与导师绩效考核的主要任务之一。因此，需要项目经理精心系统谋划、积极主动协调，促进应届毕业生主动参与并担当相关任务，实现独立胜任。

（三）其他资源

1. 战略体系

战略是应届毕业生培养体系建设的根基，主要体现在以下几个方面。

应届毕业生要服务于公司战略发展。应届毕业生没有工作经验，对其培养应服务于公司的发展战略，而不仅是解决目前的人力困境。

应届毕业生的培养目标之一是使其具备战略所需的知识与能力。应届毕业生要能胜任未来的岗位，未来的岗位是公司发展战略价值贡献的一部分。

战略规划是降低应届毕业生离职率的有效手段。应届毕业生个人发展是以公司发展为依托的。如果公司没有明确的战略规划，不能让应届毕业生感受到宏图远大、前景可期，他们可能在专业有所成长后选择跳槽。

2. 招聘体系

招聘体系能够保障让符合公司战略发展、符合公司价值、符合岗位培养价值的应届毕业生进入公司。主要体现为以下几个方面。

招聘需求管理。很多用人部门提出需求时没有进行系统思考，往往基于临时性岗位空缺而设定应届毕业生招聘需求。需求是否符合公司战略发展、是否符合未来的用人需求、所提及的招聘规模是否符合实际、招聘要求是否明确具体，是应届毕业生招聘需求管理应重点考虑的问题。

招聘渠道建设。当前，应届毕业生的校园招聘如同战场，多家公司同台招聘，优秀毕业生会成为各家公司争夺的对象。这就要求HR根据岗位需求，掌握全国高校相关专业的开设情况，建立常设渠道，保障招聘顺利进行。

招聘流程设计。从海量的求职群体中快速有效地招聘到符合要求的应届毕业生，需要可靠的流程来保障。一般笔试是测试专业能力的有效方式，因此需要提前配置三套左右的笔试题；此外，面试时可以让应届毕业生再做一套笔试题以防止替考情况发生；面试分为专业面试、性格与价值观判断等；最后才是通知签约。

招聘团队建设。招聘团队应当有专业人员参与，因为专业性差异，不应由HR全权负责；此外，招聘团队成员是用人单位的形象代表，因此应当提前进行招聘团队成员的专业培训。

3. 薪酬体系

用人单位往往对应届毕业生的薪酬作出了相应规定，并根据公司薪酬调整制度，按表现每年调整一次。但是，这一调薪行为可能由于缺乏市场竞争性与内部公平性，而影响应届毕业生的培养与发展。

按能力付薪，体现薪酬体系的内部公平性。在培养周期内，基本工资相对固定，可以根据个人成长状况、专业能力、工作能力等要素给付绩效薪酬，一方面有利于调动应届毕业生自主学习成长的积极性，另一方面让应届毕业生感受到公司分配机制的公平性，从而愿意持续努力以获得更高的报酬。

年度调薪市场对标，要在确保内部公平性的同时兼顾市场竞争性。年度调薪应当按业绩给薪而非按年限给薪，同时对标市场，否则当市场给他们更高的薪酬时，他们可能选择跳槽。所以，调薪务必要摒弃论资排辈的做法，要实现按能付酬，并保持一定的市场竞争力。

4. 绩效体系

应届毕业生在培养周期内所开展的各类严格的考核，公司如果没有相应的绩效管理体系进行无缝链接，可能导致应届毕业生培养的职业素养与工作习惯难以传承，培养效果难以实现。

要强管理、弱考核。绩效管理是从根本上把集团战略目标、经营计划、管理建设、风险控制等重点工作，通过绩效目标分解的方式，落实到组织中的各个单位、所有人员。并通过考核结果和激励体系挂钩，引导员工发挥主观能动性，创新高效地完成各项工作，从而完成组织目标。因此，应届毕业生的绩效管理，应该侧重于提升其工作能力、工作绩效，通过个人绩效的完成推动组织目标的实现，而非纯粹地对应届毕业生下达工作计划，在没有完成的情况下进行考核，以致挫伤其积极性和成就感。

打造绩效闭环机制。考核是手段不是目的，针对应届毕业生，要强化对考核结果的反馈和沟通，正向指出不足，提出改进建议和计划，建立起"绩效计划、绩效辅导、绩效考评、绩效沟通、绩效改进"的管理闭环。通过绩效管理，帮助并促进应届毕业生融入岗位、融入企业。

5. 文化体系

公司文化往往体现了公司高层管理者的价值观。一个公司如果是"重引进、轻培养"的文化，应届毕业生培养体系则没有生存空间。另外，一个公司是否有尊师重教的氛围，是否倡导业务骨干做导师，均影响应届毕业生培养体系能否顺利构建。

家有梧桐树，引得凤凰来。企业应该树立正确的人才引进文化理念。要给各类人才搭建发展的空间和事业的舞台，高层次应届毕业生的引进尤为关键。

要重视应届毕业生的培养发展。在企业建立人才定期盘点机制，对各类、各层级人员从文化匹配、岗位胜任、发展潜力、提升方向等多个维度进行评估，并及时反馈、辅导，促进各类人才的改进提升和发展，使得"人尽其才、才尽其用"。

七、应届毕业生培养体系与框架全景图

应届毕业生的培养有三条线可以遵循，第一条是以心理成长为导向的心理成长线，第二条是以专业能力成长为导向的专业成长线，第三条是以职业素养与能力建设为导向的职业能力成长线。三条线相互交织，课程设计也可相互嵌入，共同体现。现有的人才培养体系往往只注重应届毕业生专业能力的培养，对其心理成长、职业素养与能力建设重视不足，这往往会影响应届毕业生培养体系的构建。因此，应该构建应届毕业生培养整体框架或培养全景图，解决应届毕业生培养的系统性、整体性问题。

（一）构建应届毕业生培养体系的整体框架

应届毕业生培养体系构建是一项系统工程，不仅需要思考培养体系建设的有效性，还应思考如何让讲师模块、课程模块、导师模块、成长地图、考核模块无缝对接人力资源体系，如何让应届毕业生培养体系依托于现有的人力资源体系，实现培养资源投入最小化。如果现有人力资源体系不够健全，应当思考如何借助应届毕业生培养体系建设，助力健全相应的人力资源模块。

1. **确定应届毕业生培养体系的整体目标**

缩短成长周期：平均6个月以上；

降低流失率：40%（一年以内）；

梳理并形成目标岗位胜任力模型；

梳理目标岗位培养的课程清单；
完成目标岗位的讲师、导师与课程的基本管理模块的构建。

2. 构建应届毕业生培养体系的全景图

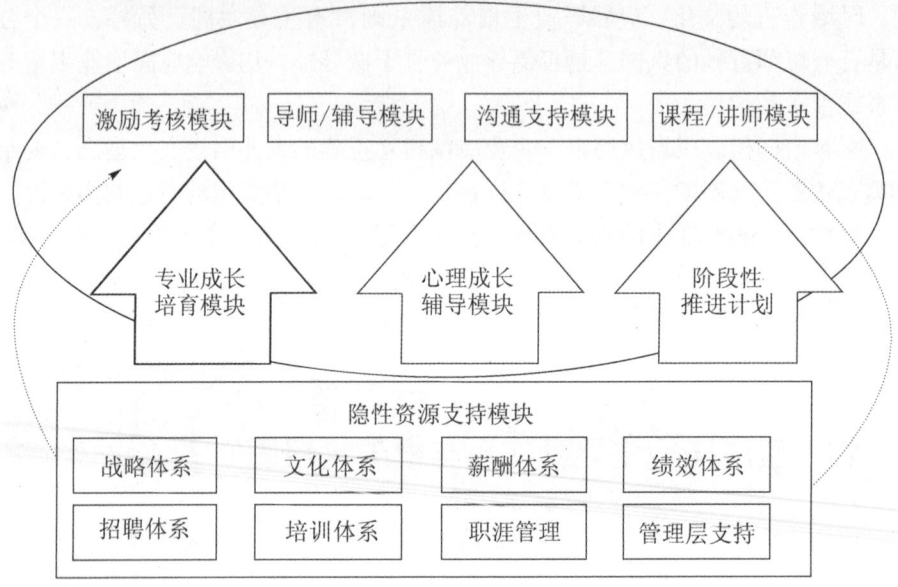

图3-4 应届毕业生培养体系全景图

综上所述，通过成长路径的设计，企业应该建立并完善应届毕业生培养体系（图3-4），并针对现状作出目标规划（详见附录1：应届毕业生培养体系现状与目标规划表），实现对应届毕业生的培养路径从"散养"走向"圈养"。通过岗位培养，促进应届毕业生从技术技能走向整体；通过课程模块打造，促进对应届毕业生的培养从碎片化走向整体；通过讲师模块的搭建，促进对应届毕业生的培训从以外引为主变成以内培为主、外引为辅；通过内部导师队伍的系统打造，促进企业导师走向正规化；通过薪酬体系的完善，促进对应届毕业生的投入从"投机"变成"投资"。根据统计，中国每年700万应届毕业生中仅有约1%接受过系统的培养。构建应届毕业生培养体系与框架，系统地培养应届毕业生可将培养周期缩短30%～70%。同时，科学辅导与管理可使应届毕业生第一年流失率降低40%～80%。

（二）构建应届毕业生基础培养体系

从专业成长管理、心理成长管理、时间线管理三个维度，分级搭建应届毕业生的基础培养体系。由于不同企业呈现出不同的发展阶段和发展程度，建议分五级来构建应届毕业生基础培养体系。

1. 专业成长管理

一级：初始级，组织新员工入职培训；培训内容聚焦社会适应性与企业适应性，但没有系统梳理入职培训的目的与目标。

二级：系统规划应届毕业生入职的集中培训；入职培训目标经过系统梳理；入职训练能够达成应届毕业生的社会适应性与企业适应性的训练目标。

三级：在二级的基础上，实施了岗位适应性训练计划；人力资源部、部门负责人与师傅共同制订与实施岗位适应计划；岗位适应性计划训练的主导者为部门负责人或人力资源管理者（HRBP）。

四级：在三级的基础上，完成岗位胜任训练计划；部门负责人与师傅在人力资源部的支持下，主导完成岗位胜任性训练计划；此阶段主体者为部门负责人或师傅。

五级：在四级的基础上，完成岗位复合发展性训练计划；由人力资源部或部门负责人共同主导。

2. 心理成长管理

一级：初始级，无沟通与关怀行为；毕业生的心理成长完全依赖于自身；在应届毕业生心理出现问题或离职时仅做简单询问。

二级：心理辅导主要聚焦于入职初期，且主要由人力资源部主导实施；应届毕业生在入职初期得到公司（人力资源部门）过度的心理关怀与照顾；指定的专业导师兼职心理成长辅导，但无正式或明确职责说明；公司在应届毕业生离职时才采取临时措施进行心理纠偏或调适；应届毕业生出现心理问题时主要依赖于自身的主动性和调整能力。

三级：应届毕业生的心理成长与辅导初步规范；心理成长辅导工作由人力资源部与部门共同完成；心理成长辅导聚焦于试用期，试用期后由导师兼职履行；建立了员工心理咨询与辅导中心；员工出现心理问题可向多种正式的渠道进行求助。

四级：依据整体应届毕业生心理成长周期，构建心理成长辅导体系；心理成长与辅导行为依据规范履行；心理辅导人员（或企业教练）经过培训上岗，并具备基本认知与区分应届毕业生不同心理特征的能力，心理成长辅导行为由被动处理转向被动处理与主动干预并行。

五级：公司建立了 EAP（员工心理援助计划）管理体系；应届毕业生心理辅导完全融入 EAP 之中；公司内部建立系统的关怀文化发挥决定性作用。

3. 时间线管理

一级：初始级，被动接受培训任务，完成常规入职培训；时间线管理仅限于入职培训与试用期。

二级：管理周期从应届毕业生入职培训、试用期拓展到实习期与见习期。

三级：管理周期从入职培训期与实习期拓展到工作岗位的适应期与岗位胜任期。

四级：管理周期从三级的基础上，拓展到岗位需求导入期、招聘期、实习期、见习期、岗位适应期与岗位胜任期等全周期管理。

五级：管理周期从四级的基础上，拓展到复合发展期、高潜人才计划等全过程管理。

4. 应届毕业生培养基础体系建设规划

同时，结合应届毕业生基础培养体系，梳理企业现状，在企业专业成长体系建设方面，容易出现应届毕业生入职培训规划不成体系，入职培训目标经过梳理但不够全面，入职训练与社会适应性、企业适应性有差距，缺少对岗位适应性与胜任性培养的关注等情况。在心理成长体系建设方面，容易出现业务单元参与不足，心理辅导过度聚焦于入职初期，可能存在被过度关怀与照顾的情况。若指定的专业导师兼职心理成长辅导，导师队伍缺乏管理，一般情况下，应届毕业生离职时才采取临时心理关怀措施，其出现心理问题时主要依赖于自身调整能力。在时间线管理方面，主要存在应届毕业生入职培训往往局限于试用期、对岗位胜任的培养不够等情况。通过对标，明确企业关于应届毕业生培养的近期目标（一年）和远期目标（三年）（详见附录2：应届毕业生培养基础体系）。

(1) 应届毕业生培养基础体系近期目标（一年）

选取试点单位与试点岗位；

构建试点岗位的胜任力模型；

构建胜任力培养目标与路径；

编制岗位胜任力培养的学习路径图；

管理过程从校招需求拓展到基本胜任，实现全周期管理；

应届毕业生的基础培养体系基本构建完成。

(2) 应届毕业生培养基础体系远期目标（三年）

专业成长管理实现全周期覆盖；

构建成长过程中全程心理关怀与援助体系；

构建EAP（员工心理援助计划）管理体系；

培养体系与其他人力资源体系实现无缝对接；

人才梯队建设的基础搭建基本完成；

培养过程由业务部门主导，人力资源部门协助。

八、"红苹果计划"应届毕业生快速成长发展指南

通过构建应届毕业生培养体系的整体框架和构建应届毕业生基础培养体系,健全了应届毕业生培养的全景图,为应届毕业生从初出校园时青涩的"青苹果"快速成长为企业期望的职场"红苹果"提供了详尽的路径图。到企业具体操作层面,可以从课程体系、讲师体系、导师体系、激励与考核体系等模块进行构建。

因此"红苹果计划"可以说是一个针对应届毕业生培养的定制化项目,也可以说是企业对应届毕业生培养的整体解决方案。为培养应届毕业生塑造了系统性的思维方式,搭建了实施路径,是企业系统构建应届毕业生快速成长、发展的指南,是体系性实践应届毕业生培养的操作指引。

附录1：应届毕业生培养体系现状与目标规划表

应届生培养体系现状与目标规划表（示例）

体系、模块	现状（平均级别）	近期目标（一年）	远期目标（三年）
基础培养体系			
激励与考核模块			
课程模块			
讲师模块			
导师模块			
沟通与关怀模块			
资源支撑体系			
平均值			

附录2：应届毕业生培养基础体系

应届毕业生培养基础体系（示例）

维度	一级	二级	三级	四级	五级	现状	近期目标（一年）	远期目标（三年）
专业成长管理								
心理成长管理								
时间线管理								

第四章　如何快速打造人才成长的课程体系

一、工作流程梳理与知识技能盘点阶段

针对应届毕业生的课程培养，不能以点带面、以偏概全。要明确培养的目的和意义，并始终围绕人才培养的目标进行课程开发、实施和课程体系建设。对于企业而言，人才培养服务于岗位职责和业务发展需要，因此对工作流程的梳理和知识技能的盘点是设计人才培养培训课程体系的根本和基础。

（一）业务能力盘点阶段工作计划

人才培养不仅仅是人力资源从业者和人力资源部的职责，也是业务需求部门的职责，更是公司人才队伍建设的职责。"红苹果计划"是快速打造人才成长的专业项目。公司要高度重视并给予项目组人、财、物的支持；人力资源部门作为专业的职能部门，需要牵头组织实施，提炼出需要掌握的共性业务能力；各部门通力配合，根据自身业务需求，提炼出需要掌握的特性业务能力。因此，可以成立项目组，以矩阵方式来实施此项工作。

项目组要制定详细的业务能力盘点阶段工作计划，明确工作要求和流程，明确项目负责人和具体负责人，明确输出结果。（详见附录1："红苹果计划"业务能力盘点阶段工作计划）

（二）业务能力盘点访谈

业务能力盘点访谈十分重要，它是开展整个项目的基础性工作，关系到项目的科学性与完整性。

要做好访谈工作，项目组要做好以下几项工作。

明确访谈人员。访谈人员要有较高的理解能力和文笔，按照"业务能力盘点填写指南"（详见附录2：访谈问题清单）要求的五大核心问题，逐一进行提问并做好记录。

明确访谈目的、访谈对象、访谈问题。访谈人员要深入理解"红苹果计划"的人才培养理念和人才成长周期，明确访谈目的、访谈对象、访谈问题。

确认访谈对象。根据成员的年龄层次、工作年限、技术水平等，确定访谈对象；访谈对象要有敏捷的思考能力和较为清晰的表达能力，熟悉部门职能职责、部门（含室班组）组织架构，要对业务与制度流程有深入的认识。

(三) 工作流程梳理

一个公司有几十或成百上千个流程，这些流程不是凭空出现的，也不是任意分解的，而是根据公司管理制度和业务管理要求逐项分解出来的，是有科学管理制度理论依据的，完善的流程可以高效推进工作。

流程按照工作的先后顺序分为四个步骤：

第一步：明确流程所对应的相关管理制度/文件；

第二步：确定流程的工作内容/负责人；

第三步：确定流程的知识技能和操作工具；

第四步：确定流程的输出结果。

下面以某公司产品开发流程为例，说明如何进行工作流程梳理。产品开发流程涉及论证阶段、方案阶段、工程研制阶段、设计定型阶段等四个方面。（详见附录3：产品开发流程）

二、课程开发及模拟项目评审阶段

(一) 课程定义与分类

1. 课程的定义

课程是实现教学目的重要途径，是教育思想和教学观念的集中体现。课程有广义和狭义之分，广义的课程是为了达到培训或培养目的而设计的知识与技能的获取、认知与态度转变的过程，学习方式多样化。狭义的课程指各类学校为了实现培养目标而规定的学习内容与学习进度的总和，主要是为了获取知识而组织的课堂学习。

2. 课程分类

按照ASK模型设计的以受训学员所需能力的课程分为三类，分别是知识类课程、技能类课程、态度类课程。

知识类课程是指公共知识类课程，包括员工应知应会的产品知识、原理知识和岗位专业知识。知识类课程具有一定的专业性，有内容多、理解难等特点。

技能类课程内容包括基本的办公技能、岗位必备的操作技能、专业分析技能和综合与创新能力。技能类课程往往是资深老员工独门绝技的总结，具有一定的可行性、实用性、有效性和阶段性，技巧、技能类课程需要通过工作实战操作获得，与理论知识大不相同。

态度类课程也称心态类课程，为培养员工积极乐观的思想观念、诚恳的态度并塑造健康向上的价值观。态度类课程包括基本素质类课程、正向思考能力培养类课程、价值观转变类课程和情绪管理类课程。这类课程具有一定的抽象性、深刻性和积极性。

（二）企业培训课程

1. 企业培训课程定义

企业培训课程是为了让员工达到岗位胜任的目标而设计的低成本、标准化、快速化的培训或培养的课程。

2. 企业培训课程分类

企业培训课程分为两种——外训和内训。

外训即公司邀请外聘讲师培训通用性的知识，其培训内容较为粗糙，培训讲师不会考虑公司的岗位情况，培训内容较宏观。

内训是讲师根据公司的实际情况进行培训，针对公司文化、需求、发展阶段等开设课程，课程设置与企业的现实情况结合，解决问题的针对性更强，实操性更强。

成功的企业培训课程内容会根据员工的岗位需求，有明确的计划及培训标准，将各阶段的培养目标分解成知识和能力清单，依据知识的关联性和难易程度进行分级分类，结合企业的实际情况，设计知识与能力获取的最佳途径，培训途径可以是课堂学习、过程实践和行为强化。

3. 企业课程体系及评价

企业课程体系是指为实现岗位胜任而必须具备的知识、技能结构体系，为高效达成某种特定的培养或培训目的，而开展的系统学习、实践与反思的过程设计。

课程体系分为课程体系架构、课程内容、课程包管理、课程供给、课程开发与评审、课程管理和课程效果评价。课程体系架构以培养目标为导向，以实现任务为依托，提供符合岗位、职位或个人特质需求并促进成长的课程体系，课程之间有很强的层次性、连贯性和及时性。课程内容需要根据岗位需求安排，使培训对象适应社会、适应公司、胜任岗位。

课件包管理包含讲师PPT、学员手册、学员PPT、讲师手册、行动改善与检验计划等。课程供给以企业内部开发为主，外部开发课程为辅，应深入挖掘企业内部适合企业发展的课程，引导外部开发课程转化为内部课程。课程的开发与评审基于能力盘点和学习地图的需求，以岗位胜任所需的知识、技能或经验为基础，引进外部课程进行内化。课程管理以课程库为基础，以学习地图为主体进行归类与配置。课程效果评价以能力胜任与岗位绩效产出为导向，员工胜任岗位和绩效产出越高，课程培训效果越好。

在分模块（包括课程模块架构，课程内容，课件包管理与课程供给，课程开发、评审与课程管理，课程效果评估等）构建企业课程体系的过程中，可以根据企业发展阶段和成熟程度分级进行标准搭建，原则上分为五级。

（1）课程模块架构

一级：没有课程体系架构；课程开发、安排零散；需求管理与课程授课碎片化。

二级：课程架构以知识线为主体；课程内容主要以制度、流程、原理、参考文件与书目等知识性传授为主，技能培训为辅。

三级：课程体系以知识线与技能线为主要框架；知识线课程主要以制度、流程、原理、参考文件与书目等知识性传授为主；技能线课程体系以职业类型为主线，以阶段性能力培养与评价的单一或复合技能培养为主。

四级：体系架构以培养目标为导向，以任务实现为依托，辅以知识线与技能线并举的课程体系；课程目标贯彻学以致用；课程安排以混成式为主，并基本符合"721"原则，即培训过程设计遵循"70%的实践与干中学、20%的总结回顾与分享或授课、10%的课堂学习"。

五级：课程体系架构是学习路径图的一部分；课程目标是提供符合岗位、职位或个人特质需求并促进其成长的课程体系；课程之间有很强的层次性、连贯性、及时性；各阶段性课程与应届毕业生成长周期的匹配性审查与调整较为及时。

（2）课程内容

一级：根据他人提议、个人经验、员工手册等碎片式需求与主观认知编排课程内容。

二级：根据企业需求，培训课程内容以社会适应性与企业适应性为主。

三级：根据实际需求，以社会适应性、企业适应性与岗位适应性为主的课程内容。

四级：根据岗位需求，以社会适应性、企业适应性、岗位适应性、岗位胜任性为主的课程内容。

五级：根据岗位需求，以应届毕业生社会适应性、企业适应性、岗位适应性、岗位胜任性、岗位复合发展为主的课程内容。

（3）课件包管理与课程供给

一级：以讲师 PPT 为主的课件包；课程供给以外部引入为主。

二级：以讲师 PPT＋学员手册为主的课件包；课程供给以外部引进为主，内部开发为辅。

三级：以讲师 PPT＋学员手册＋学员 PPT 为主的课件包；课程供给以外部引进与内部开发并举。

四级：以讲师 PPT＋学员手册＋学员 PPT＋讲师手册为主的课件包；课程供给以内部开发为主，以外部引进为辅。

五级：以讲师 PPT＋学员手册＋学员 PPT＋讲师手册＋行动改善与检验计划为主的课件包；课程供给以内部开发为主，外部开发与供给为辅。

（4）课程开发、评审与课程管理

一级：直接引进外部课程，对课程无评审，课程内容无优化；课程管理随即存放。

二级：引进外部课程并进行内化，通过采编公司案例更换外部课程案例。内部课程评审以内容完整性与教学刺激度为主；课程管理以知识、技能、态度线进行归类管理。

三级：以岗位胜任所急需的知识、技能或经验为课程开发需求。评审以内容的完整性、教学刺激度与课件标准化为主；课程管理以专业线进行归类存放。

四级：以岗位成长目标的实现为开发需求，对已有课程进行课前评审；课程管理以成长路径为主线进行分类存放。

五级：基于能力盘点与学习地图为需求进行课程开发，在四级的基础上对课程的效果追踪评估；课程管理以课件库为基础，以学习地图为主体进行归类与配置。

（5）课程效果评估

一级：无评估，或以讲师为评估对象并以学员反应为主体的评估。

二级：评估以学员的知识掌握状况为主，评估对象以学员为主、讲师为辅。

三级：评估以教学目标实现状况为主，以促进知识应用与技能提升为目的，以学员目标达成状况为评估对象。

四级：以任务实现为导向的过程与结果评估。

五级：以胜任能力与岗位绩效产出为导向的课程评估。

（三）课程体系的评估

课程体系的评估是衡量课程培训效果的重要方法，通过评估判断课程是否达到目标。课程体系评估的重点包括培训预算情况、培训内容的适用性和培训体系的各环节。

1. 培训预算情况

课程培训通常要制定合适的预算、分配人均预算以及处理预算与实际的冲突，企业要保证培训计划的成功执行，并将企业培训成本降至最低，减少浪费。

2. 培训内容的适用性

培训内容的适用性建立在培训员工的满意度的基础上，包括培训内容的可操作性、时间的把控情况、讲师的讲解情况和学员的接受情况。

3. 评估课程体系的各个环节

课程体系分为课程体系架构、课程内容、课程包管理、课程供给、课程开发与评审、课程管理和课程效果评价，评估课程体系要细化到各个环节是否执行到位、与期望值相差多少，最终课程体系的结果会转化到培训成员胜任岗位的能力与岗位绩效产出上。

（四）课程开发需求

1. 成人学习方式与特征

在知识爆炸的信息时代，快速的知识更新需要不同职业岗位的人不断学习以适应社会的发展。学习活动是一种学以致用的过程，知识的不同用途使成人选择不同的学习方式。成人的学习方式分为行动型学习、深思型学习、理论型学习和试验型学习。

行动型学习。即在工作中不断学习，探索新知，遇到实际问题积极主动寻找解决办法，在生活中探索与总结经验。

深思型学习。通常在遇到问题时犹豫不决，不能及时给出肯定的答案，回答问题时会收集很多信息，在综合思考或充分讨论后给出答案。

理论型学习。通常在遇到问题时先提出假设，根据已有的知识及原理验证假设是否成立，通过逻辑推理的方式循序渐进地解决问题，不拖泥带水。

试验型学习。对于学习内容而言一般先经过必要的尝试探索，探讨解决问题的有效方式，运用试验型学习方式的人更喜欢独立寻找问题的解决办法，不拘泥于讲师讲授的方法，喜欢在摸索中前行。

受年龄结构、生理状况、学历层次和环境等方面的影响，成人与少年的学习方式不同，成人具有自主性强、生活经验对学习活动影响大、学习任务与扮演的社会角色密切相关等学习特征。

学习自主性较强。成人在学习活动中对教师的依赖程度低，学习的目的性、责任感强，能够独立选择学习内容并制定学习计划。

生活经验对学习活动影响大。成人在学习过程中依赖自身的经验去理解和掌握知识，将已有经验与新知识结合，从而提高学习的有效性，但已有的经验也易成为思维定式，影响学习新知。

学习任务与扮演的社会角色密切相关。成人的学习任务有助于促进其承担社会责任、提高社会威望，学习会成为其职业生涯和生活状态的一个重要组成。

2. 课程呈现方式

根据企业发展的需要，企业要建立适合自身发展的课程体系，知识梳理时要注重对企业文化积淀的总结。对企业员工最具价值的课程是经得起实践检验的实用类课程，这样的课程不仅能让员工记得牢、用得着，还能让员工快速积累岗位知识，健全员工知识体系。依照企业知识的需求类型，将课程呈现方式分为知识类课程、技能类课程和态度类课程。

知识类课程是公共知识类课程，这类课程主要以企业规章制度、流程、原理等知识为主，着力于为企业员工提供良好的服务成长路径。课程知识之间体现出很强的层次性、连贯性、阶段性。技能类课程根据企业发展规划及岗位需求，按专业分工对不同员工进行岗位技能培训，以促进员工业务能力的提升。企业开展技能课程培训以促进知识应用和技能提升为目的，培养适应岗位工作需求的复合型人才，以提高员工的工作效率。态度类课程着力培养员工的价值观、情绪管理能力，让企业员工的价值观融入企业文化中，以提高企业员工的工作积极性和主动性。

3. 应届毕业生喜欢的课程类型

企业是应届毕业生刚踏入社会的第一站，对企业的整体流程了解不够深入，使初入职场的毕业生在工作中表现出不适应和低效率。制定真正适合自己的职业生涯规划的应届毕业生极少，职业发展方向模糊、对自身职业发展方向较为茫然的人居多。应届毕业生的时间和计划管理能力相对较弱，校园生活使其养成了安逸的生活习惯，对时间的利用率不高，对工作缺乏必要的计划管理。重理论轻实践的培养方式使应届毕业生动手操作能力不足，办公软件运用不能满足企业岗位需求。要打造应届毕业生喜欢的课程就要在培训中提升应届毕业生的操作能力,在认知学习中培养其岗位必备技能,并定位职业发展方向。

为了快速组建企业人才梯队,使应届毕业生快速融入企业,应根据企业发展需要为应届毕业生开展适合的培训,使应届毕业生快速转换角色。以知识线和技能线为主,情感态度线为辅,培训课程要满足学员的岗位、职业和角色需求,可以在团队中进行角色扮演。课程内容涵盖职业生涯规划、时间与计划管理及实践操作能力培养,使应届毕业生通过短期培训获得岗位所需的知识与技能。应届毕业生的培训方式不再是传统的导师讲学生听,而是使学生融入培训的情境中,通过发现并提出问题、分析与思考、交流与提示,最终达到融会贯通的过程。

(五) 课程模块建设规划

在对标课程模块标准的基础上,依据对应届毕业生工作流程和岗位操作流程的具体要求,结合应届毕业生对课程类型的分析,对企业培养应届毕业生的课程模块建设进行系统规划,分为近期目标和远期目标,近期目标原则上为一年,远期目标原则上为三年。

1. 课程模块建设近期目标(一年)

课程模块。构建基于专业成长的知识线与技能线课程模块。

应届生课程模块。基于岗位需求,以社会适应性、企业适应性、岗位适应性、岗位胜任力为主的知识与技能性课程模块。

课件包管理。以讲师PPT(增加备注)+学员手册+学员PPT为主。

课程供给。外部引进与内部开发并举。

课程开发。以岗位胜任所急需的知识、技能或经验等来开发课程。

课程评审。以内容的完整性、教学刺激度与课件标准化为主。

课程管理。以专业线进行归类存放。

课程目标与任务。以促进知识应用与技能提升为目的,最终服务于培养目标实现。

效果评估。以学习目标达成状况为评估对象。

2. 课程模块建设远期目标(三年)

课程模块架构。以培养目标为导向,以任务实现为依托,辅以知识线与技能线并举的课程模块。

课程形式。以混成式为主,并基本符合"721"原则。

应届生课程模块。基于培养目标与任务构建配置且基本完备。

课件包管理。以讲师 PPT + 学员手册 + 学员 PPT + 讲师手册为主。
课程供给。以内部开发为主，以外部引进为辅。
课程开发。基于能力盘点与学习地图的需求进行。
效果评估。构建基于能力胜任、岗位绩效产出的课程效果评估。
课程管理。以课程库为基础，以学习地图为主体进行归类与配置。

（六）课程开发

经过第一阶段的访谈，完成了对工作业务流程的梳理，盘点了流程各关键节点所需的专业知识、技能、应掌握的制度和流程，同时跟不同成长周期的员工进行反复沟通和验证，拟制应届毕业生专业成长的课程开发大纲。为了对应届毕业生专业成长进行更有针对性的指导，应在公司内部组织课程开发启动会。启动会上由人力资源部门介绍"红苹果计划"的进展情况及课程开发计划，同时，请专业的内部讲师讲解课程开发的方式方法。为了发挥核心单位在应届毕业生培养中的带头作用，建议邀请核心单位代表发言。最后对课程开发的工作进行整体安排（详见附录4：课程开发工作整体安排），核心流程主要有课程开发、课程评审两大环节。

1. 课程开发阶段

课程开发需要明确课程名称、课程开发目标、重点应掌握的内容、实现途径或方式、需要的资源、考核方式、课程时长等。选定的课程开发人员要根据九步法开发课程，要参照"课程开发样表"的示例（详见附录5：××××课程开发表），明确开发指定课程、需要展示的PPT或讲义。可以采用九步法开发课程，并制定课程开发大纲（详见附录6：课程开发大纲）。

（1）培训目的及对象

企业通过对员工思想、认知、技能方面的培养，促进员工转变工作态度，提高工作绩效，促进员工自我价值的实现，从而达到培训目的。通过课程培训能使应届毕业生掌握岗位相关知识并运用到工作中，将课程培训效果转化为能力及业绩成效，使企业工作绩效系统高效运转。培训对象要明确专业、岗位、入职年限等，促进企业与员工、管理层与员工、员工与员工的相互交流，帮助受训对象提升职业能力，同时增进企业的凝聚力和向心力。专用词汇是对企业岗位所涉及的高频词、缩写、简写、代指词等作出的完整解释，便于查找。所有PPT中专业术语都有对应的解释，若PPT中没有涉及，讲师提到专业术语时也需对应解释。

(2) 导读、前沿与趋势

应届毕业生培训使企业员工获得与岗位有关的知识与技能、过程与方法、态度与职业观，是员工提高职业素质必不可少的环节。课程培训有以下四个方面的作用：第一，使企业员工能适应环境的变化。社会不断变化要求员工不断适应社会，知识的更新与技能的创新都需要员工适应环境的改变。第二，使企业员工满足市场竞争的需求。市场竞争日益激烈，企业面临转型升级，企业员工也要顺应市场竞争的需要。第三，实现自我成长与发展的需求。通过对企业员工价值观的疏导，对应届毕业生的职业生涯规划进行定位，促进员工实现追求自我实现的价值观。第四，提高企业绩效的需求。企业的发展离不开员工工作绩效的整体提升，对员工进行系统的培训，提高员工绩效的同时也提高企业整体绩效。课程发展趋势根据知识与能力的获取途径，以时间线、专业线、心理线设计整体的课程计划。必要时组织课程开发，以填补现有的课程空缺，编制课程管理规范，对课程开发、评审、入库、更新、分级分类管理等行为进行规范化管理。

(3) 知识结构图与要点

根据应届毕业生岗位所需的知识，完成从应届毕业生向职场人角色的转变，让员工熟悉企业规章制度、企业文化、工作流程以及部门分布情况，培养员工对组织的信赖感和归属感。对应届毕业生培训的知识结构设计如下：

角色转变课程——对应届毕业生个人价值观的塑造；组织归属感课程——对公司的发展状况、业务流程及部门的业务范围和业务重点进行阐释；个人职业生涯规划课程——介绍公司对员工的规培方案，结合员工自身特点制定合适的职业发展规划；能力意识培养课程——员工时间与计划管理、创新能力培训、团队协调与沟通能力培训、岗位办公软件技能操作培训。培训要点首先是应届毕业生职业生涯规划、岗位职业能力和企业归属感的培养，其次是如何调动企业员工积极性。

(4) 讲师、学员 PPT

讲师 PPT 的形式：标题是否简洁并突出目的、是否有讲师简介、授课目的与对象是否明确、是否有清晰的内容大纲、是否有二级或三级以上目录，如有知识培训，是否有知识强化过程，如有技能培训，是否有技能演练过程，课程结尾是否有培训总结、PPT 是否控制在 60 张以内。讲师 PPT 的内容：培训内容呈现是否完整、呈现的内容是否有补充、内容呈现是否符合学习逻辑（结构性、层次性）、内容演绎是否生动具体。讲师 PPT 的美化：突出内容或重点内容是否以颜色或字号变化区分、有无文字搬家现象、分级分类是否以 smart 呈现、所有的 smart 是否带有动画格式，所有 PPT 中的一、二、三级标题的字号是否与格式完全一致，所有纲目性内容是否在备注中体现。

学员 PPT：在讲师 PPT 的基础上，需要删减演绎部分 PPT，删减注释部分，内容应简洁，每页不超过 50 字，尽量控制在 20 页以内。此外，讲师与学员 PPT 中均需要有讲师简介，包括姓名、性别、职务、职称、籍贯、爱好、毕业时间、所学专业、毕业院校、在某公司的工作经历、现在从事的工作内容、所获荣誉等，总字数在 300 字以内。讲师寄语：表达对新人成长的期望，总字数在 50 字以内。

（5）讲师、学员手册

讲师手册：需要呈现九步法中的所有内容；需要增加基于时间序列的课程进度表，课程进度表需有对应编号，按章节分布时长、每章标题、授课方式等，备注组成 word 表格，授课方式主要为课堂讲授、动手实验两部分组成。主要内容应包括课程对象、课前导读、学习目的、课程大纲、课程安排、专业术语、具体内容与演绎、课中或课后习题、动手练习。其中，加分项是推荐书目、试卷及考察的知识或技能要点。

学员手册：包括讲师简介、适用对象、学习目的、课前导读、专业术语、课程大纲、具体内容（需要有缺项，要求学员动手填写）、课中或课后习题、动手练习、推荐书目及推荐理由、参考书目、知识或技能要点回顾（需要缺项，要求学员手动填写）。

（6）练习与参考指引

一般为 3～5 题，2～3 题为综合性知识题，1～2 题为拔高题；综合性知识题，意味着不能用单一知识点进行解答；拔高题需要运用本课程部分知识与技能，也需要运用本课程之外的知识与技能来解决；练习题不得与课前导读、专业术语与学员 PPT 已经完整显现的内容重复；所有的课后练习题需要附参考答案。

（7）检测与评价

知识类课程效果评价要求：主要以试卷类评价为主，一般试卷内容不少于 4 个名词解释，15 个单项选择题，5 个多项选择题，4 个简答题，1 个论述题，完成时间在 1 小时内；所有的试题都需附标准答案（在试题后面对应），针对选择题，还需对选项或内容进行解释、去伪、验算等；所有试题的排版需要符合标准格式，科学美观；在进行试卷开发时，要求覆盖所有知识点，试题形式多样。技能类课程评价的要求：一般以动手操作、示范、效果重现、功能实现类的训练项目为主，须对应一个或多个培训目的，结合工作实际，有实现过程的操作步骤（参考答案）和客观评价的标准。具体维度包括练习的时长、场景、材料、工具、操作流程、输出结果、注意事项。态度类课程评价要求：一般有正面行为清单或负面行为清单,即对培训内容与要求编制正面行为清单,也要有不应出现的负面行为清单,并将清单提交至直属上司进行监督与强化。

(8) 行动转化指引

知识运用:原理解构、过程与结果解释、合理性判断、风险预判。操作流程:一级流程图、二级流程图、三级流程图、四级表格。行为清单:正面行为清单、负面行为清单、行动计划。

(9) 知识拓展与参考书目

企业文化类书目:马湘临,《品牌塑造与管理》,华东师范大学出版社,2014年第1版(ISBN 978-7-5675-2309-8)。推荐理由:该书详细介绍了品牌塑造与管理的原理,并且书中引用了许多品牌塑造与管理方面的案例,涵盖品牌管理概述、品牌内涵与文化、品牌体验与战略、品牌忠诚与危机管理等,理论和逻辑性强。

管理类书目:周昌湘,《非人力资源的人力资源管理》,北京联合出版公司,2014年第1版(ISBN 978-7-5502-3001-9)。推荐理由:该书通过对人力资源进行分析,提供人力资源六大模块的基本知识,很好地帮助人力资源管理者掌握工作流程与角色定位,明确人力资源的选人、育人、用人、留人的方法与技巧,提高管理者的管理能力与水平,提高人力资源部门的竞争力。

职业素养类书目:刘燕,《商务谈判技巧》,人民邮电出版社,2010年第1版(ISBN 978-7-1152-2333-3)。推荐理由:该书被公认为融合了社会学、行为学和心理学等学科,运用多种技能与技巧全面书写商务谈判活动的内涵、要素、原则,其中内容包含商务谈判心理、准备、开局、磋商以及结束与签约等。

2. **课程评审阶段**

课程评审是新员工培养计划落到实处的首要环节,课程的针对性、完整性、实用性、易接受性对于保证课程的质量、快速提升新员工上岗所需的知识和技能具有非常重要的作用。课程评审也是检验课程是否具有科学性、先进性和有效性的重要手段,培训课程的有效程度将影响企业发展状况与员工成长速度。

为了建立健全企业培训制度,提高员工的岗位技能、专业化水平和职业化水平,需要对企业培训课程进行综合评审。组建层次合理的评审团队,从不同视角审查课程的架构和内容,是完善新员工课程设计、促进课程标准化的关键。开展课程评审的目的是完善课程,不是挑刺或彰显功劳,课程开发人员是课程开发的项目经理,评审成员是课程开发项目的顾问。所以,要充分发挥课程评审的作用,完善课程评审指标体系。

课程评审一般应遵循以下程序。

（1）形式审查

形式审查以保证审查形式的完整性，审查课程目标、课程类别、授课形式、开发主体、课件管理、课件包、内容评审、效果评估、课程结构、课程导向。

（2）组建评审团队

刚入职的应届毕业生：选择未参加过培训课程的应届毕业生或专业知识相关但工作内容不相关的新人做评审，主要感受课程内容的难易度是否合理、是否能达到培训目的。

入职2年以下的员工2或3名：要求有1名没有接触此类课程的新员工；检验难易程度、实用性、应用性，优化内容详略的呈现过程；负责从听众与受众的角度对课程进行评价并给出建议。

入职3～5年工作经验较为丰富的核心骨干3名（2名专业方向相同，1名专业方向不同）：负责对课程内容的完整性、授课重点与难点、授课方式、实操训练、考核方式等进行评价。

入职5年以上的资深员工2名：检验知识的准确性、完整性、层次性、应用性、拓展性、过程呈现的合理性；负责从宏观视角对课程的框架、适用性、完整性进行评价。

培训中心负责课程开发的人员：从教学刺激度与课程效果的视角进行评价并给出建议。

（3）过程评审

组织过程评审应当遵循以下顺序：

第一步：课程简介。讲师完全按照授课要求进行呈现，对课程进行整体介绍，重点介绍课程目标、课程架构、课程内容、课程授课形式；时长一般不超过15分钟。

第二步：现场评审。由以下评审组成员根据课程开发人员对课程的整体介绍，集中对课程进行现场评审。

新人评价建议；

相关岗位的入职1～2年的员工评价建议；

入职3～5年的员工评价建议；

入职5年以上的资深员工评价建议；

培训专员评价建议。

（4）入库前复核

依据评审过程建议，逐步检查修订课程并监督落实情况，如得到落实则允许入库，如没有得到落实则需说明未按要求修订或落实的原因，必要时需要在讲师 PPT 中进行标注。

3. 人员培养跟踪与反馈阶段

人员培养跟踪与反馈阶段主要由项目组成员实施，根据新员工培养的情况，有针对性地调整实施方案，并适时对导师体系、激励考核办法等进行修订和完善。

（七）模拟开发项目

在课程开发的同时还需要同步进行模拟开发项目（详见附录 7），模拟开发项目是新员工将课程培训获取的知识转换为专业技能、培养规范化意识、适应工作岗位的重要训练途径和手段，是实现岗前掌握技能、工具的具体要求。新员工通过模拟开发项目了解岗位所需的工作制度与流程，养成规范化的意识，学习与巩固工作所需的平台、工具与语言，完成适应工作岗位所需的知识与技能储备。

模拟项目课程开发。每个基层组织（比如室组）负责安排具有 5 年以上工作经验、不同专业方向的员工各 2 名，结合项目或工作的实际要求，开发具有操作性的实践课程（课程开发大纲详见附录 6）。模拟项目开发需要明确题目、课程开发内容、课程开发目标、基本考核点、拓展考核点、平台或环境、所需参考资料以及新员工结项移交清单等。

1. 明确模拟开发培训目的

使新员工熟悉工作岗位所需的制度与流程，具备上岗所需的基本知识与技能。

2. 开展模拟开发项目评审

组成项目评审组，对模拟开发项目进行评审，评审的周期建议为 30～45 天，每门课程的评审时长不超过 30 分钟。评审组成员构成与角色建议如下。

入职 5 年以上的资深员工 2 名：关注项目设计的可行性、项目时长、培训资源的支撑性、培训成本与效用等。

入职 3～5 年工作经验较为丰富的核心骨干 2 名：关注技术环境、路线、平台、工具、项目时长、培训资源的支撑性、项目替代方案等。

入职 2 年以下的员工 2 名：关注难易程度、实现的可能性。

3. 明确模拟项目实施方法

团队分组。依据实际资源条件，将学员分成学习团队，共同完成相应项目，如岗位情况特殊，亦可考虑个人独立承担相应的项目。

导师指派。由导师指导新员工完成全部模拟开发过程。

项目分解。新员工依据角色,在导师指导下制订周工作计划,并经由副总师(一般包含总经理助理、副总工程师、副总经济师等)主持的评审小组评审通过。

过程考核。每周考核一次,依据周计划的完成情况、导师评价等进行综合强制排名,并及时干预不良状况。

三、课程实施阶段

为系统地推进新员工的培养工作,通过课程培训让新员工尽快掌握与岗位相关的专业基础知识和技能,熟悉组织架构和相关的工作流程,养成规范化的意识,学习与巩固工作所需的平台、工具与语言,尽快进入角色,适应自身岗位的工作需要。通过课程培训阶段梳理、沉淀一批精品课程,培养一批优秀讲师、指导老师,初步形成知识管理的流程和机制。"红苹果计划"项目组根据前期的工作流程梳理、知识技能盘点和课程设计与开发等阶段性工作,结合工作特点,制定针对岗位特点的专业基础课程培训。企业文化培训结束后应立即进行专业基础课程培训。

(一)课程培训计划

根据公司培训计划和课程培训阶段的整体工作安排,合理制定课程培训阶段的计划方案。

1. 实施周期

课程培训阶段一般为 21~30 天,以课程需要达到的效果与学习强度来设计时长。

2. 制定课程时间表

结合授课老师的时间安排,设计详细的课程时间表。

3. 授课方式

采取集中授课的方式开展本阶段的培训,上午授课,下午进行实操性训练。

(二)授课质量保证

1. 授课与实操性相结合

要求每位讲师根据要求布置相应的任务,并检查完成情况。

2. 每周考核

每周一下午为考核时间，考核内容为上一周所学与所练的知识。

3. 强制排名

依据课程优化、作业完成情况、考试结果等进行综合强制排名，并实时跟踪排名靠后的新员工的情况，以增强新员工学习的动力和压力。

（三）课程优化

参训学员均需要参与课程优化与标准化工作；要求所有小组在授课结束后三天内完成课程三大件（讲师讲义、学员手册、学员PPT，详见附录8、附录9），"红苹果计划"项目组成员需要提供模板，并制订评分标准，供新学员参考。

（四）考核

1. 新员工考核

新员工考核要明确考核指标/内容，考核者、考核规则、考核频次、考核结果及应用等信息，并制定详细的考核方案。

主要分为课后作业、考试、参训出勤率三个维度，根据三个维度的排名确定综合成绩，每周公布一次排名情况，并将排名结果及时汇报项目组负责人并告知新员工本人，以此作为新员工月度考核、试用期考核的重要指标。考核包括三部分，一是课后作业。每门课程结束后都要求新员工以团队开发的形式优化完善老师的培训资料（包括讲师讲义、学员手册和学员PPT），授课讲师将根据完成情况评定团队成绩（划分为A、B、C三个等级）。二是考试。所有的考试题目都是授课老师根据所授课程，结合项目的实际情况布置给新员工的，以知识类的考点为主，新员工要在规定时间内完成作业，项目组会逐一批改并给出分数。三是参训出勤率。新员工参训出勤率将作为该阶段的考核指标。

2. 讲师考核

课程培训实施阶段，新员工与"红苹果计划"项目组成员根据讲师的授课内容、方法和技巧，进行综合评价。（见附录10：课程实施效果评估表）

3. 考核结果的应用

课程培训实施前，要告知新员工和讲师考核的要求、淘汰的比例。在新员工考核周期内，连续两次综合排名靠后的，项目组与新员工本人和指导老师进行沟通；连续三次排名靠后的，要采取调整个人计划、更换导师等手段进行强制干预。试用期结束后，根据一定的比例实行末位淘汰。

（五）激励

为了有效地激发新员工学习、实践的积极性和讲师、导师的责任意识，明确奖惩机制，增强危机意识，对保证新员工的快速成长具有重要的促进作用。阶段培训结束后，公司可以根据讲师的授课质量、课程设计的丰富程度和学员对讲师的评价等指标，综合评选出优秀讲师，并给予表彰奖励。

（六）压力设计与心理辅导

1. 压力设计

通过压迫式学习计划设计、课程考核、强制排名、结果运用等方式，让学生提前进入高压力状态。

2. 心理辅导

为舒缓新学员压力，要求"红苹果计划"项目组成员对现有学生进行分组，整体协调课程的实施情况，并做到与新员工和讲师及时沟通，对学员的心理进行及时舒缓与正向引导。

四、模拟项目实施阶段

模拟项目实施是新员工将课程培训获取的知识转换为专业技能、培养规范化意识、适应工作岗位的重要训练途径和手段，是实现岗前掌握技能、工具的具体要求。

（一）模拟开发培训目的

新员工通过对模拟项目的全流程开发，在项目开题、项目开发书、项目立项、项目设计、项目评审、项目结题等各阶段的实际演练中，熟悉工作岗位所需的制度与流程，掌握岗位所需的基本知识与技能。

（二）开展模拟开发项目评审的方法

1. 模拟开发的项目周期

模拟开发项目的周期一般为 30～45 天。

2. 评审组成员构成与角色

资深项目负责人 2 名：关注项目设计的可行性、项目时长、培训资源的支撑性、培训成本与效用等。

项目团队核心成员 2 名：关注技术环境、路线、平台、工具、项目时长、培训资源的支撑性、项目替代方案等。

入职 2 年以下的员工 2 名：关注难易程度、实现的可能性。

3. 评审时长

每个项目的评审时长一般不超过 30 分钟。

（三）项目实施

1. 实施目的

了解岗位所需的工作制度与流程，养成规范化的意识，学习与巩固工作所需的平台、工具与语言，完成适应工作岗位所需的知识与技能储备。

2. 实施方法

团队分组：依据实际资源，将现有学员分成学习团队，共同完成相应项目，如岗位情况特殊，亦可考虑个人独立承担相应的项目。

导师指派：由导师指导新员工完成全部模拟开发过程。

项目分解：新员工依据角色，在导师指导下制订周工作计划，并经由副总师主持的评审小组评审通过。

过程考核：每周考核一次，依据周计划完成情况、导师评价等进行综合强制排名，并及时干预不良状况。（详见附录11以及附录12）

五、岗位实战阶段

岗位实战阶段，顾名思义，就是新员工回到各自的岗位进行工作、学习，模拟项目的开发流程与实际项目一致，这一阶段不仅是对新员工前期所学专业知识、工作技能、业务流程的检验与强化，更是使其熟悉岗位业务工作、尽快融入工作环境的重要环节。这一阶段主要包括分配导师、确定培养目标、分解培养计划、制定以周为单位的工作计划、规范过程管理等主要步骤。通过完成模拟项目各阶段的报告、资料、周计划、答辩等任务，使新员工的文档写作、语言表达、逻辑思维、独立思考、团队协作、抗压能力等方面的素质得到锻炼和提升，为以后岗位实战阶段和实际研发工作打下扎实基础。

（一）分配导师

要持续优化企业传统"师带徒"的培养模式，根据新员工的工作方向，为其安排指导老师，负责新员工的培养计划制定、学习指导等；组织专业选修课老师开展相应课程的培训，进一步巩固和强化新员工的知识体系。

（二）确定培养目标

指导老师一般以 3 个月为周期，为新员工制定有针对性的岗位实战阶段培养目标，并指导新员工将工作计划进行分解，督促新员工按照学习计划完成各项任务，根据室组的工作安排调整计划。

（三）分解岗位培养整体计划

由 HR 部门和导师一起，发起对新员工的问卷调查（见附录 13：新员工问卷调查），了解员工对工作流程和岗位职责的熟悉程度，在此基础上有针对性地制定新员工的学习计划并及时修订，保证新员工学习任务的饱和度；结合具体工作安排，保证新员工在岗位实战阶段参与到实际项目和具体工作中，对新员工在学习过程中存在的问题给予主动指导，同时给予新员工更多的关怀，帮助新员工养成良好的工作习惯。

（四）制定以周为单位的工作计划

新员工在导师的指导下对工作计划进行逐步分解、细化，要求细化到每一周，即制定以周为单位的工作计划（见附录 14："红苹果计划"岗位实战阶段工作计划表）。明确完成每项任务需要学习的知识、技能、制度、流程，需要输入的除制度外的可视化资源，完成工作计划消耗的时间以及工作最后输出的成果等；并且按照评审的周期对计划完成情况进行总结。

（五）规范过程管理

项目组负责定期组织评审，在实战阶段的第一个月采取两周一评，后两个月采取一月一评的评审周期，对新员工的工作、学习情况通过答辩的方式进行跟踪了解；对"红苹果计划"当年的实施过程进行复盘，总结经验教训，对形成的资料进行标准化处理。

1. 对岗位实战阶段进行评审

岗位实战阶段结束后，由人力资源部门组织召开岗位实战阶段评审会，每位学员总结时间为15分钟，要求学员制作PPT汇报，自述时间为8分钟，评委提问和个人作答时间为7分钟。同时，组织评委根据岗位实战阶段计划的合理性、工作难度与饱和度、计划的完成质量、输入、输出结果的明确性、完整性，新员工论述思路清晰有条理且答辩流畅等维度，对新员工岗位实战阶段成果进行评分，并给出具体的分数和修改意见（详见附录15："红苹果计划"模拟项目评审表）。

2. 强化考核管理

（1）明确量化岗位实践阶段的考核标准

对岗位实践阶段要明确考核内容，制定可量化、清晰的考核标准（见附录16：岗位实践阶段评分细则）。岗位实践阶段的最终考核结果可以由单位考核得分和评审得分两部分组成，其中单位考核得分占70%，评审得分占30%。同时，为进一步拉开差距，鼓励新员工争先比优，对考核最终结果可以实行加分制，对排名前20%的学员，在考核结果上再加20分；对排名前50%的学员，在考核结果上再加10分；对排名后50%的学员，不加分。

（2）考核结果应用

新员工考核的最终结果主要作为月度薪酬发放和试用期满转正考核的参考。对考核综合排名在后3～4名的员工，项目组要与新员工本人和其所在部门领导进行沟通，及时调整培养计划。试用期结束后，根据一定的比例实行末位淘汰，强化新员工学习提升、快速融入岗位、融入工作、融入项目的动力。此外，考核结果要作为导师考核评价的重要依据。

"红苹果计划"作为公司人才培养的探索性项目，其中的新员工成长路径规划、导师制探索、工作标准化等思路和方式，为公司人才培养工作积累了经验；而前期的业务流程梳理、知识技能盘点等工作，为公司人力资源体系的搭建提供了一套方法论和工具。

第四章 如何快速打造人才成长的课程体系

附录1："红苹果计划"业务能力盘点阶段工作计划

"红苹果计划"业务能力盘点阶段工作计划（示例）

序号	工作内容	工作要求	项目组负责人	具体负责人	输出结果（第一阶段 ××-××）	结果反馈（××-××）	初步评审（××-××）	输出结果（第二阶段 ××-××）
1	一、准备工作 1. 单位组织架构或规划，×××室班组组织架构； 2. 单位职能职责或规划； 3. 沟通访谈目的，确认访谈对象	1. 明确了解访谈目的； 2. 尽可能准确详细地记录访谈内容； 3. 按照时间节点要求完成阶段性工作目标	×××	×××	"单位业务清单"初稿	×××	由试点单位室主任或相关岗位人员对业务制度流程相关度评审	"单位业务清单"定稿
2	二、开展访谈 按照《业务能力盘点填写指南》要求的五大核心问题，进行逐一提问并做好记录		×××	×××	"单位各岗位业务能力明细表"初稿	（项目组）对访谈后形成的第一阶段输出成果进行指导		"单位各岗位业务能力明细表"定稿
3	三、整理记录 整理访谈记录并形成相关表格或清单		×××	×××	"单位制度流程清单"初稿			"单位制度流程清单"定稿

注：试点单位业务能力盘点阶段工作计划的工作流程如下。
① 选择试点单位一个基层管理组织（包括室班组等）进行访谈；
② 各分组成员根据访谈结果形成指定的表格或清单；
③ 根据反馈意见，完善访谈后形成的结果；
④ 组织试点单位室主任或相关岗位人员对业务与流程相关度进行评审；
⑤ 根据评审结果形成最终的表格或清单。

附录2：访谈问题清单

访谈问题清单（示例）

序号	主要内容
问题一	您现在主要负责的工作有多少项？请一一列举，请不要介意做记录
问题二	这些工作的频次是怎样的？请以日、周、月、季度、半年度与年度进行填写
问题三	每项工作是否有书面的制度与流程？如果有，请说明制度与流程的名称；如果没有，请说明是否有潜在的流程、规则
问题四	每项工作是否有相应的工具或表格（例如操作指引、手册等）？如果有，请说明表格名称；如果没有，请说明是否可以将其形成规范的表格或流程
问题五	请挑选出比较重要、有一定难度或需要一定的专业能力的五项工作
……	……

附录3：产品开发流程

1. 论证阶段

产品开发流程（示例）

输入	流程	制度/文件	工作内容/负责人	知识技能和操作工具	输出结果
产品技术协议研制总要求	参与客户项目论证，争取项目立项 → 配合客户开展产品技术协议讨论，提交立项申请表 → 配合开展技术协议评审		产品主管/设计人员 1. 开展技术协议的拟制、洽谈和签订； 2. 配合客户单位开展立项论证； 3. 配合客户单位完成研制总要求的论证； 4. 提交立项申请 ……	1. 系统仿真方面技能、metlab 软件； 2. 系统设计指标、参数的分析能力； 3. 信息获取、搜集、分析能力； 4. 项目总体的把握能力； 5. 数据指标的论证能力； 6. 系统指标论证能力； 7. 动态掌握科研、生产保障能力； 8. 技术系统的理解和掌握； 9. 商务演说能力； 10. 谈判技巧	立项申请表 评审遗留问题跟踪表 评审会议纪要 ……

2. 方案阶段

输入	流程	制度/文件	工作内容/负责人	知识技能和操作工具	输出结果
立项通知、评审会议纪要	编制科研项目开发书、经费预算报告、设计任务书、六性大纲、协作任务书、软件开发计划 → 配合开展所级、厂级、客户单位评审	《产品质量保证大纲要求》《装配可靠性通用要求》《装配维修性通用大纲》《系统安全性通用大纲》《装配测试性大纲》《新产品标准化大纲编制指南》《装配综合保障通用要求》《技术系统软件开发文档》……	产品主管/设计人员 1. 编制项目开发任务书、经费预算报告； 2. 配合开展项目任务书、经费预算报告厂级评审； 3. 编制研制方案； 4. 编制"六性"及电磁兼容性大纲； 5. 配合开展研制方案、文档及客户评审； 6. 完成设计任务书； 7. 完成主要外协项目申请、协作任务书签署	1. 将技术协议转化成研制方案的能力； 2. 任务分解与目标管理能力； 3. 系统总体设计能力与经验； 4. 分模及模块知识； 5. 熟悉各种行业标准	科研项目开发任务书、研制方案、经费预算报告、设计任务书、协作任务书、软件研制任务书、评审会议纪要、评审意见（客户）

第四章 如何快速打造人才成长的课程体系

3. 工程研制阶段

输入	流程	制度/文件	工作内容/负责人	知识技能和操作工具	输出结果
研制方案 六性大纲 设计任务书 协作研制项目任务书 软件研制任务书	按照公司年度科研计划、月度科研计划编制样机设计方案 → 配合开展原理样机工艺设计、评审 → 提交元器件、关键件清单和自制件图纸 → 齐套后，开展原理样机试制、装调	《工艺评审》 《试制和生产准备状态检查》 《技术系统软件开发文档》 《装配维修性通用大纲》	设计人员 1. 完成初样机详细设计工作； 2. 提交元器件清单、PCB投制、结构件、自制件图纸； 3. 开展样机接收、发射、电源、处理模块装配； 4. 开展初样机软件调试和整机调试； 5. 开展测试实验； 6. 开展初样机摸底试验、编制试验报告； 7. 系统联试； 8. 完成初样机研制总结及相关评审资料的准备	1. 熟练应用VC、CVI、CCS、DSP软件开发工具； 2. 能熟练应用DXP开发工具，完成原理图设计，PCB绘制； 3. 熟练掌握C/C++、Verilog、VHDL语言； 4. metlab仿真软件，opnet战场态势仿真； 5. IPJ/ISE软件、pro-软件； 6. 单片机/ARM语言，startem工具； 7. FPG、arm开发工具； 8. 元器件的选型能力； 9. 熟悉电磁波原理、通信原理、数字信号处理等； 10. 工艺流程的掌握； 11. 跨部门沟通能力； 12. 压力调节能力； 13. 协调和决断能力	元器件选用清单、关键件、重要件清单 样机摸底试验报告 原理样机研制总结报告 正样机研制方案 评审会议纪要 评审意见（客户） 原理样机转正样机评审报告

— 117 —

续上表

输入	流程	制度/文件	工作内容/负责人	知识技能和操作工具	输出结果
评审会议纪要 设计方案评审意见 正样机研制方案	开展测试试验、原理样机摸底试验，编制试验报告 → 完成系统地面联试或分系统交联试验（视项目而定） → 完成原理样机的研制总结及正样机的方案拟制 → 配合客户开展原理样机转化为正样机的评审	《设计评审》		可靠性：对可靠性、维修性、测试性、保障性、安全性方面的理解应用能力；沟通能力；工程经验。电源：模拟电路、电路原理、电磁场与电磁波、电磁兼容（EMC）、电力电子、电源基本理论知识；仪器仪表使用、脉冲电流模拟测试系统、脉冲电流测试示波器；PDM 归档、BOM 物料系统、protel 99sl/autium PCB 设计、CAD 软件；元器件选型相关知识、FMCA 故障机理描述、功率计、逆变电源等。结构：结构设计：ProE；热设计软件：ICEpak, 6segmaET;强度设计：ANSYS, ABAQUS, nastran;疲劳设计：Fitique;流体设计：Fluent, CFX	

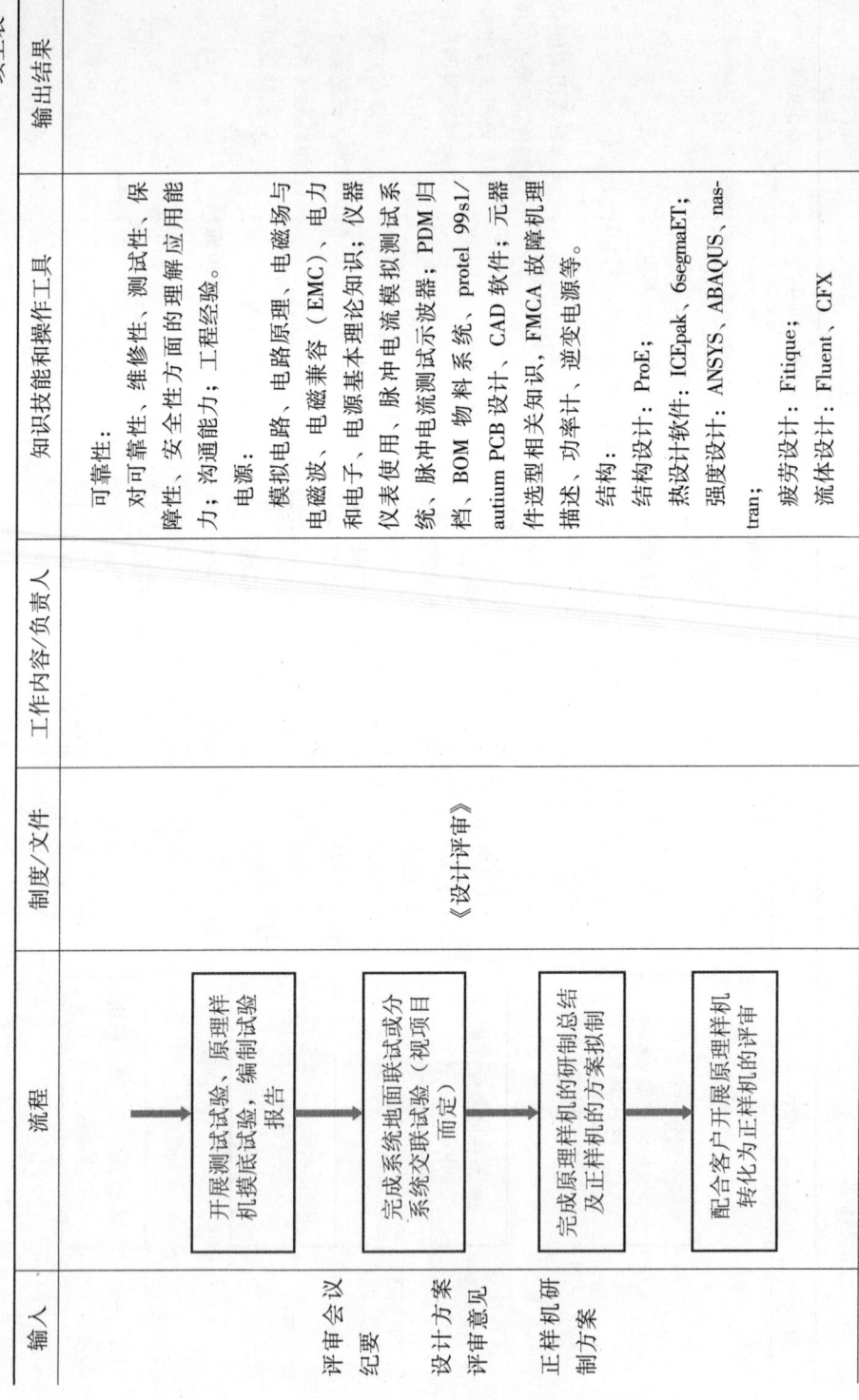

第四章 如何快速打造人才成长的课程体系

续上表

输入	流程	制度/文件	工作内容/负责人	知识技能和操作工具	输出结果
环境试验大纲	提交元器件清单、自制件图纸，完成S型样机BOM数据归档		设计人员 1. 完成正样机详细设计工作; 2. 提交元器件、关键件、重要件清单及自制件图纸; 3. 完成正样机图纸资料及BOM数据归档; 4. 开展正样机调试; 5. 完成正样机系统联试; 6. 完成正样机环境应力筛选试验; 7. 完成正样机环境试验、电磁兼容试验; 8. 完成正样机科研调整试飞; 9. 编制可靠性、维修性、测试性、保障性、安全性、环境适应性设计规范符合性报告; 10. 完成设计定型试验前技术状态检查资料的准备	1. 熟练应用VC、CVI、CCS、DSP软件开发工具; 2. 能熟练应用DXP开发工具，完成原理图设计、PCB绘制; 3. 熟练掌握C/C++、Verlog、VHDL语言; 4. metlab仿真软件, opnet战场态势仿真; 5. IPJ/ISE软件, Pro-软件; 6. 单片机/ARM语言, startem工具; 7. FPG, arm开发工具; 8. 元器件的选型原理; 9. 电磁波原理; 10. 通信原理, 数字信号处理; 11. 工艺流程的掌握; 12. 跨部门沟通能力; 13. 压力调节能力; 14. 协调和决断能力	元器件选用清单、关键件、重要件清单 环境应力筛选试验报告 环境试验报告 电磁兼容试验报告 电源特性试验报告
电磁兼容性试验大纲	齐套后，开展正样机试制、装调				
环境应力筛选试验大纲	配合开展工艺评审、首件鉴定	《工艺评审》 《首件鉴定》			
电源特性试验大纲	根据协议要求，机各种试验（环境应力筛选、环境试验等）电磁兼容试验等				
科研调整试飞大纲					

续上表

输入	流程	制度/文件	工作内容/负责人	知识技能和操作工具	输出结果
评审会议纪要	配合开展正样机质量评审	《产品质量评审》《设计评审》		可靠性：对可靠性、维修性、测试性、保障性、安全性方面的理解应用能力；沟通能力、工程经验。	科研调整试飞报告
	完成正样机试验			电源：模拟电路、电路原理、电磁场与电磁波、电磁兼容（EMC）、电力和电子、电源基本理论知识、仪器仪表使用、脉冲电流模拟测试系统、脉冲电流测试示波器、PDM 归档、BOM 物料系统、protel 99s1/autium PCB 设计、CAD 软件、FMCA 故障机理描述、功率计、元器件选型相关知识、逆变电源等。	系统联试报告 情况分析报告 产品规范
	完成正样机各种试验总结，编制设计定型试验大纲			结构： 结构设计：ProE； 热设计软件：ICEpak、6segmaET； 强度设计：ANSYS、ABAQUS、nastran； 疲劳设计：Fitique； 流体设计：Fluent、CFX	软件研制总结 正样机研制总结

第四章 如何快速打造人才成长的课程体系

4. 设计定型阶段

输入	流程	制度/文件	工作内容/负责人	知识技能和操作工具	输出结果
正样机各种试验总结 设计定型大纲 试验总结 评审会议纪要	配合客户单位开展样机到产品的评审 → 完成鉴定试验 → 配合客户开展地面试验总结 → 配合开展质量评审	《产品质量评审》	设计人员 1. 完成设计定型试验大纲编制； 2. 配合开展样机转产品的评审； 3. 配合开展客户单位关于环境鉴定试验、电磁兼容试验、电源特性试验、可靠性试验、测试性试验、维修性试验等鉴定试验； 4. 配合完成产品定型； 5. 完成鉴定前的资料准备； 6. 配合开展鉴定审查； 7. 完成设计定型的修改和上报	1. 知识结构的全面性； 2. 文档的编写能力； 3. 故障判断、分析、处理问题的能力；	样机转产品评审报告 评审会议纪要（客户单位） 评审意见（客户单位） 鉴定试验报告（客户单位） 设计定型试验报告 性能评估报告 全套设计图样

续上表

输入	流程	制度/文件	工作内容/负责人	知识技能和操作工具	输出结果
	完成定型 → 配合开展设计定型/鉴定审查 → 遗留问题整改、上报 → 鉴定材料归档			4. 沟通能力； 5. 压力调节能力； 6. 协调和决断能力； 7. 资料标准化的能力	重大技术问题的技术攻关报告 研制总结 操作维修电子手册

附录4：课程开发工作整体安排

课程开发工作整体安排（示例）

序号	阶段	主要内容	参与人员	时间
1	课程开发	1. 选定的课程开发人员要参照"课程开发样表"的示例，详细开发指定课程、需要展示的PPT或讲义。 2. 模拟项目课程开发。每个室组负责安排具有5年以上有丰富经验的、不同专业方向的专业人员各2名，参照"模拟开发项目样表"中的示例，结合项目或工作的实际，开发2门具有可操作性的实践课程	课程开发人员	××—××
2	课程评审	课程提交后，由项目组组织开展课程评审。课程评审员由处于不同成长周期的人员构成。其中专业资深员工2名，5年左右具备较为丰富工作经验的核心骨干3名（2名专业方向相同，1名专业方向不同），入职2年以下的员工2或3名	课程开发人员项目组成员	××—××
3	课程实施	根据制定的课程计划安排，由相应的讲师完成课程的讲解或传授	讲师	××—××
4	人员培养跟踪与反馈	根据新员工培养的进展情况，有针对性地调整实施方案，并适时对导师体系、激励考核方法等进行修订和完善	项目组成员	××—××

附录5：××××课程开发表

_____课程开发表

课程名称	课程开发目标	重点掌握内容	实现途径或方式	需要的资源	考核方式	课程时长	备注

说明：

1. "课程名称"可结合实际情况进行适当调整；
2. "实现的途径或方式"可采取课堂授课、模拟训练等形式；
3. "需要的资源"是实现课程开发目标所需的仪器、设备、工具等；
4. "考核方式"，可采取课堂提问、考试、模拟测试等形式；
5. 课程时长以小时为单位；
6. "课程开发表"提交时间：××××年××月××日

基层单位（室班组长）签字：　　　　　　　　开发人员签字：

附录6：课程开发大纲

课程开发大纲（以研发示例）

序号	课程类别	课程大纲	课程开发人员（5年以上项目经验）	所在单位	联系方式
1	必修课	通信原理			
2		科研项目管理流程整体介绍			
3		元器件工程化			
4		……			
1	选修课	可靠性设计、安全性设计			
2		维修性设计、测试性设计			
3		CCS软件开发工具			
4		……			
1	其他课程	商务演说能力提升			
2		跨部门沟通能力			
3		压力调节能力			
4		协调和决断能力			

附录7：模拟开发项目

模拟开发项目（示例）

题目	课题开发内容	课题开发目标	基本考核点	拓展考核点	平台/环境	参考资料	新员工结项移交清单
示例1：MSTAR7866 上完成 USM 的 HAL 对接	1. 搭建 linux 的平台开发环境； 2. 分析和学习 MSD 的平台结构和模块结构； 3. 熟悉对接平台外跨平台外质盒对 HAL 层，理解平台外跨平台依赖主要接口，了解 usm 相关 BLL 层业务，对所需要对接的模块进行接口规划和设计（包括流程图、算法，以及代码等方式）； 4. 完成 HAL 对接，完成 BLL 层实现测试验证，让 USM 稳定地在 MSD7866 平台上运行； 5. 对模块进行测试	1. 了解 linux 的平台开发环境，MSD 的平台结构和模块结构； 2. 了解 usm 相关的接口分析，以及 USM 正常运行所需的 MSD 底层模块和函数接口； 3. 熟悉跟踪解决同类问题的方法和测试技术； 4. 使用 mstar 的底层，来实现 usm 层，让 USM 稳定的在 MSD7866 平台上运行	1. 平台的搭建（相关项目在 linux 服务器上的仿真运行等）； 2. 对 MSD 平台和软件模块结构有一定的认识（模块调用层次图，函数调用层次图等）； 3. 对 BLL 层的认识（模块的底层接口、实现的方法流程图等）； 4. 检测各个模块是否在 MSD 平台上正常运行； 5. 对测试报告的处理百分比	1. 对接口模块的稳定性； 2. 解决的问题是否重复发生，模块的健壮性	linux&msd	BLL 业务层文档，和相关的技术规范文档	设计图，测试报告，软件代码

第四章 如何快速打造人才成长的课程体系

续上表

题目	课题开发内容	课题开发目标	基本考核点	拓展考核点	平台/环境	参考资料	新员工结项移交清单
示例2：××销密盒测试夹具	1. 实现DSP软件开发，真实模拟RCM时序实现×密加载； 2. 实现DSP软件开发，通过夹具进行××控制盒软件在线升级； 3. 通过拨码开关模拟轮载CPLD模拟按钮控制信号，通过LED显示××密输出是否正常	1. 基于已有硬件实现××控制盒测试夹具，提供给车间生产、科研调试、外场软件升级、外场测试使用； 2. 培养新员工DSP软件设计、调试能力； 3. 培养新员工CPLD软件设计、调试能力； 4. 培养新员工项目组协调配合能力	1. 系统设计； 2. 熟悉××总线通信； 3. 熟悉DSP软件开发流程、C语言编程、VHDL硬件语言； 4. 熟悉DSP相关硬件调试方法，FPGA/CPLD开发流程； 5. 熟悉嵌入式操作系统DSP/BIOS； 6. 熟悉软件工程化文档编写和归档流程	1. ××控制盒原理、××流程； 2. 解决问题、资料查询的能力； 3. 编码风格； 4. 软硬件调试基本技能； 5. 软件工程化能； 6. 基本仪器仪表的操作	CCS3.3/ISE12.3以上	1. ××夹具相关资料、测试夹具原理图与PCB板； 3. CCS开发软件及仿真器	1. ××销密盒测试夹具； 2. PC控制软件； 3. 项目开题报告、中期报告、结题报告； 4. 相关设计文档； 5. 归档资料

基层单位（室班组长）签字：　　　　　　　　　　模拟项目开发人员签字：

附录 8：讲师讲义

讲师讲义（示例）
课程名称：××××

一、学习对象

课程的适用对象、适用岗位。

二、学习目的

（与学员手册一致）。

三、主要内容

主要描述课程大纲的内容，要求细化至三级课程大纲（与学员手册格式一致）。

四、学习导读（课前预习）

（与学员手册一致，可以设置为必做与选做）。

五、课程安排

课程大纲		课程导入	导入内容简介	课程分布
1. 基本概念与分类	××是什么	案例导入	一个关于速度与激情的故事	10 分钟
	××的发展史	图片导入	展示××（三张图片）	15 分钟
	××的分类	实物展示	××产品，零部件×个	10 分钟
2. 基本原理	××的框架实现原理	问题导入	问题 1. 钢铁是怎样炼成的；问题 2. 食物是怎样变成养分的	20 分钟
	××原理	问题讨论	问题 1、问题 2	10 分钟
3. 应用与发展趋势	应用	活动导入	活动 1、活动 2	10 分钟
	发展趋势	活动导入	活动 1	5 分钟

六、课程讲义

请根据讲师 PPT 与课程安排细化，细化到可照本宣科式讲解与操作。

1. 讨论议题 A（9：40—10：10）

（1）议题内容

（2）方式（5分钟时间讨论，每组形成结论）

（3）讨论需要达到的目的和相关知识（必须要有）

2. 讨论议题B（11：20—11：40）

3. 讨论议题C（14：40—15：10）

（1）议题内容

（2）讨论要达到的目的

4. 讨论议题D（16：20—16：40）

（1）议题内容

（2）讨论要达到的目的

七、关键知识点

列举关键知识点。

八、课后练习

设计一个简易的卫星寻星仪框架。

编写××测试手册。

替代方案：编制当出现××异常情况时的处置原理、方法、步骤与注意事项。

九、课后提高

了解卫星寻星仪原理。

编写××手册。

十、学习指引

内部资料索引。

书目名、作者、出版社。

网站名、地址。

学习论坛。

附录9：学员手册

学员手册（示例）

课程名称：××××

一、学习目的

目的描述可以理解为为什么要学，一般尝试回答以下问题。

①能够学习到什么知识？

例：使受训学员能够基本了解××接口、××协议、××技术架构、××标准方面的相关知识。

②能够掌握什么技能？

例：能够识别××实物接口；能够手绘××接口的原理图；能够手绘××协议的基本构架。

③学习这些知识与技能可以应用在什么方面？

例：促进学员顺利完成××模块开发、××测试、××技术文档编写等工作的知识或技能储备。

④对新员工上岗的工作效率、效果有怎样的改善？

例：帮助学员提升与××岗位协作效率，帮助其快速胜任××工作岗位。

二、主要内容

主要描述课程大纲的内容，要求设计三级课程大纲，如下所示。

1. ××硬件接口及应用

    1.1　××硬件接口

        1.1.1　接口的分类与展示

        1.1.2　接口实现的原理

    1.2　××接口的应用

        1.2.1　应用形式与分类

        1.2.2　在公司产品中应用

        1.2.3　注重事项

2. Teletext/Subtitle

三、学习导读

例：××硬件接口及介绍。

①××是什么？

②××有哪些接口？

③××有哪些数据接口？分别作什么用？

④XX 和 YY 接口有哪些是一样的？

⑤××接口有些什么设置属性？
例：Teletext/Subtitle 的介绍。
①Teletext 是什么？
②它可以做什么？
③Subtitle 的中文意义是什么？在我们现在生活中有哪些地方看到过？
④为什么需要 subtitle，除了 2 中列举的应用，它还可以扩展成什么？
四、专业名词

××硬件接口及介绍（示例）

缩略语	英文对照	中文解释	说明
I2C	inter-integrated circuit		由 PHILIPS 公司开发的两线式串行总线，用于连接微控制器及其外围设备
DEMOD	demodulator	解调器	
HDMI	high definition multimedia interface	高清多媒体接口	数字化视频/音频接口技术，是适合影像传输的专用型数字化接口，其可同时传送音频和影音信号，最高数据传输速度为5Gbps
LNB	low noise block	高频头	
SPI	serial peripheral interface	串行外设接口	
IR	infrared remote	红外遥控器	

Teletext/Subtitle 的介绍（示例）

缩略语	英文对照	中文解释	说明
Teletext	teletext	图文	可以在电视屏幕上显示文字和图像，通常有几百"页"，每"页"包含20行中、英文字。"图文电视"是通过数据副载波，利用电视信号中帧的消隐时间来传输。普通的电视机不能收看"图文电视"
VBI	vertical blanking interval	场消隐期，也称场逆程	

续上表

缩略语	英文对照	中文解释	说明
Subtitle	subtitle	字幕	广播电视前端发送的用于伴音的字幕显示
PMT	program map table	节目映射表	
DVB	digital video broadcast		欧洲国家和地区大多使用的数字电视标准
PID	packet identification	包标识符	DVB 系统将不同类型的数据打包封装成为 TS 流，系统采用 13bits 的数据来描述其类型

五、学习笔记

附录10：课程实施效果评估表

20××年新员工入职培训效果评估表

为进一步提高培训质量，请根据您对课程的整体感受，填写下列表格中的相关内容。（课程评价请参考以下内容：针对性强，适合我的需要；难易适中，便于理解；案例、思路给我启发；课堂控制好，气氛活跃；能与学员充分互动，有效答疑；授课时长安排合理。）

讲师姓名	课程名称	课程评价（请在相应表格内划√）				下一次类似培训，您的需求及建议
		很差	一般	良好	优秀	

20××年新员工入职培训印象深刻的讲师提名（限名额）

讲师姓名	课程名称	提名原因

附录11：新员工模拟开发考核系统

维度	权重	考核内容	负责人	标准	考核工具（表格待制定）
专业技能	20%	进度周报（小组与个人）		1. 提交及时性 2. 进度偏差（组）。进度超前的情况加分，进度落后的情况扣分（需有进度抽查确认真实性） 3. 进度偏差（个人）。进度超前的情况加分，进度落后的情况扣分（需有进度抽查确认真实性） 4. 偏差分析（个人） 5. 解决思路与措施（个人）	
专业技能	10%	周例会准时性（每周1次）		每少开1次，扣该组每成员1分 每晚开1次，扣该组每成员0.5分	
专业技能	20%	论文		待定	
专业技能	25%	答辩		见"答辩评估表"	
综合素质	10%	素质类综合表现		见"辅导员维度评价表"	
综合素质	15%	素质类综合表现		见"导师维度评估表"	
关键事件	—			关键事件是指上述维度不包含但影响巨大，能体现当事者某种重要品质（正面或负面）的事件。出现此类事件时，需召开至少有4名技术培训中心成员参加的会议，对当事人做出评估，评估结果直接在考核总分上修正。原则上每一事件修正分正负范围不应超过5分	

附录12：模拟项目任务及周计划表

模拟项目任务描述

题目	课程开发内容	课题开发目标	基本考核点	拓展考核点	平台/环境	所需参考资料	项目完成输出清单	项目组成员

第　　周任务

一、任务综述

_____

_____

二、详细工作计划

序号	内容	责任人	目标值	计划完成时间	检查/评估方式
任务一					
任务二					
任务三					
任务四					

指导老师建议：

_____

_____

三、本周任务完成情况

任务	完成情况详细描述	责任人	是/否按节点完成	增/减时间差异	存在的问题	解决措施	预期完成时间
任务一							
任务二							
任务三							
任务四							

指导老师建议：

_____

_____

_____

四、其他工作事务情况

序号	事项	责任人	本周工作完成情况

五、需要部门支持的事项

序号	事项	计划完成时间

附录13：新员工问卷调查

新员工问卷调查（示例）

亲爱的伙伴们：

　　你们好！本调查的主要目的是倾听新员工的心声、了解新员工的需求，创造适合新生力量发展的组织文化，进而提高公司管理水平，为您创造更好的职业成长路径。您的见解和意见对于公司未来发展至关重要，在此问卷中我们需要了解您的真实想法。问卷不记名填写，所有回答将严格保密，并纳入总体资料中作分析之用。请您认真填写问卷，根据自己的实际想法进行回答，不必受他人影响。

---

1. 您对自己目前的工作职责是否明确？
   A. 明确　　　B. 模糊　　　C. 了解一点　　　D. 完全不清楚
2. 您对公司现有的工作制度、流程的了解程度如何？
   A. 非常了解　B. 了解　　　C. 了解一点　　　D. 不太清楚
3. 您是否能熟练使用现有工作岗位所必需的专业工具或语言？
   A. 全部熟练　B. 部分熟练　C. 简单运用　　　D. 生疏
4. 对现有工作岗位所必需的专业工具或语言，您的师傅是否安排了系统训练？
   A. 有系统训练　　　　　B. 有训练但不够系统
   C. 没有训练
5. 自分配到部门后，您是否对工作岗位所需知识与技能进行了系统培训？
   A. 是　　　　B. 否
6. 自分配到部门后，您觉得您现在的成长与进步主要来源于？
   A. 看书　　　　　　　　B. 在工作中学习
   C. 师傅的指点　　　　　D. 部门组织的培训
   E. 其他
7. 自分配到部门后，您觉得约有多少工作时间是被闲置或是无效率的？
   A. 10%以下　　　　　　B. 10%～20%
   C. 20%～40%　　　　　D. 40%～60%
   E. 60%以上
8. 请问部门为您参与项目做了充分的知识与能力训练吗？
   A. 做了充分的训练　　　B. 有训练但力度不够
   C. 没有训练

9. 您参与实际项目时,独立负责一部分工作了吗?

    A. 已独立完成工作   B. 参与项目但未独立负责工作

    C. 还没参与项目

10. 如果您没有参与项目,现在让您独立承担项目中的部分工作,您是否有信心?

    A. 有   B. 没有

11. 您对进入部门后的个人成长与进步满意吗?

    A. 非常满意   B. 满意

    C. 不满意

12. 在现有基础上,您觉得部门应当给予哪些支持以促进自己快速成长?(可多选)

    A. 参与项目   B. 增加理论知识或操作技能培训

    C. 有锻炼的机会   D. 配一个好师傅

    E. 部门内工作岗位轮换   F. 不同部门间调动

    G. 获得更重(大)要的工作   H. 其他

13. 工作中您是否有机会学到新的知识?

    A. 经常   B. 有时   C. 较少   D. 完全没有

14. 在工作中,您的师傅是否会为您制定相应的培训计划并根据您的学习情况做出调整?

    A. 有系统专项培训计划并动态调整

    B. 没有专门的计划但交流过培养思路

    C. 没有培养思路,跟着事情走

    D. 没有任何培训计划

15. 师傅是否会定期对您进行指导?

    A. 经常   B. 有时   C. 极少   D. 从不

16. 在当前基础上,您觉得师傅怎样做可以让自己成长得更快?

    A. 制订系统专项培训计划并动态调整

    B. 多给自己一些模拟或动手的机会

    C. 定期指导,多一些指导

    D. 多一些耐心

17. 您的上级是否会主动和您沟通,了解您工作中的困难和思想状况?

    A. 经常   B. 有时   C. 极少   D. 完全没有

18. 您认为以下哪几种方式能够更好地提高您的工作积极性和创造性?(请按重要程度由高到低对选项进行排序)

A. 领导及时对工作给予专项的物质奖励
B. 提高工资收入
C. 给予更重（大）要的工作
D. 获得更多培训机会
E. 获得职位晋升
F. 领导给予正面评价

19. 除薪酬外，您最看重的是？（请按重要程度由高到低对选项进行排序）

A. 提高自己的能力　　　　B. 舒适的办公环境
C. 工作的成就感　　　　　D. 领导的关心和表扬

20. 您对自己半年来的成长是否满意，对下一届新员工的成长培养有什么建议？

_____

_____

_____

附录14："红苹果计划"岗位实战阶段工作计划表

"红苹果计划"岗位实战阶段工作计划表1（示例）

基本信息

姓名：　　　　　指导老师：　　　　　毕业学校：　　　　　专业：

培训成绩：

模拟项目名称：　　　　　模拟项目持续时间：

模拟项目评定成绩：

模拟阶段的综合评价（从项目目的完成情况、投入程度、专业基础、工作态度、综合素质等方面综合评价）：

签字：

阶段	时间	学习要点	目标值（评价标准）
第一阶段	1～2周		

第四章　如何快速打造人才成长的课程体系

"红苹果计划"岗位实战阶段工作计划表 2（示例）

姓名：　　　　　基层单位（室班组）：　　　　　指导老师：

序号	时间	计　　　　划					总　　结		
		本周工作计划（任务）	需要学习的知识、技能、制度和流程	输入（除制度外的可视化资源）	计划耗时	输出（可视化成果）	完成情况	实际耗时	备注（未完成情况说明）
第一周	任务一					①_____ ②_____ ③_____ ④_____ ⑤_____	完成□ 未完成□ 完成□ 未完成□ 完成□ 未完成□ 完成□ 未完成□ 完成□ 未完成□		
	……								
	……								

指导老师建议：

附录15："红苹果计划"模拟项目评审表

"红苹果计划"模拟项目评审表（示例）

序号	评价内容	标准	评价	备注
1	结题资料的齐套性、完整性	A. 高质量完成了立项报告、中期总结和结题报告，还有补充完善的相关资料 B. 较好地完成了立项报告、中期总结和结题报告 C. 完成了相应资料，但质量一般 D. 没有完成所有资料		
2	是否按周计划进度实现阶段目标	A. 比规划进度提前实现阶段目标 B. 按规划进度要求如期实现阶段研究目标 C. 阶段目标部分实现，研究进度比规划要求滞后		
3	关键技术突破情况	A. 主要关键技术已取得突破 B. 部分关键技术已取得突破 C. 关键技术没有突破		
4	技术指标(设计、仿真指标)实现情况	A. 全部技术指标已实现 B. 部分指标已实现 C. 项目考核指标没有实现		
5	项目的难易程度	A. 项目的完成目标对项目组成员现阶段的知识技能而言，完成此项目难度较大 B. 项目的完成目标对项目组成员的要求难度适中 C. 项目的目标对项目组成员的要求过低		
6	技术成熟度达标情况	A. 高于既定目标 B. 达到既定目标 C. 低于既定目标		

续上表

序号	评价内容	标准	评价	备注
7	现场展示表现	A. 逻辑清晰、表达流畅、亮点突出、答疑准确 B. 逻辑清晰、表达流畅 C. 基本完成现场展示		
8	项目管理和团队协作情况	附加分项目：分工明确、团队协作共同完成任务，并能很好地与团队成员共享和交流		

评委签名：　　　　　　　　　　　评审日期：

附录16：岗位实践阶段评分细则

岗位实践阶段评分细则（示例）

序号	评审内容	标准	分值
1	计划的合理性	1. 岗位实战阶段总体计划合理（15～20分） 2. 岗位实战阶段总体计划相对合理（10～15分） 3. 岗位实战阶段总体计划不合理（10分以下）	20
2	工作难度与饱和度	1. 工作难度较大，工作量较大（15～20分） 2. 工作难度一般，工作量一般（10～15分） 3. 工作难度较小，工作量较小（10分以下）	20
3	计划的完成质量	1. 本阶段计划按期完成，且PPT质量较高（15～20分） 2. 本阶段计划基本按期完成，且PPT质量一般（10～15分） 3. 本阶段计划未按期完成，且PPT质量较差（10分以下）	20
4	输入、输出结果的明确性、完整性	1. 输入、输出结果的明确、完整（15～20分） 2. 输入、输出结果的比较明确、完整（10～15分） 3. 输入、输出结果的不明确、不完整（10分以下）	20
5	论述思路清晰有条理、答辩流畅	1. 论述思路清晰有条理、答辩流畅（15～20分） 2. 论述思路较清晰较有条理、答辩较流畅（10～15分） 3. 论述思路不太清晰，条理混乱，答辩不太流畅（10分以下）	20

第五章 讲师体系

一、企业讲师与职业讲师的区别

(一) 授课类别

进入 21 世纪，随着经济的飞速发展、改革开放的不断深化，企业出现了诸多适应性问题，其中企业员工素质不高的问题尤为突出，包括观念陈旧、知识老化、技能缺乏等，劳动者素质不能适应社会经济和企业发展的新需求。面对市场经济社会发展对讲师的素质需求日益增强，其中，通过教授专业知识而获得报酬，以讲授培训课程为谋生手段的职业讲师最具代表性，其主要特征是分模块传授通识类的知识性课程，课程具有共性强、替代性强、受众广泛的特点。然而，针对不同类别的企业，因其生产经营活动方式不一致，更需要专业的企业讲师为企业生产、经营发展提供岗位职务描述、人员素质测评、培训项目开发、培训课程开发、培训教材开发、培训评估工作、培训质量管理体系等系列活动。企业讲师主要分模块与系统传授技能型的专业知识，具有差异性较小、替代性弱、受众范围窄的特点。

(二) 授课目的

职业讲师以关注领导与学员现场感受、取悦学员、注重参与、关注短期效果为目的，较难服务于对技能型、技术型要求较为苛刻的企业发展。企业讲师以关注任务与问题解决、注重短期与长期效果、重视结果的交付为目的，更加聚焦于企业生产、经营活动中遇见的专业性、技术性较强的问题，对特定企业的发展、员工的成长具有较强的专业性指导。企业讲师的主要职责包括以下内容：

开展所授课程的培训需求调研，进行课程开发，编制培训课件、试卷及答案；

承担相应的授课任务；

改进优化课件和授课方法；

参与其他内训师的授课评估，对其他内训师的授课技巧、方法、案例和课程内容等提出改进建议。

（三）授课形式

职业讲师授课有固定的场地，拟定专门的授课时间，并且以讲授通识类知识为主，引导学员参与问题讨论，以此激发学员的积极性和创造性，形成短期效应。企业讲师主要根据企业具体的生产、经营情况拟定授课计划，以讲授为主并结合示范辅导，以解决企业面临的问题为目标导向，在解决实际问题中总结经验和教训，以"干中学"为主要理念，促进企业长效发展。

（四）授课成本

职业讲师的授课成本主要包含通识知识的积累、个人素质的提升、社会经济变化趋势洞悉能力的培养，以及企业未来发展的项目需求、员工素质能力需求、风险预测等能力与素质的提升。因此，职业讲师的授课成本较高。企业讲师的授课成本主要聚焦于企业内部专业技能型知识的培训和实际问题的解决，授课成本低于职业讲师。

（五）管控程度

职业讲师需要对宏观外部环境面临的风险与挑战进行及时的预测和评估，并且结合企业未来发展规划，形成专业的评估报告。然而，外部宏观环境有不可预估性较强、可变性较强、风险较高等特点。因此，受职业讲师的管控程度较低。企业讲师面对的主要是企业内部的专业技能型知识的讲解，与此同时，讲师体系逐步健全与完善，讲师主要来源于企业内部，企业对其企业讲师的管控程度较高。

二、讲师模块建设

从模块构建与资格管理成熟度评价两个方面进行维度分级（原则上分五级），构建讲师模块的标准开发体系。

（一）模块构建

一级：对讲师与其可讲的课程进行详细统计，课程需求产生时指定相关人员进行开发与讲授，讲师以外部引进为主。

二级：制订公司讲师管理办法，规定了内外部讲师资格、行为规范、考核与激励等；建立了内部讲师资格获取机制；制度规定讲师需提供 PPT、学员手册及试卷等；调查学员对讲师的授课满意度，并以此作为评价、考核与激励的依据；外部讲师引进比例开始减少。

三级：优化公司讲师管理办法；讲师资格通过自主开发课件能力、课件审核、试讲等环节认证获得；讲师资格列入任职资格体系；建立了内部讲师退出机制。

四级：通过职业阶段、课程开发、授课效果、授课时长、履行义务状况等条件对讲师资格进行分级分类管理，讲师资格实现进阶管理；通过调整政策导向，激励讲师自主开发公司版权课程并通过认证；讲师资格与级别管理实现动态化；通过政策引导讲师开发稀缺的课程；讲师福利、激励与考核行为与个人成长紧密挂钩。

五级：基于运营基础、核心竞争力与公司战略构建公司能力拼图；评估拼图中各类知识传承与能力复制状况，并以颜色标识；对能力拼图进行动态建设与管理。

（二）资格管理成熟度评价

在分级构建讲师模块的基础上，还应该对讲师资格管理的成熟度进行评价。对企业讲师的选聘应该遵循公开、公平、公正的原则。作为企业的内训师，原则上应该满足以下条件：

思想品质端正、爱岗敬业、善于学习、工作表现出色、有责任心，并愿意从事员工培训工作；

具有 3 年以上工作经验且能力特别突出者，工作年限可酌情放宽；

具有较好的语言表达、文字编写和沟通能力。

…… ……

除此之外，还应该完善企业讲师的选聘流程，包括：

根据公司发展要求和培训计划，面向集团公司各单位和各产业公司发布内训师选聘通知；

以单位推荐或个人自荐的方式报名（见附录1：企业讲师申报表），同时将授课材料报送人事部门；

人事部门在汇总报名材料后，组织初步审核；

经初步审核合格的人员，组织开展专业技能培训；

专业技能培训结束后，组织试讲评审；

试讲评审通过人员经公司审定后予以聘任。

为持续完善企业讲师体系，打造讲师队伍，应该分级强化讲师资格管理，建立讲师考核资格管理模块，原则上分为五级。

一级：授课主导。首先，处于初始级，无讲师资格管理；其次，将所有参加过内训课与外训课的讲师进行统计整理，形成公司讲师初级库；再次，对讲师库的管理仅停留在增加成员上，没有实现动态管理；最后，讲师资格以指定与动员为主。

二级：规范审查。首先，明确（或以制度形式确定）成为讲师并进入公司讲师库的基本条件，如正向思考、所讲课程与专业工作经验相符、遵守公司相关培训管理制度、开发一门专业课程等；其次，定期进行讲师推荐并对被推荐人依据制度规范进行审查；最后，讲师资格以增选为主，无退出机制。

三级：资格管理。明确讲师资格获得的条件与制度依据；一般要求自主开发至少一门与公司业务相关的课程，其课件规范性与完整性合乎课程管理标准；同时，要求对课件开发进行审核并试讲，对于没有完成课时量、授课效果差等不合乎要求与规范的讲师进行调整管理。此阶段的讲师资格管理实现了增选与退出的双向流动机制。

四级：动态管理。讲师资格是部分岗位任职资格的一部分，对于内部新进讲师均列为初级，一旦讲师数量实现了量级突破（一般在 30 人以上），就依据规范，定期对讲师资格进行审查，并依据规范对讲师资格进行升降级或调整出库。在企业内对讲师资格进行分级分类动态管理，讲师资格库依据专业模块进行结构化分类管理，在企业内部有能力实现初中级讲师资格培养与认证。

五级：配置管理。讲师资格管理机制是公司人才管理体系的一部分，同时，讲师资格也是公司整体能力拼图的一个板块，讲师资源配置管理需要依据学习地图的资源配置需要进行动态管理。

三、授课管理

授课管理也是企业讲师体系中的一个模块，一般分级完善授课管理的标准，每个层级体现不同的授课管理程度和要求。一级授课管理强调传授知识，二级重视传授技能，三级在传授知识与技能的基础上以改善学员态度为重点，四级以提升学员绩效为目标。

一级：传授知识。讲师价值的实质体现就是传授经验与知识，讲师以工作任务和问题为导向，通过完成工作任务、解决工作问题对过程中所需的原理性知识、专业技能积累的专业知识进行总结和提炼，并以授课的方式呈现出来。

二级：传授技能。以岗位胜任为培养目标，将岗位所需要的技能知识分解，拟定目标计划将技能型知识进行分类分级传授，通过师徒式辅导与传承，着眼于工作能力储备与提升。

三级：改善学员态度。此阶段需要公司资深的高层管理者为学员授课，以此增强学员对公司的认同感与归属感，激发学员自主与自发学习的能力，培养工作与学习的积极性与创造性，引导学员正向思考，激发学员主动学习的积极性，改变学员态度，从而提升学员绩效。

四级：提升学员绩效。以绩效目标提升为导向，不拘形式、时间与地点，采取混合式学习方式，推进学员以快速、高效、标准化的方式掌握相关的知识与技能，转变认知，提升员工绩效。

四、讲师能力建设

通过兴趣引导、制度与规范建立、讲师任职资格管理、讲师职业发展规划和战略匹配等维度，根据企业发展阶段以及对讲师的能力需求，分为五级来构建讲师能力标准。

一级：兴趣主导。讲师能力来源于自主培养，能力培养基于讲师的兴趣或无意识的知识积累；公司整体授课能力建设主要通过外部引进来弥补内部能力不足的问题。此阶段对讲师的能力要求主要是授课。

二级：门槛设定。首先，公司制订讲师管理办法，规定内外部讲师资格、行为规范、考核与激励等；通过制度与规范引导内部讲师自主培养公司发展所需要的能力。其次，通过与外部讲师进行沟通交流、成果分享或外部培训等方式，推进内部讲师能力建设并逐步提升。再次，规定讲师需提供PPT、学员手册及试卷等，调查学员对讲师的授课满意度，并以此作为评价、考核与激励的依据。此阶段对讲师的能力要求主要是授课和拟定学员行为改善计划。

三级：资格管理。在制度与规范的约束与指引下，讲师管理单位通过课程开发训练、授课技巧培训等方式，规范训练与培养，使所有讲师基本满足讲师资格要求。此阶段对讲师的能力要求主要是授课、行为改善计划、课程评估。

四级：路径管理。通过构建讲师进阶路径与各阶段资格标准，构建讲师进阶成长路径图，明确各阶段的资源获取要求与标准依据，引导内部讲师充分利用公司资源，在公司的帮助下实现能力的提升。此阶段对讲师的能力要求主要是授课、行为改善、课程评估、课程标准化开发。

五级：匹配战略。以能力拼图为导向，以学习地图为依托，引导讲师将自身成长路径与公司学习地图相结合，将能力培养变成讲师自主自发行为。此阶段对讲师的能力要求主要是授课、行为改善、课程评估、课程标准化开发、指导课程开发。

五、考核与激励

企业应该对企业讲师分级进行考核评价（表5-1），考核以定性考核和定量考核相结合的方式进行。定性考核主要是评价企业讲师的课程是否符合企业发展规划、紧贴公司业务需要。定量评价主要从培训课时、培训效果、评课次数等分级对企业讲师进行量化评分。

表5-1 企业讲师分级考核评价表

维度	一级	二级	三级	四级	五级
培训课时	年授课时长≥2小时	年授课时长≥5小时	年授课时长≥8小时	年授课时长≥12小时	年授课时长≥15小时
培训效果	≥80分	≥85分	≥90分	≥95分	≥95分
评课次数	≥1次	≥2次	≥3次	≥4次	≥5次

此外，企业应对讲师进行有针对性的考核和分级激励。

一级：负向约束。此阶段对讲师的授课无考核，授课是业务之外的专业奉献，初始级讲师被动接受授课任务，其行为可能影响现有工资、奖金、绩效等，因此，对讲师的主体行为以负激励为主。如公司规定有授课报酬，而授课报酬应该低于其工资，讲师授课热情与积极性由自身禀赋支配。

二级：物质激励。此阶段根据讲师的授课数量来决定讲师的能力与水平。讲师的行为回报与物质挂钩，参与专业课程开发和授课的讲师，都可能获得相应标准的物质回报，公司根据最终课程评审的质量和新员工的评价给予一次性奖励500～1000元；小时课酬标准一般是基本工资收入的2倍以上，按照80元/时或100元/时的标准发放课时费，讲师的积极性与主动性受物质激励会有所提升。

三级：双轨激励。此阶段根据讲师的授课质量和学员评价对讲师进行考核，学员的评价应聚焦于培训目标是否实现、讲师能力是否提升等方面。此阶段授课讲师的权责相对均衡，激励方式从以物质为主转向以物质与精神激励并重，鼓励各类尊师重教的仪式与活动定期在公司开展。在公司引导与讲师个人主动性提升的双向推动下，此阶段讲师的主动性较高。

四级：精神激励。此阶段根据讲师的授课质量、授课效果、课程目标达成状况对讲师进行考核。讲师的主动性可能受使命感、荣誉、个人成长、精神需求、物质激励、学员需求等多重因素主导，物质激励作用减弱。因此，通过分类分级与动态调整的制度压力可以激发讲师的主动性与积极性，此阶段讲师的任职资格、个人成长需要因素成为主导性激励因素。

五级：使命激励。此阶段对标讲师能力建设，进行岗位胜任力与进阶的专项评估。讲师的主动性主要基于职业的使命感、荣誉、个人成长、精神需求等多重因素，此阶段讲师的个人成长与公司未来发展挂钩，培养能胜任工作岗位的复合型学员与授课变成讲师实现自我价值的使命，此时，讲师自身的价值、重要性与成就感可能激发其主动性与积极性。

六、授课效果管理

在企业讲师开展完课程培训后，一方面及时组织参训员工对培训进行效果评估（见附录2：课程效果评估表），人力资源部门及时对培训效果评估表进行整理和统计，并向企业讲师反馈意见，帮助企业讲师完善课程体系，提升培训效果。同时，依据对企业讲师分级管理的思路，分级对企业讲师授课效果进行管理。

一级：自主管理。初始级对授课效果不管理，此阶段的授课效果主要依赖于讲师的责任心、专业知识、专业能力以及禀赋性授课能力。

二级：现场主导。首先，评估学员对课程效果的主观认知与反应，根据学员的反馈推动讲师提升授课水平；其次，通过学员主观的、单向的授课效果评价来决定讲师的报酬；最后，在引进前对外部讲师进行综合考察与评估。

三级：规范保障。首先，通过对课件设计管理、授课过程管理、双向互动、主观评价、知识检测或行动改善计划等来保障教学效果；其次，通过动态管理与荣誉感激励讲师提升授课的主动性与积极性；最后，外部讲师的授课效果管理遵从内部讲师授课管理规范。

四级：聚焦目标。首先，通过学员课程培养目标与任务设计模式来提升教学效果，以培养目标为导向、以任务实现作为依托、以知识线和技能线并举为辅促成教学效果改善；其次，课程设计遵循"721"原则；最后，授课效果评价聚集于学员培养目的与课程任务目标达成状况。

五级：成长管理。首先，学员培养的目标与任务来源于成长路径图，效果管理聚焦于实现学员培养目标；其次，课程设计因人与岗位而异；最后，学员自主选择学习方式与课程，与讲师共同达成授课目标，培养学员学习的主动性和积极性。

七、能力评价

针对企业讲师影响能力、表现能力、掌控能力等多维度,在讲师内部组织互评,帮助企业讲师提升基本能力(见附录3:企业讲师教学工作互评表)。其次,依据分级管理的思路,分级对企业讲师进行能力差异评价。

一级:授课主导。能够讲授课程知识,将胜任工作岗位的技能知识传授给学员,关注学员现场反应以及运用传授的知识解决工作实际问题的能力。按照公司对学员的培养目标,逐级逐类分解进行传授。

二级:关注绩效。在一级的基础上,将实际授课情况与授课任务、授课效果、授课目标进行对照,进行反馈与总结,并且引导学员在一级授课基础上编制绩效改善计划,同时推进计划落实。

三级:关注效果。在二级的基础上,关注课程目的的精准性、内容结构的合理性、授课方式的有效性以及授课效果的成效性提升。

四级:课程开发。在三级基础上,能够胜任课程的标准化,注重课程的可继承性。讲师系统性地研究自己的知识领域,提炼自己的工作经验,并建立起可动态更新的知识系统,将其开发为专业的课程体系。

五级:提炼方法。在四级基础上能够总结提炼课程的开发技术与方法,并且根据课程开发的针对性与适用性原则、系统性与逻辑性原则、目标明确、重点突出、素材丰富、内容精炼、表达准确等原则,指导其他讲师进行课程标准化开发。

八、讲师体系建设规划

在讲师体系建设的过程中,大多企业存在以下问题:在讲师资格管理方面,主要依据行政命令被动执行,无相应的讲师资格管理;在制度规范方面,虽然制订了讲师管理办法,但执行情况有待提升;在授课规范方面,主要以提供PPT与试卷为主,缺乏知识手册或标准化工具开发;在授课评价方面,对讲师的授课评价较少,主要聚焦于学员的满意度;在讲师考核方面,存在制度缺失,没有及时给予有针对性的激励;部分企业尚未建立讲师库,并且讲师能力主要依靠自主培养,讲师对自身能力的培养基于兴趣,导致企业讲师能力参差不齐等。

为此,针对企业面临讲师体系建设的问题(见附录4:导师体系模型),应当有针对性地制定讲师体系建设的近期目标和远期目标。

（一）讲师模块建设近期目标（一年）

制度管理：优化并推进公司讲师管理办法。

讲师资格：通过自主开发课件、课件审核、试讲等环节认证获得，并建立内部讲师增选与退出机制。

讲师激励：将讲师资格列入"人才工程"等员工职业培养的基本任职资格体系。

能力培养：通过课程开发训练、授课技巧等规范训练与培养，使所有讲师能基本满足讲师资格要求。

激励方式：从以物质为主转向以物质与精神激励并重，各类尊师重教的仪式与活动按计划开展。

…… ……

（二）讲师模块建设远期目标（三年）

能力建设：是人才经营、核心竞争力能力拼图的一部分。

讲师资格：将是部分岗位基本要求，同时实现资格分级与动态管理。

资格库管理：依据专业模块进行结构化分类管理。

能力培养：构建讲师成长路径图，实现初中级讲师资格培养与认证。

讲师激励：构建基于个人成长因素主导、物质作用退化成保健因素的激励体系。

讲师考核：通过分类分级管理、定期评审、动态考核与及时调整的考核制度激发其主动性。

课程设计：聚焦于培养目标与任务，并遵循"721"原则。

效果评价：聚焦于目的与任务目标达成状况。

…… ……

附录1：企业讲师申报表

企业讲师申报表（示例）

姓　名		单　位	
岗　位		职称/职业资格等级	
参加工作时间		学历	
毕业院校		所学专业	
出生年月		联系电话	
是否参加过内训师专业培训		是□　　　　　否□	
是否有授课的经验		部门内□　公司内□　公司外□　否□	
申请方式		推荐□　　　　自荐□	
主要授课方向	课　程　名　称		适合的培训对象
个人自荐	签名： 年　　月　　日		
单位推荐意见 （自荐不填本栏）	负责人： 年　　月　　日		

附录2：课程效果评估表

课程效果评估表（示例）

1. 您对本次培训的总体满意度？（   ）（百分制）
2. 您是以哪种方式知晓本次培训信息？（可多选）
   □电话　　　　□短信　　　　□公众号　　　　□课程邮件
   □公司通知　　□QQ/微信群　□其他
3. 课程内容及学习效果评价（矩阵单选题）

评价项目	很不满意	不满意	一般	满意	很满意
课程框架清晰合理、层次分明	○	○	○	○	○
课程内容有理论基础、有工具方法	○	○	○	○	○
课程案例丰富、生动、贴切	○	○	○	○	○
讲师的知识底蕴和实战经验	○	○	○	○	○
讲师的授课表达、气氛调动、进度控制能力	○	○	○	○	○
培训的通知、接待、主持、讲义、流程等	○	○	○	○	○
培训场地和培训设施	○	○	○	○	○

4. 在本次学习中，您最大的收获是什么？有什么建议？（简答题）

_____

_____

_____

附录3：企业讲师教学工作互评表

企业讲师教学工作互评表（示例）

讲师姓名			所在部门	
课程名称			评价时间	
评价项目	评价项目及内涵			评价结果及建议
回应能力	维护自尊：维护参与者和反馈人员的自尊			
	同理回应：积极倾听，不打断学员，保持视线接触			
	鼓励参与：引导学员积极参与课堂			
	确认相互理解：询问学员是否还有疑问			
	提出程序建议：为学员提供程序建议，确保学习进度			
影响能力	运用例子与类比：分享自身经历或寻求学员分享，引起共鸣，或使用类比使复杂的概念通俗化			
	突出目标、重要性和关键内容：通过课程设计、现场强调或其他方式突出课程要点			
表现能力	备课充分，表现从容：设计合理，熟知课件内容			
	声音洪亮，精力充沛：明细、感动、抑扬顿挫、热情饱满			
	根据观众调整方式：根据学员对课件或授课方式做出适当调整			
	展现对话题的热情：对课程充满兴趣			
	有效利用视听工具（白板、挂图、录像）：对课程内容的强调或对学员的认可			
掌控能力	提供活动指引：举例、类比或分组讨论对学员提供指引			
	管理时间：合理安排课程各阶段的时间			
	干预技巧：维护学员自尊、理解学员、寻求学员配合等手法的使用			
其他建议				
综合评价				
评课人单位			评课人签字	

附录4：导师体系模型

导师体系模型（示例）

编号	类别	一级	二级	三级	四级	五级
1	能力培养	自主培养	合规培养	资格认证	进阶培养	
2	意愿管理	兴趣主导	被动接受	荣誉支配	主动自发	
3	过程管理	自主约束	路径约束	规范约束	目标约束	
4	讲师配置	随机配置	专业主导	发展主导	任务主导	
5	目标管理	目标缺失	目标模糊	目标清晰	目标系统	
6	考核视角	考核缺失	知识考核	技能考核	目标考核	绩效考核
7	考核对象	对象缺失	应届生	导师	目标/任务	产出绩效
8	激励体系	负激励	无激励	物质激励	精神激励	发展激励
9	导师资格	随机指定	合规考核	资格认证	进阶认证	能力盘点
10	能力考核	考核缺失	合规考核	进阶考核	能力盘点	
11	专业导师	知识讲授	技能训练	实战辅导	风险控制	
12	生活导师	物理环境	制度流程	企业文化	正面思考	
13	导师手册	任务手册	考核手册	导引手册	操作手册	

第六章　导师体系

汉语中的"导师"一词源于佛教，是对众生修炼成道的导引者的通称。后来，导师一词引申出两层含义，一是指为学生提供学术或知识指导、训练、忠告和帮助的指导者，二是对社会政治、思想活动的领袖人物的尊称，如革命导师。作为人才培养方法的导师制与高等教育有关，一般用于硕士生和博士生的培养。企业中的导师制是在学徒制的基础上借鉴学校中的导师制用于员工岗位培训的开发方法。

现代导师制已经成为西方企业十分重视的员工培训开发工具，是在企业智力层面构建的一种良好的工作学习氛围和机制，是一种依靠企业内部人才资源，快速形成适合企业发展的人才培养机制。因此我们认为，企业导师制是指在企业中通过富有管理经验的、具有较高的专业知识和技能的资深管理者或技术专家为帮助新员工尽快实现从"组织外的人"到"组织内的人"的社会化转变，进行岗位知识、技能和职业生涯发展等方面的传授、指导、关心和帮助的一种活动安排和管理制度。与中国古代对老师的职能认识十分一致，即"传道、授业、解惑"。企业导师制已经逐渐发展成为企业人力资源开发的重要方法，被组织广泛应用，成为吸引、留住、发展高绩效者的有效工具。

一、导师的价值

应届毕业生初入企业都需要一个较长的学习过程才能真正成为可以创造价值的人才，而单纯的课堂教育效果并不理想，一些优秀企业通过实践探索，找到了加速应届毕业生成长的有效方法，为他们配备一对一的导师就是其中最为有效的方法之一，好的导师不仅能够有计划、有步骤、手把手地辅导他们掌握岗位知识与技能，也能以身作则指引新人理解与传承企业文化，提高职业素养，提升个人与组织绩效。

（一）对企业的价值

加速新人适应环境、胜任工作、创造价值的过程。
建设团结互助、和谐发展的企业文化。
后备人才培养与保留优秀人才。

(二) 对应届毕业生的帮助

适应工作环境，认识工作伙伴。
掌握工作方法，提高工作技能。
及时答疑解惑，缓解心理压力。
更好地处理人际关系，加强自我认知。

(三) 对导师自身的意义

学会为人师表的方法，得到尊敬和认可。
锻炼个人领导/辅导能力与沟通技巧。
对自己工作的系统整理和检讨，提升认知能力。
带岗激励机制（绩效、奖励与晋升的参考依据）。
帮助本身就是一种快乐。

70%的人力资源专业人士认为，辅导比传统的人才发展方法作用更大。辅导的回报是其他培训和发展投入资源回报的6倍。调查结果显示，导师文化带来53%的生产率、48%的生产质量及48%的企业优势提升。

二、新入职应届毕业生的心理分析

面对陌生的面孔、陌生的环境、陌生的制度、陌生的工作，新入职的应届毕业生内心或许会充满这些疑虑：
这东西该怎么用？
他们会接纳我吗？
经理是什么样的人？
这么做对不对？
公司对我的具体期望是什么？
我可以胜任岗位，并独立判断和创造价值吗？
我能在这里学到东西，不断发展，并迎接新的挑战吗？
…… ……
面对生存环境、生活压力和生活节奏等诸多变化，多数职场新人可能会出现的问题：
学校所学知识与工作难以对接，面对工作不知所措；
得不到有效的指导，工作中不断受挫，承受挫折的能力又普遍较弱；
面对简单粗暴的上司，表面服从，背后抱怨；

没有人告诉他们发展的路径，看不到岗位发展前景；

消极应付或退缩，打退堂鼓。

…… ……

应届毕业生初入职场后通常经历兴奋期、震惊期、调整期和稳定期（图6-1），当他们所面对的疑虑和问题得不到及时解决，心理压力变大，时间一长形成严重的焦虑、抑郁，产生自卑、排他、失落，甚至产生逆反情绪，于是容易导致其离职跳槽或是消极应付工作，在彷徨中度日如年。

兴奋期	震惊期	调整期	稳定期
"我要有个新的开始！"	"怎么会有这么多的问题？"	公司对员工的关注程度决定了员工的去留和后来的发展	积极？一般？还是消极？

图6-1　应届毕业生职场心理发展图

三、导师工作重点和目标

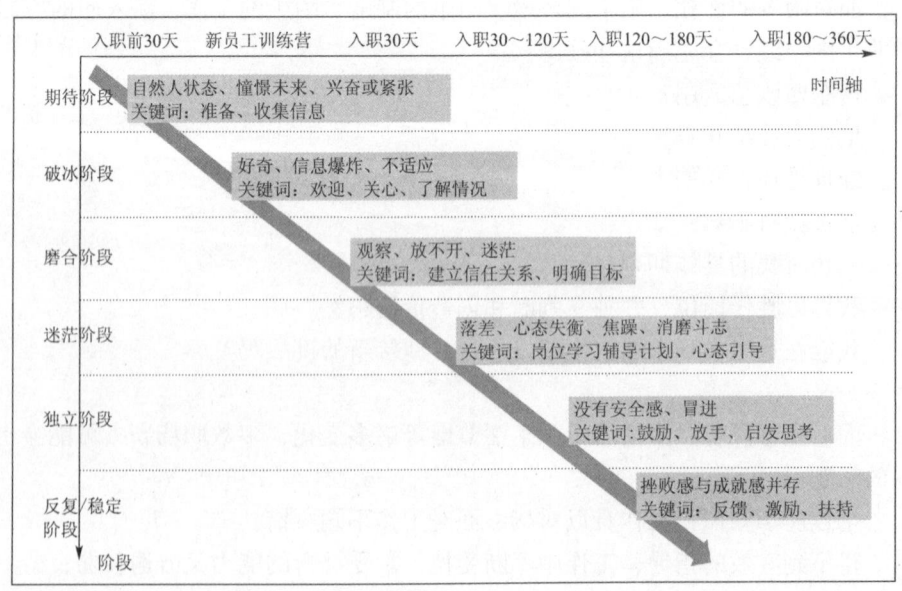

图6-2　应届毕业生培养阶段图

为初入职场的应届毕业生配备经过训练的个人导师,制定符合其培养阶段(图6-2)的培养计划,可以有效地起到以下作用:

帮助毕业生尽快熟悉并适应工作环境;

帮助职场新人调整心态,指引正确的职业行为,加快其适应从学生到职业人的转变;

以身作则解释和传播企业文化,引导毕业生尽快融入公司文化与工作团队,增强毕业生的归属感和凝聚力;

传授知识、经验与技能,帮助毕业生尽快提高工作能力,满足胜任岗位要求;

指导职场新人进行职业生涯规划,明晰其在企业的发展路径与要求,并主动学习;

帮助毕业生了解并执行公司的各项规章制度;

更好地锻炼业务骨干,发挥老员工传帮带的作用,增强团队融合。

四、导师的角色

(一) 导师的角色分析

导师的角色概括地讲是为新员工提供职业发展的帮助和指导,角色包括:
教师、教练和辅导员;
榜样;
能力与潜质的开发者;
值得员工信赖的保护人;
技术带头人、提携者;
提供机会和纠正错误者;
思想引导者。

导师是:

镜子:导师是一面平面镜,反映真相,真实反映应届毕业生的心态、行为和当下的状态。

指南针:清晰地指示应届毕业生发展的方向以及所处的位置,促使应届毕业生正向思考,找到目标和方向,产生行动力,激发迎接挑战的动机。

催化剂:树立目标和信心,激发潜能,使其看到更多的方法、更多的资源、更多的可能性和更多的选择,提升其个人和组织的表现,加速其发展。促使应届毕业生立即采取行动,激发意愿,提高行动力,挑战做到更好。

钥匙：打开束缚潜能的枷锁——存于心、阻于行的困惑，帮助被辅导者降低内在干扰，包括对失败的恐惧，对变化的抗拒，对压力的感受等，促进应届毕业生向内挖掘潜能，实现自我突破和成长。

导师不是：

导师不是讲师；

导师不是心理治疗或咨询师；

导师不是顾问，不直接提供答案或解决方案，而是引导对方找出答案。

（二）导师的职责

传道：以言传身教辅导新员工理解和践行企业文化、职业规范、敬业与专业精神，及时反馈与纠正不当行为，引导新员工以积极的心态面对挑战与困难，适应变化，融入团队，成为合格的×××人。

授业：制定目标与计划向新员工传授知识、技术、经验、技能、工作流程和规范，引导新员工学习掌握岗位绩效要求，规范做事，完成岗位培训任务，胜任岗位要求。

解惑：解答疑问，提供帮助，关注新员工心理健康与心态变化，启发和激励他们积极面对挑战与困难，引导他们解决工作生活中出现的问题，带领他们走出困惑，加快适应新的工作与生活节奏。

发展：关注新员工的发展，因材施教，指引方向与路径，辅导新员工结合企业发展制定个人发展规划，帮助新员工成长与发展。

关怀：以真诚的爱和关怀帮助新员工适应新环境、新工作，融入新团队，给他们营造适宜的工作和发展环境。

（三）生活导师与工作导师的区别

生活导师一般称为带岗人，他并不是职业导师、经理或企业教练，而工作导师一般为辅导其实现岗位胜任的导师。

生活导师（即带岗人）在很多情况下并不是新员工的经理或主管。带岗人并不负责评估新员工的绩效。如果出现有关绩效、纪律或政策方面的问题，带岗人可给出有关问题处理的意见或建议，但带岗人并不负责解决问题。对于相关问题的解决，新员工必须请示经理或主管。带岗人不负责个人的成长或发展，同时也并不承担该责任。带岗人的评估依据，并不是新员工在三个月培训期内的发展状况。尽管带岗人所担任的角色涉及一些简单的工作问题或程序的解释，但带岗人所做的工作并不能代替正式培训或绩效评估流程。

工作导师是企业中富有管理经验的、具有较高专业知识和技能的资深管理者或技术专家,他们主要为新员工进行岗位知识、技能和职业生涯发展等方面的传授、指导、关心和帮助。一般公司并没有要求带岗人担任新员工的导师,带岗人不负责个人的成长或发展,同时也并不承担该责任。

(四)导师与师傅的区别

导师和师傅都对应届毕业生进行专业与心理指导,指导方式可能是授课、讲解、示范、指导、答疑等,但导师与师傅仍有区别。在指导周期上,针对师傅,有"一日为师,终身为父",而导师则根据需要进行阶段性安排;在专业指导上,师傅往往根据自身经验指导,而导师则根据专业任务进行指导;在心理辅导方面,师傅的引导更偏向喜好与秉性,一般无强制要求,而专业导师可能与心理导师不同,依据毕业生各阶段特征进行指导,辅导行为以需求为导向;在激励与考核方面,对师傅无考核或零星考核,激励以物质为主,而对导师则要依据辅导计划或任务进行考核;在晋升或评级上,对师傅极少进行评级,一般不与职业发展挂钩,而导师的评级一般与职业发展挂钩,可进行评级管理。

五、建立完善的导师模块

从导师管理制度、导师的选择、导师的培养、绩效管理、导师的激励等维度,分级(建议分五级)建立企业完善的导师模块。

(一)导师管理制度

一级:没有制订相关的制度与流程进行约束。
二级:有简单的导师管理办法,规定了导师的指定方式、工作任务与绩效要求等。
三级:有正式的导师管理办法,规定了导师资格、能力要求、选择原则、行为规范、考核与激励等。
四级:有完善的导师选拔、赋能、资质认证、绩效管理、等级评估与发展激励等管理制度。
五级:有完善的管理制度与工作流程,并提供工作指导手册、便捷的导师工具箱等,促使导师工作更高效、规范。

(二)导师的选择

一级:导师由上级随意指定。

二级：导师由人力资源部与部门负责人商议确定。

三级：订立了一定的规则与流程进行导师选择。

四级：安排符合资格的导师与被辅导者预先沟通，相互了解并进行双向选择。

五级：建立导师库，通过信息平台公告发布可选择的导师资源与档期，实现更方便、自助式、跨地区的双向选择。

（三）导师的培养

一级：导师没有相关培训或资质审核，辅导的效果因人而异。

二级：导师上岗前有基本的培训，向导师说明任务，提升导师辅导的方向性与目的性。

三级：通过科学系统地训练与资质审核，使每一位导师能够胜任导师的职责。

四级：对导师进行能力评级，并提供进阶训练精进导师的能力。

五级：为导师提供各种有效的学习资源，强化导师自主学习的能力与动力，打造学习型导师团队。

（四）绩效管理

一级：给导师指派了任务，但没有对结果进行考核。

二级：导师辅导的过程没有管理，只在结束时做简单的考核。

三级：导师辅导有明确的目标、计划与绩效标准，并对辅导结果进行考核。

四级：对导师辅导的整个过程与产出进行监督管理，及时发现问题并解决问题。

五级：有详细的导师工作手册指引，规范导师的行为与绩效产出，实施180°绩效评价并及时反馈评价结果。

（五）导师的激励

一级：没有相关激励，导师被动接受任务，没有工作积极性。

二级：导师工作有少量的物质回报，但做好做坏都一样，导师工作积极性来源于自身禀赋。

三级：根据绩效对导师进行物质与精神方面的表彰或奖励。

四级：对绩效好的导师给予物质与精神上的奖励，并将导师绩效与个人发展挂钩。

五级：根据绩效结果，对绩效好的导师给予更多的发展机会，并提供个性化的激励，导师成为员工主动争取的热门工作。

企业往往在建立应届毕业生模块中常常出现一些问题，比如订立了规则与流程来选择导师但实施效果有待改善；同导师签订了"责任书"，但对结果缺少追踪；没有制度或流程来约束导师行为；导师仅有少量的物质回报，有可能起到负面作用；激励与考核不足，导师工作积极性有待提升等。因此，应结合现状进行分析，制定企业应届毕业生导师模块的完善目标。

1. 应届毕业生导师模块建设近期目标（一年）

编制并推行导师管理办法；

依据导师资格要求筛选合格的导师；

对导师进行合规训练，使每位导师能基本胜任工作；

导师配置合理并实现双向选择；

导师辅导工作依据工作手册开展；

导师行为纳入绩效考核；

通过仪式与活动丰富导师激励方式，提升导师的积极性。

2. 应届毕业生导师模块建设远期目标（三年）

导师管理制度健全完善；

导师依据工作指引手册、导师工具箱开展工作，导师的行为与绩效产出有相关规范保障；

建立动态、开放式的导师库；

导师配置实现自主与双向选择；

实现导师能力分级分类管理，并提供进阶训练；

导师行为绩效的反馈与成长发展挂钩。

六、导师选择

导师制已日益成为企业人才培育体系中的一部分，越来越多的企业已逐步建立导师制度和文化，不仅仅针对应届毕业生。有调查显示，导师辅导是加速人才培养最为有效的方法之一，无论是被辅导人员还是导师本身，都在辅导的过程中成长，对知识与经验的传承、人才发展、企业文化的传承都起到了积极的作用，由人力资源部组织制定相关规则，进行导师的学习认证、师徒匹配与评估激励。

(一) 导师选择的条件

应届毕业生的导师通常为具备导师资格的业务骨干、储备干部和直接主管；原则上一位导师同期内只能带 1 或 2 名学生。毕业生在实习期由实习接收部门指定导师人选，正式入职的应届毕业生的导师由其所在的部门经理推荐或指定，由人力资源部审核并发出正式聘任书，被推荐人选需具备以下条件：

在公司工作一年以上，对组织与环境有充分的理解；

经过导师培训与认证，具备导师资格；

深刻理解和认同企业文化，并以身作则；

为人正直、公正、热情，责任心强，有良好的工作绩效、敬业精神和积极的行为榜样；

业务骨干，精通新员工岗位专业知识与技能，熟悉新员工岗位职责与绩效要求，有能力对应届毕业生进行业务指导；

具有管理意识，有较强的计划、组织、沟通、协调和激励辅导能力，能制定合理的学习计划、安排相应的岗位学习与实践任务，能有计划有步骤地帮助新员工实现胜任岗位工作要求；

具备较好的沟通和人际交往技巧；

善于激励与引导；

有时间并愿意担任"岗位导师"。

(二) 导师选择的误区

误区一：为加速应届毕业生成长，应选最优秀的人做导师。

误区二：最好只选一个导师，避免多头管理。

误区三：导师就是师傅，一日为师，终身为父。

误区四：为增进友谊，导师最好是一选定终身。

误区五：导师评价应主要关注应届毕业生的培养成效。

七、导师与学员配对

(一) 配对方法

导师与学员配对的方法大致分为强制配对、学员选择导师和导师选择学员。

强制配对：配对是指定的，学员无法选择导师。

学员选择导师：学员可以自由选择与导师接触，配对取决于导师的态度。

导师选择学员：经过测试，导师根据一定标准选择自己满意的学员。

在应届毕业生培养过程中，为了让导师与新员工更有效地进行互动，一般针对应届毕业生的培养，导师的选取应遵循如下基本原则。

标配原则：能力刚好能够指导新员工即可。

培养原则：能让导师自己得到成长。

自愿原则：自己主动，乐于带人，而非行政命令指派。

正向原则：为人能够正向思考，防止传播负面情绪。

有闲原则：不经常出差，有时间指导新员工。

阶段性导师配置原则：模拟阶段、实战阶段与独立工作阶段，对导师资历的要求逐步提升；除博士生外，不建议副总师直接带新员工。

（二）配对标准

配对最重要的标准是哪位导师可以在实现发展目标上给予应届毕业生更多的帮助，而将有相同个性、兴趣和背景的人放在一起，增加关系和谐、相互进步的概率，一般常见的配对标准如下。

能力：导师必须拥有学员需要的能力。

倾向：尽量满足有倾向的学员和导师配对。

层级：导师必须比学员高出一个级别。

背景和兴趣：导师和学员之间有共同点。

个性和沟通方式：表现出共同点，避免极端差异出现。

（三）导师和学员需要的能力

导师和学员都需要特定的技巧来开始师徒关系，一般需要通过正式的技能训练使得他们对扮演导师和学员的角色做出一定的准备。

导师需要的能力	学员需要的能力
关系	确定目标和现状
信息	认识导师
积极主动	快速学习
直率认真	表现主动
导师模范	主动倾听
愿景	建立信任

（四）导师与学员的期望

1. 导师对学员的期望

接受这个暂时性的关系；

对学习承担积极的责任；

征求意见和建议；

听取导师意见并且采纳，告知导师结果；

遵守承诺；

彼此保密；

遵守协商好的时间表，随时评估任务、工作完成情况。

2. 学员对导师的期望

定期会面，电话、面对面或线上联系；

在工作和生活方面提供新观点；

对学员的行动和职业发展问题给予指导和忠告；

彼此间保密；

遵守承诺；

解决彼此间的冲突；

给出真诚、公正并具有策略性的反馈。

八、导师辅导基本步骤——5A 模型

导师制的实施需要人力资源部门向每个导师明确其职责，确认基本辅导步骤（图6-3），这样可以提高辅导的有效性。

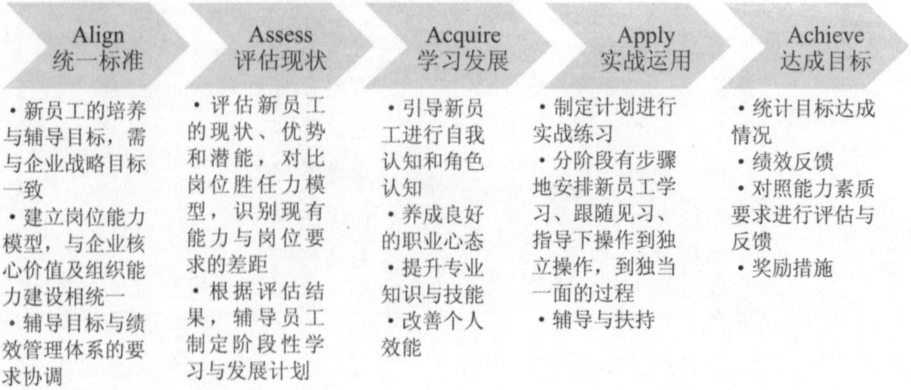

Align 统一标准	Assess 评估现状	Acquire 学习发展	Apply 实战运用	Achieve 达成目标
·新员工的培养与辅导目标，需与企业战略目标一致 ·建立岗位能力模型，与企业核心价值及组织能力建设相统一 ·辅导目标与绩效管理体系的要求协调	·评估新员工的现状、优势和潜能，对比岗位胜任力模型，识别现有能力与岗位要求的差距 ·根据评估结果，辅导员工制定阶段性学习与发展计划	·引导新员工进行自我认知和角色认知 ·养成良好的职业心态 ·提升专业知识与技能 ·改善个人效能	·制定计划进行实战练习 ·分阶段有步骤地安排新员工学习、跟随见习、指导下操作到独立操作，到独当一面的过程 ·辅导与扶持	·统计目标达成情况 ·绩效反馈 ·对照能力素质要求进行评估与反馈 ·奖励措施

图6-3 导师辅导5A模型

九、导师各阶段工作指引/任务检查清单（以 3 个月试用期为例）

（一）到岗前

收集学生资料，深入了解学生的情况，包括教育程度、校园工作经验，所受专业训练、面试与实习期评估及测评结果报告等（招聘筛选时没有做测评的，建议补充潜能、动机、性格与价值观方面的在线测评，可以由人力资源部发给学生测试链接，在学生入职前取得测试报告。这样做将有效地帮助管理人员和导师在短时间内加深对其的了解，基于深入了解的情况进行辅导，将大大提高辅导与发展规划的效率和效果）；

接到人力资源部的新人入职信息后提前做辅导计划；

准备学习资料。

如果本人是新员工的直接上司，需检查落实新员工工作场所的准备情况，以免新员工到岗后再匆匆忙忙准备，会使其产生不受重视和不被尊重的感觉。

（二）第 1 天

安排时间与新员工见面，表示欢迎，将自己介绍给新员工，了解新员工的情况，并告知自己的联系方式；

关心询问新员工工作与生活是否安排妥当；

沟通导师计划与目标，建立良好的师友关系。

（三）第 1 周（如果企业安排集中入职培训，从培训结束后进入业务部门开始）

介绍公司总体情况、发展蓝图与战略规划；

介绍组织架构、本部门人员结构及工作角色、主管领导、各部门职能及各部门负责人；

解释岗位职责、胜任力要求与绩效评估标准；

沟通试用期间整体安排与试用期的考核标准；

沟通制定具体的学习目标与计划；

至少与新员工共进一次午餐，关心询问新员工工作及生活状况，鼓励开放的双向沟通，了解新员工的感受，获得新员工的反馈；

与新员工进行周总结，及时发现并解决问题。

（四）第 2～3 周

介绍工作主要相关人员；
按计划辅导新员工学习岗位知识与技能，完成阶段性学习目标；
辅导新员工理解并践行企业文化与职业规范，及时纠正不当行为；
及时为新员工答疑解惑，关心其工作与生活，帮助其有效清除障碍和困扰；
每周末进行总结，给新员工认可与反馈，并获得新员工的反馈。

（五）第 4～8 周

持续辅导新员工掌握岗位知识、技能与操作规范；
定期与新员工讨论工作情况和心理感受，关注新员工的心态变化，引导发展员工积极心态；
及时为新员工答疑解惑，帮助其排除障碍和困惑；
介绍公司学习与发展路径，制定职业生涯规划辅导计划；
月末进行总结，给新员工认可与反馈，并获得新员工的反馈。

（六）第 9～12 周/第 3 个月

关注新员工的绩效表现与心态变化，发现偏离及时进行辅导干预；
定期检查新员工对工作职责、操作规范与期望绩效的掌握情况；
试用期结束前一周对新人进行考核与评估，反馈评估结果；
与人力资源部人才发展与职业生涯规划顾问沟通与合作（建议人力资源部增设专人协助测评并提供职业规划与咨询服务），收集相关反馈，结合测评结果，对学员进行全面评估，完成试用期考核，辅导考核通过的新员工进行职业生涯规划与个人发展计划的制定；
对于试用期考核不合格者，与人力资源部商议采取延长试用期、转岗或终止聘用等处理方案；
根据工作指引检查导师责任履行情况，修补遗漏事项。

十、导师胜任力评估、系统学习与发展

（一）导师胜任力模型（图 6-4）

职业偏好：对于导师的角色有强烈的认同感，真正喜欢和享受这个职业；

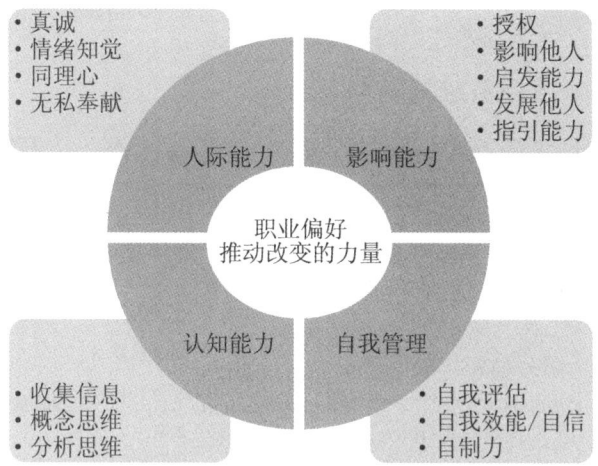

图 6-4 导师胜任力模型图

推动改变的力量：激励对方取得进步和发展并帮助他们创造业绩的动力；

真诚：能够轻松、坦诚地与他人相处；

情绪知觉：了解自己和他人情绪及其影响他人的能力；

同理心：准确定位和认知他人情绪及其意义的能力；

无私奉献：给他人正面积极的期望，以无私的方式与他人建立和保持良好关系的能力；

授权：给予信任与自主空间，培养他人的独立能力；

影响他人：能够影响他人向好的结果前进的动力与能力；

启发能力：启发他人思考和行动的能力和动力；

发展他人：促进他人长期发展的能力和动力；

指引能力：能给他人清晰的指导或指引他们履行责任的能力；

收集信息：找到对辅导干预有帮助的相关信息的能力；

概念思维：看清模式及数据、信息和情境间的联系的思维能力；

分析思维：有逻辑思维和找出因果关系的能力；

自我评估：准确评估自己内在的资源，能力和局限性；

自我效能/自信：相信自己拥有处理人际关系和各种状况的能力；

自制力：克制冲动，控制自己行为的能力。

（二）导师的胜任力评估（专业的测评工具）

导师自评；

他人反馈；

识别优势与差距。

(三) 导师技巧系统训练与认证

表6-1 导师认证训练方案设计表（示例）

日程安排	2天	4周	1天	4周	1天	4周	1天
过程	导师工作坊 ●导师角色与心态定位 ●导师守则与方法	实践 （配备高级导师指导）	导师工作坊 ●团队分享 ●疑难案例讨论 ●辅导工具与应用练习	实践 （配备高级导师指导）	导师工作坊 ●团队分享 ●疑难案例讨论 ●辅导工具与应用练习	实践 （配备高级导师指导）	导师认证 ●导师评估 ●导师资格认证 ●成为一名合格的导师

担任导师是提升和锻炼自身领导能力的一种有效方法。公司鼓励有进取心的员工报名参加导师系统培训，期待员工在实践中不断的学习和提高。导师参加培训前可以先进行胜任力评估，了解自己的优势与短板，进行有针对性的训练与改善；被聘任成为导师前必须参加基础导师课程并在指导下进行实践，完成评估与资格认证（表6-1）；获得认证的导师在长期实践中接受评估，根据其辅导员工的绩效和能力状况进行评级，可逐步晋升为高级导师、资深导师等。图6-5为导师知识体系与理论基础图。

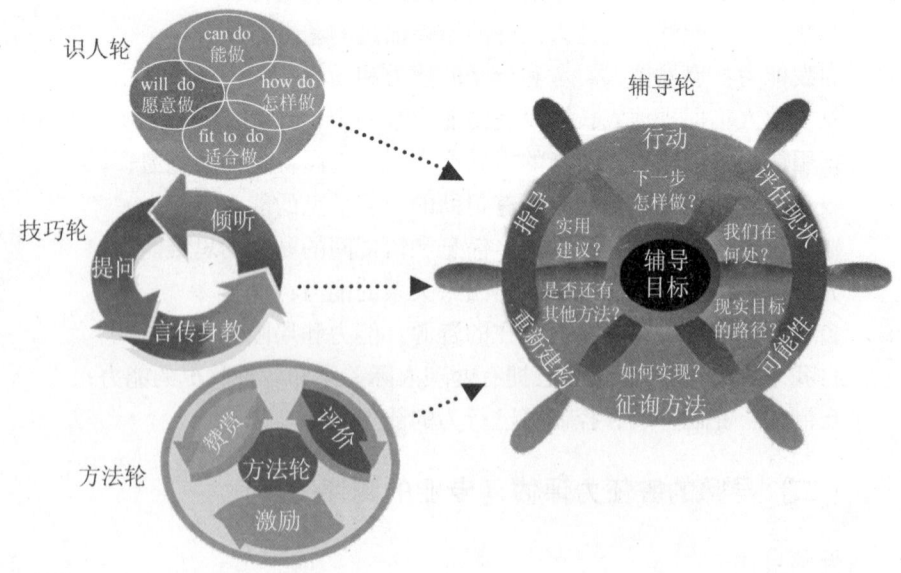

图6-5 导师知识体系与理论基础图

十一、导师绩效评估与激励机制

辅导期满后,由导师的上级主管和被辅导人员对导师的工作绩效进行评估,各占考核总分的50%,最终评估得分为双方评估成绩之和。对导师的评价结果,主要应用在导师绩效与晋级、导师获得奖励、对担任导师的员工进行绩效考核、培训、调级、晋升等。同时还应建立针对导师建立的激励机制,包括物质激励、精神激励、发展激励等。

(一) 物质激励

设置导师津贴,同时根据导师评估结果向导师发放奖金,如评估结果在90分以上,向导师发放全额奖金;如评估结果在80分以上,向导师发放80%的奖金;如评估结果在70分以上,向导师发放70%的奖金;如评估结果在70分以下,无奖金。

(二) 精神激励

设置优秀导师评选与奖励,可根据评估结果与导师辅导人数两个维度,将评估结果最高、辅导人数也最多的具有突出贡献的导师评选为年度最佳导师,给予公告、奖金或旅游等不同形式的奖励。

(三) 发展激励

作为员工发展的一种方法,通过绩效评估与反馈促进导师自身的成长与进步,作为晋升的参考依据。同时,可以根据企业自身状况制定导师等级制度,根据导师辅导数量的累积、绩效达标情况及胜任力等级,为导师设置晋升通道,从导师到高级导师,再到资深导师,享受不同的酬劳待遇和学习深造机会。

附录1：新员工导师评估表

新员工导师评估表

导师姓名				部门					
评估人				评估日期					
考核项目	考核内容	考核内容说明	权重/%	评价标准					评价得分
				卓越	优秀	合格	基本合格	未通过	
执行导师任务（50%）	传道	以言传身教辅导新员工理解和践行企业文化、职业规范、敬业与专业精神，及时提供反馈与纠正不当行为，引导新员工以积极心态面对挑战与困难，适应变化，融入团队，成为合格的×××人	10						
	授业	制定目标与计划向新员工传授知识、技术、经验、技能、流程和规范，引导新员工学习掌握岗位绩效要求，规范做事，完成岗位培训计划，胜任岗位要求	—						
	解惑	解答疑问，提供帮助，关注新员工心理健康与心态变化，启发和激励他们积极面对挑战与困难，引导他们解决工作生活中的问题，带领他们走出困惑，加快适应新的工作与生活	—						
	发展	关注学生的发展，因材施教，指引方向与路径，辅导学生结合企业发展制定个人发展规划，帮助学生成长与成功	—						
	关怀	以真诚的爱和关怀帮助新员工适应新环境、新工作，融入新团队，给他们营造适宜的工作和发展环境	—						
导师胜任力评估（50%）		以导师胜任力总评结果×50%							
新员工评语						新员工：_____ ____年____月____日			
部门经理评语									

附录2：新员工辅导计划表

新员工导师评估表

□社招　　□应届　　□内调　　总结区间：　　年　　月　　日至　　月　　日

新员工		部门		辅导期岗位	
导师				入职时间	

（以下栏目由导师在学员开始进部门辅导期一周内填写，按月制定培养目标和具体措施）

第一月	培养目标	
	具体培养措施	
第二月	培养目标	
	具体培养措施	
第三月	培养目标	
	具体培养措施	

拟制：_____　　审核：_____

注：1. 员工和导师充分交流后由导师拟制，新员工报到一周内完成，由直属部门部长审核。

2. 辅导期结束对新员工考核后，附上此表交人力资源部存档。

3. 培养目标包括新员工经辅导期阶段后应具备的心理素质、工作规范及业务能力等，培养措施要具体可操作，包括指定参考书目、工作内容、学习工作计划、进度安排等。

附录3：新员工月度总结表

新员工月度总结表

□社招 □应届 □内调   总结区间：　年　月　日至　月　日

姓名		部门		辅导期岗位	
导师		入职日期			

培训/学习/工作月度总结	1. 内容及成效： 2. 问题/困难及建议： 　　　　　　　　　　　　　　　　　　　　新员工签名：
导师意见栏	对新员工的培训/学习/工作辅导期情况给出具体的指导和建议： 　　　　　　　　　　　　　　　　　　　　导师签名：

第七章 激励与考核体系

激励与考核，有人将二者看作是管理者重要的助力，也有人将二者看作是高悬于企业员工头上的胡萝卜与大棒。在企业的日常管理中，激励与考核是必不可少的两大重要话题，如何正确处理二者之间的关系并使之形成合力，成为企业或者团队领导者必须思考的问题。

一、激励与考核的再认知

在应届毕业生的发展中，激励与考核的目的主要围绕两个重心来实施：锤炼一批新人以及成长一批导师，都需要对二者进行全新认知，以满足企业和团队的真实需要。

（一）对考核的再认知

考核能够起到重要的促进作用，但在实际运作中，容易出现以下几个误区，使考核效果得不到有效发挥。

1. **误区1：培训或培养考核就是对培训或培养结果的检测**

这一误区是最为常见的误区，管理者没有将企业应该以促进应届毕业生掌握胜任岗位的知识技能为根本目标，以考核为手段评估或促进阶段性目标的实现与达成这一关键要点，只是单单将考核视作培养或者培训的手段，也没有掌握考核在施加压力、树立导向、衡量进度、构建信心等方面的重要作用。

施加压力：通过考核，并对考核结果进行排名公布，淘汰连续表现最差的应届毕业生，让应届毕业生感知与适应职场压力，提升心理成熟度，进而逼迫自己主动投入更多时间参与学习，适应职场强度，缩短培养周期，提升培养效果。

树立导向：通过考核标准的建立，强化应届毕业生的规则意识，明确公司倡导与禁止行为的导向。

衡量进度：通过考核，进而检测是否达到各阶段的总体培养效果，应届毕业生亦可感知自身学习与成长进度。

构建信心：通过考核检测各个阶段学习目标的实现，可以使应届毕业生感知成长进度、树立职业与成长自信。

因此，在企业经营管理中，管理者应该高屋建瓴，以企业的战略目标作为出发点，将培训或培养考核与企业或者团队发展计划紧密相连，将其融入人才的成长与才能发挥的每一个过程中。

2. 误区2：考核不应该过于频繁，以阶段性目标的实现为考核周期就足够了

在企业日常管理中，容易形成这一错觉，认为频繁的考核容易使得员工疲于应付，增加他们的压力，还容易影响工作效率，这一观点在员工中最为明显，尤其是新入职员工。但是，此举降低了考核作为鞭策与压力传递手段的效用，经验表明，考核频度高低与培养效果成正比。应届毕业生虽然厌恶压力，但对压力的适应能力却得到提升。实际上，如果设计合理、方法得当，辅以制度的保障，员工将会支持这一行为，因为考核能给他们带来更多的利益，他们也会希望通过全面严格的考核，体现自身的工作价值与工作成果，进而获取相应的薪酬福利。

当然，需要协调好考核的频度，避免对员工心理产生负面效应，阻碍员工积极性、创造性的发挥。常见的方式是逐步递减考核频次，即对于刚入职的员工，以一周考核一次为频度基础，然后根据管控情况逐步调整为月考核、季考核，逐渐与公司绩效考核频度同步。这样一来，员工在工作伊始能够感受到公司的严肃认真，同时淘汰掉一批工作能力欠缺、心理承受能力弱的员工，保证职工队伍的高效性。在员工正式工作后，逐渐降低考核频次，既能够使他们以高标准要求自己，也能够有更多机会来发挥其主观能动性。

3. 误区3：考核越严格，压力越大，将加速员工离职

部分人员离职总有着压力过大的原因，很多人就会认为越为严格的考核越容易产生巨大的压力，这将会加速员工离职。其实，受沉没成本效应的影响，极少有员工会因为严格的考核而离职。与很少有赌徒在输掉了本钱后心甘情愿地从容离开赌场一样，在严格考核的状态下，大多数人宁愿被淘汰也不愿选择临阵脱逃而主动离职，这种现象的背后，就是沉没成本效应。

日常管理中，许多企业在进行考核时特别担心因为过于严格，员工产生负面情绪而离职，导致考核的执行往往不能到位。通过深入研究，企业应该从发展的角度来思考对于应届毕业生的培养，学员与企业之间的相互平台选择都是以投入开始，成长的愿望和目标是一致的，因此，严格考核的方式反而是种有效的促进。学员本身从校招选择开始到进行培养路径的学习，也是一种时间精力与边际成本的投入，投入越久，投入越多，就越不愿意放弃。

综上，在日常管理中，不能只将考核作为用途单一的手段，而应该将其融入企业和职员发展的每个阶段，让考核为企业发展服务，让考核成为引导职员快速成长，高效、高质量转化为企业发展动能的推动剂。

(二) 对激励的再认知

激励的本质在于从个体需求出发，利用某些外部诱因刺激个体并使之转化为内部动机，最大限度地激发个体欲望，使员工按照组织希望的方式采取行动，达到个人努力与组织目标的一致和统一。

经过总结，激励的类型主要分为三种，分别为内容型激励、过程型激励和行为修正型激励。

内容型激励主要围绕激励的原因和起激励作用的因素来进行研究，主要代表理论是人类需求层次理论、奥德弗（Alderfer）的 ERG 理论以及双因素理论。其中，人类需求层次理论由马斯洛（Maslow）于 1942 年提出，他将人类需求按从低到高分为生理、安全、社交、尊重和自我实现五个层次的需求，并指出人类的需要结构是动态和发展变化的，会不断出现低层次向更高层次递进，这种变化的需要会转变成其行为的动力，且高层次的需要相对于低层次需要来说更加具有价值。ERG 理论是奥德弗在马斯洛提出的需要层次理论的基础上进行的理论延伸，谈到了人类身上共存在三种核心需要，即生存（existence）的需要、相互关系（relatedness）的需要和成长发展（growth）的需要。这一理论的核心观点是多种需要可能同时作为激励因素作用于人类身上，当人们寻求较高层次的需要失败后，会转而向较低层次的需要回归，所以，激励的措施应该针对人们的需求结构变化而进行调整，制定出因地制宜、因人而异的制度手段。双因素理论是弗雷德里克·赫茨伯格（Fredrick Herzberg）在 20 世纪 50 年代末期提出的一项理论，证明在激励员工的多项因素可以按照性质不同划分为两类，分别为激励因素（此类因素的改善能够激发职工的热情和积极性）和保健因素（此类因素若达不到职工可接受的最低水平，就会引发职工的不满情绪）。他认为，管理者应该灵活运用这两种手段，做到既满足职工的基本需求，避免其产生消极情绪，又能采用激励手段调动员工的积极性和主动性。

过程型激励是研究从人的动机到产生行为的整个过程的理论，出发点是找到这个过程的某些关键性因素，以达到预测和控制人的行为的目的。代表理论是期望理论和公平理论。期望理论由维克托·弗鲁姆（Victor H. Vroom）于 1964 年提出，他认为激励作用的大小取决于激励因素实现的可能性和激励因素对于行动者的效价，激励力量、期望值和效价之间存在逻辑关系，即激励力量 = 期望值 × 效价。公平理论由约翰·斯塔希·亚当斯（John Stacey Adams）于 1965 年提出，该理论的立足点是研究人的动机和知觉关系，认为一个人获得的薪酬不是看其绝对值，而是应该进行社会和历史比较，看其相对值，两种结果相等时才算公平。同时，如果是公平的话就会对人产生激励效果，反之会影响人的积极性发挥。

行为修正型激励是讨论如何改造与转化人们行为的理论。主要代表理论是强化理论和归因理论。强化理论由斯金纳（Burrhus Frederic Skinner）于1965年提出，他认为人类行为的结果对行为的动机存在反作用，如果是积极的结果，就能够对行为起到正强化作用，使得行为加强或者重复。反之，如果是消极的结果，则会对行为起到负强化的作用，使得行为减弱或者消失。他认为管理者应该做到以下两点：一是针对员工的不同需求采用不同的强化方式，二是正强化和负强化相结合，奖惩结合，以正强化为主。归因理论由 F. 海德（F. Heider）于1958年提出，该理论是关于人的行为及其背后的动机、目的和价值取向等内容结合的研究，提出了影响人类行为的研究主要是情境归因和个性归因。情境归因是将影响人类行为的根本原因归于外界力量影响，如工作环境、工作任务、共事对象等；个性归隐是将影响人类行为的根本原因归因于行动者自身，如个人性格、工作能力、工作态度等因素。该理论认为管理者应该在员工工作遭遇困难时，及时了解员工的归因倾向，帮助员工找到原因，进而更好地完成工作。

综合各种企业管理理论可以看出对成员的激励，不能仅仅满足于物质层面，还应将物质激励与精神激励相结合、正激励与负激励相结合，结合公司实际情况，针对不同的激励对象，制定不同的激励手段，才能最大限度地发挥激励作用，让其将全部力量服务于企业发展。

通过上面的分析可以发现，为了保证激励与考核能够达到相应的效果，必须要以战略为导向，赋予两者同等重要的地位，并且建立从属关系的动态联系。在员工的激励预期与考核指标充分联系的基础上，使考核成为员工自觉的行为，使激励成为可预期的收益。在员工层面，通过公平合理的维度设计增强其认同感，在组织层面，通过严格全面的制度保证制度的执行力，变被动的考核为主动的考核，变指令性的随机激励体系为可预期的固化激励体系。这样的结果，必然会形成激励与考核相互促进、相得益彰的局面。

二、应届毕业生培养体系激励与考核模块

（一）建立与完善应届毕业生培养体系的激励与考核

从考核目标、过程管理、体系构建、考核对象与考核内容、考核频度和执行主体、激励方式与结果反馈等方面，分级（原则上分五级）来构建应届毕

业生培养体系激励与考核模块。

1. 考核目标

一级：没有考核，或有考核却没有考核目标；有考核目标，但与促进应届毕业生成长体系建设无关联。

二级：有考核目标，目标是为了排队，排队结果应用于分配奖金、发放津贴、调薪使用；考核目标对促进应届毕业生成长或导师成长作用有限。

三级：考核目标与促进体系建设、促进应届毕业生成长或导师成长关联密切，但考核目标单一且零散；考核目标为排名、鞭策部门、调整或淘汰不合格的导师或毕业生。

四级：考核目标体系完整，阶段性目标明确、具体、可操作；目标具有压力导向；目标有利于应届毕业生快速成长的资源配置与体系建设。

五级：考核目标体系以促进人才梯队建设、导师与应届毕业生共同成长为基本出发点；目标体系契合公司人力资源管理与人才管理体系；考核目的以激励为导向、体系完整、总体目标清晰、可操作。

2. 过程管理

一级：无考核，或以随机、临时性、主观性考核为主。

二级：依附于时间线、专业线等路径，关注路径里程碑的结果，不关注培养过程与细节。

三级：以时间线或专业线路径为依托，对里程碑的实现过程与达到标准进行规范；以里程碑为节点进行检查与评价；评价依据为过程规范，检查工具为指导手册、检查表、计划表、评价表等。

四级：以培养目标为导引，以路径为依托，对过程进行规范化评价；评价介入不限于里程碑；检查依据为阶段性目标符合度与实现状况。

五级：以目标为导引，以体系为依托，按照体系的要求，如同3D打印机般自动复制需要的人才。

3. 体系构建

一级：无考核或临时起意且考核目的单一；考核结果无应用或应用于临时或单一目的，与激励无关。

二级：有定期的考核，但考核内容以主观评价为主；考核结果应用于加薪、分配奖金与津贴。

三级：考核计划与内容依据应届毕业生培养计划制订；考核内容以客观为主、主观评价为辅；考核目标是以调整与淘汰为主、激励为辅。

四级：考核计划与内容依据应届毕业生培养目标制订；以调整、淘汰与激励为基本考核目标。

五级：考核计划与内容依据公司人才发展体系目标制订；考核内容与人才发展方向匹配；考核目标服务于公司人才发展。

4. 考核对象与考核内容

一级：考核对象为应届毕业生；考核内容以应届毕业生的知识掌握状况为主。

二级：考核对象为应届毕业生与导师；考核内容主要包括知识掌握状况、知识应用状况、技能掌握状况。

三级：考核对象为应届毕业生、导师与部门负责人以及项目或体系运行等相关参与人员；考核内容主要包括知识掌握状况，知识应用状况，技能掌握状况，态度改变状况，知识与技能的分享、讲授或传授能力状况。

四级：考核对象为培养计划、可能涉及对计划执行状况、参与人员的考核；考核内容主要包括培养计划的执行性、执行状况、执行效果。

五级：考核对象为培养目标，确保目标的实现，对计划的契合度、执行效果进行考核，可能涉及对计划执行状况、参与人员的考核；考核内容主要包括培养目标达成状况，培养计划与目标的契合度、执行效果、目标差距等。

5. 考核频度和执行主体

一级：没有考核或临时性考核，以人力资源全程主导。

二级：有固定周期性考核，如试用期满考核、见期满考核等；人力资源部主导，被考核对象的讲师、导师或上司等单向参与。

三级：依据计划实施的里程碑进行考核，如入职培训考核、见习考核、试用期考核、上岗考核等；人力资源部主导，应届毕业生同讲师、导师或上司等双向参与。

四级：依据计划实施的里程碑，分解成以周为主要周期的考核频度；由用人单位与人力资源部主导，所有活动参与者协助。

五级：依据计划实施状况，配以信息化管理工具，以单元性、模块化的目标产出进行动态考核；由培养目标的责任人（或受益人）主导。

6. 激励方式与结果反馈

一级：激励以结果导向，激励方式主要包括扣工资、扣绩效、奖励小额金钱；没有进行考核，或是有激励与考核措施却无结果反馈。

二级：激励关注过程与结果，以物质激励（非小额金钱）为主要手段；有定期相应的激励与考核，也有定期的结果反馈，但极少（或没有）对考核结果进行应用。

三级：激励关注过程与结果，物质与精神激励方式并举。物质激励的标准较高，能够起到一定的牵引与推动作用。荣誉以庄重的过程与仪式的方式进行授予。有周期性的激励与考核,也有周期性的结果反馈,考核结果及时应用;结果应用主要与物质挂钩。

四级:激励以精神(或使命)激励为主,以物质激励为辅。物质不是衡量其付出的标准,仅是一种象征与纪念。荣誉以庄重的过程与仪式的方式进行授予;有系统的激励与考核,有系统的结果反馈。结果应用由机制保障,结果应用主要以物质与精神回报挂钩。

五级:激励以个人成长激励为主,以物质与其他精神激励为辅;结果应用与反馈由机制保障,主要与个人成长路径挂钩,以物质与精神回报为辅。

(二)制定与完善应届毕业生培养体系的激励与考核短期、长期计划

通过与应届毕业生培养激励与考核模块对标,企业对应届毕业生激励与考核的体系普遍表现为:

入职期的考核相对完整;

对应届毕业生的考核聚焦于知识、技能与态度;

考核内容与过程偏主观;

考核过程由人力资源部主导、部门参与;

导师津贴没有或较少,可能会起到副作用;

导师与师傅的激励主要依靠自身的兴趣、责任心等;

当前的考核频度不足;

考核对象只有应届毕业生,导师与部门负责人等未纳入考核范围;

考核结果主要应用于调薪而未涉及成长反馈。

在分析企业应届毕业生培养体系激励与考核现状的基础上,对标培养体系激励与考核模块标准,应该制定企业激励与考核的近期目标和远期目标。近期目标原则上为一年,远期目标原则上为三年。

1. 激励与考核模块建设近期目标(一年)

设立明确、具体、有压力、可操作的目标体系;

考核计划与内容依据培养目标制订;

目标的设置有利于应届毕业生快速成长过程中的资源配置与模块建设;

考核评价过程中,以培养目标为导引,以路径为依托,对过程进行规范化评价,过程介入不限于各阶段的里程碑;

激励与考核过程、结果反馈与应用有相应的机制进行保障,可应用于激励、调整与淘汰;

激励形式由物质与精神回报相结合。

2. 激励与考核模块建设远期目标（三年）

总体考核目标聚焦于公司导师与应届毕业生发展；

目标契合公司人力资源管理与人才管理体系；

考核与激励过程有完整的制度规范；从对人的考核转向对培养目标达成状况的考核；

可能涉及对计划执行状况、参与人员的考核；

依据计划实施的里程碑，考核频度主要以周为单位；

考核过程由考核手册指引；

结果应用与反馈由机制保障；

考核结果应用于个人成长，物质与其他精神激励成为辅助手段。

三、应届毕业生考核

（一）常见的考核维度设计

对应届毕业生的考核，从整体来看，应该围绕企业发展目标来进行设计，目标是应届毕业生能够掌握基础职业技能、融入企业文化以及适应企业环境。为将其自身才能快速转化为生产力，考核维度设计应分为以下两个方面。

1. 基础职业技能

这一方面的培训需紧密围绕企业性质进行开发，将工作所需的基础技能在初始阶段传授给新入职员工，如熟练使用基本软硬件开发工具、掌握工作中需要的基本技能、能胜任一般性任务型开发，初步担任中低难度的项目开发角色。

同样，基础职业技能的考核也应该围绕传授的内容来进行，对考核内容进行维度分割以及量化设计，确保新入职员工能够快速掌握基础职业技能、快速融入企业、适应环境需求。

2. 职业发展

将考核融入职员的发展中，是督促职员进步以及证明职员能力的重要手段，让职员能够积极面对考核，在考核中树立信心并证明自己的决心，将考核与职业发展结合在一起。这个方面针对正式入职、考核频次适中的职员，主要包括养成良好的职业化意识与工作习惯两个方面，具体可做如下划分。

（1）关于计划、总结、提升的循环的考核

主要围绕员工的技能知识进行，包括对员工的周期性考核，分为时间周期和项目周期。时间周期是针对员工进入企业的时间来进行考核，主要与薪酬等物质层面挂钩，层次相对较低，主要考察员工在年限内是否完成规定的目标，以此作为提升薪酬待遇、绩效水平的重要佐证；项目周期是按照职工参与的项目设计目标来进行的考核，依据阶段任务的不同确定考核目标，明确项目实施过程需要完成的任务，然后进行考核。无论是哪种考核，都包括工作量、工作能力、思想素质、劳动纪律等。

（2）关于能力和意识提升的考核

主要围绕员工的非标准化知识以及制度与流程的意识进行，旨在通过考核验证员工经验与非标准化知识的沉淀情况，促进员工对制度与流程意识的遵守与思考，主要包括忠诚企业、工作态度、沟通方法和技巧、团队意识与配合情况以及高水平产品产出效率、非结构性流程完成情况等。

（3）关于工作压力的考核

员工的职业发展中，将会面临许多压力，尤其是信奉"狼性文化"的企业更为明显。考核旨在让员工具有初步承受高强度工作压力的能力，具备促进高强度工作成功的意识，同时具备能在公众场合发言的基本素养。主要包括对工作时长、工作强度以及处理紧急性事物的工作状态、工作能力的考核。

（二）考核内容设计

考核内容将紧紧围绕考核维度进行设计，主要包括以下几个方面。

1. 毕业设计

新入职员工毕业设计是指在秋季招聘中签订就业意向的应届毕业生的毕业设计由企业设定范围或方向，毕业时学位论文既要通过学校审核以获取学位，又要通过公司评定以确定签订用工合同。详细范围或方向由该生服务部门、岗位或职责确定，主要考核内容如表7-1所示。

表7-1 应届毕业生毕业设计企业考核内容表

考核内容	占比/%
论文结构合理、重点突出，全面涵盖了项目开发任务	10
论文表达清晰、重点突出，在规定的时间内完成了论文的全部内容	20
论文使用专业术语，陈述流畅、内容合理、思路清晰，体现出对项目内容的熟练和掌握，有一定的创造性	30
完成项目开发任务的内容，完成项目开发任务的所有基本考核点，达到了项目开发的目标	35
文档具备规范性，提交的结项清单、文件资料齐备，能保障毕业设计的顺利完成	5

2. 基础职业技能

新入职员工的职业技能考核主要聚焦于职业所需基本专业技能，分为以下几个考核项目，见表7-2。

表7-2 应届毕业生专业技能考核内容表

考核项目		选　项
培养计划的执行情况	工作内容	4（优秀）：超额完成
		3（良好）：按时完成
		2（合格）：拖延完成
		1（不合格）：未完成
	学习计划	4（优秀）：超额完成
		3（良好）：按时完成
		2（合格）：拖延完成
		1（不合格）：未完成
	工作量	4（优秀）：工作量较大，并积极承担和完成
		3（良好）：工作量充足
		2（合格）：工作量较少
		1（不合格）：无工作量
规范性的文档输出情况		4（优秀）：规范化文档输出，有合理的规范化方面建议
		3（良好）：规范化文档输出
		2（合格）：有文档但不规范
		1（不合格）：没有规范化文档输出
知识与技能点的提升		4（优秀）：在模块内知识和技能点都有了非常大的进步
		3（良好）：有多个技能点得到提升，个别技能点仍保持原来水平
		2（合格）：有单个技能点的提升，多个技能点未能提升
		1（不合格）：无提升、尚难从事研发工作

3. 职业发展

对新入职员工的职业发展方面的考核，主要集中在后期职业能力、综合素质以及抗压能力的提升等方面，由导师进行考核，分为以下几个考核项目，见表7-3。

表7-3 应届毕业生职业发展考核内容表

量化评价考核	学员主动向导师询问问题的情况	A. 非常主动，而且提问之前有自己的充分思考
		B. 非常主动，但缺乏自己的思考
		C. 主动性一般
		D. 有些被动，喜欢自己一个人琢磨
		E. 有些被动，每次需要导师来询问他是否有问题
	学员融入周围同事的情况	A. 与周围同事和工作接口人的关系处理得非常融洽
		B. 与我关系相处融洽，也会向其他个别工程师提问
		C. 只与我关系较融洽，与其他人很少沟通
		D. 与我都很少沟通
	学员工作的敬业程度	A. 上班很认真，还经常加班赶项目进度
		B. 上班很认真，偶尔加班赶项目进度
		C. 上班很认真，基本不加班
		D. 上班有时候精神不集中
	学员的务实情况	A. 做人做事都很踏实
		B. 偶尔有些浮躁
		C. 比较浮躁
		D. 非常浮躁
	学员的学习能力	A. 非常强，一点就通，富有创新精神
		B. 较强，能较快掌握新知识和技能
		C. 一般，说的基本上能明白
		D. 较差，需要多次耐心地解释同一个知识点
	学员的实操能力	A. 活学活用，工作效率很高
		B. 实操较强，能较快完成任务
		C. 一般水平，基本能完成任务
		D. 实操较弱，只会嘴上说说

续上表

定性评价考核	文化认可度	工作满意度（对岗位中学习/工作时的精神状态是否满意）
		行为表现（其实际行为是否符合真诚、平等、勤奋、创新）
	团队协作	人际关系（是否和导师/同事相处融洽）
		责任心（是否对学习/工作认真负责）
	自我认识	优点认知（能否客观认识和发挥自己的优点）
		缺点认知（能否客观认识和改进自己的缺点）
		提升计划（是否对自己有客观的学习和工作要求、计划）

（三）考核过程组织

新入职员工的考核过程应该以公平、系统为主要准则，以促进新入职员工快速了解公司、融入企业文化、明确岗位职责、掌握基础技能且为其定级定资为近期目标，以完善考评体系、明确公司价值导向、增强公司核心竞争力为长期目标。整个考核以人事部门进行牵头，各单位配合组织实施，具体分为以下几个阶段。

1. 毕业设计

在这一阶段，新入职员工的毕业设计的考察范围由将要入职的部门进行设定，参与主体是人事部门、已签订就业意向合同的应届毕业生和各部门。归纳一般流程如下。

人事部门编制整个毕业设计整体实施计划，负责组织考评者并聘请专家，明确考评时间节点，服务并协调整个考聘过程。

各部门依据整体实施计划、招聘人数以及部门需要，进行毕业设计题目设定，并论证题目可操作性，交由人事部门；人事部门将对应题目下发至每个应届毕业生，并负责整个流程的衔接。

考生收到题目后按要求进行毕业设计，在规定时间内上交人事部门。

人事部门组织各部门和专家对提交的成果进行评定，论证成果的可行性，并向人事部门提交是否录用决定和定级、定资建议。

2. 职业技能考核

这一阶段主要是指对新入职员工进行岗前培训以及三个月试用期的考核，参与主体是导师、新入职员工和考评委员会（由公司人事部门牵头、各部门负责人以及专家组成）。归纳一般流程如下。

人力资源部负责编制考评实施方案，设计考评工具，拟定考评计划，对各级考评者进行培训，并对考评结果提出应对措施，供考评委员会决策。

每周部门或工作组固定时间召开一次总结会，以新员工介绍周报的内容为主。周报要求有本周的工作与学习总结，有下周的工作与学习计划，同时有对自我表现的评价。

导师每周根据受评人日常工作目标的完成程度、管理日志记录、考勤记录、统计资料等，在对受评人各方面表现充分了解的基础上，进行客观、公正的考核评价，并指出对受评人的期望或工作建议，交部门上级主管审核。

导师每月对所带学员进行日常观察，对受评人的文化认可度、团队协作能力、自我认识程度、敬业和务实程度、学习能力进行客观、公正的考核评价，并指出对受评人的期望或工作建议，交部门上级主管审核。

满三个月试用期的考核以及满一年见习期的考核，由新员工进行个人工作总结，单位填写考核意见，提交公司人事部门进行考核。人事部门负责收集、汇总所有考评结果，编制考评结果一览表，报公司考评委员会审核。

考评委员会听取各部门的汇报，对重点结果进行讨论和平衡，纠正考评中的偏差，确定最后的评价结果。

人事部门对每次考评成效进行总结分析，并对以后的考评提出新的改进意见和方案，规划新的人力资源发展计划。

（四）考核结果反馈

在新员工的每周考核中，为加强过程管控与考核细化，每周的总结会由部门长或工作组自行主持。人事部门有专员参会，并主持新员工本周的表现评价；评价要求分为 ABC 三级，每部门至少有一个 A 级、一个 C 级，同时写出评定 C 级的理由。如果新员工连续两周表现都是 C 级，人力资源部将对导师投入情况、计划合理与否、新员工能力与态度状况进行评审并强行干预；必要时可进行更换导师、调整培训计划、变更新员工所属部门，甚至淘汰等。

在新员工结束满三个月试用期考核和满一年见习期考核后，将由考评委员会对这两个阶段新员工的学习与工作态度、职业化心态和知识与技能提升等进行综合评价，然后对员工表现做出回应，主要有以下几个方面的内容：

以考核作为下一阶段薪酬调整的参考；

以考核结果作为评选下一期优秀新员工的依据；

对于考核居于末位的员工根据情况调整部门、岗位甚至淘汰。

四、导师考核

(一) 常见的考核维度设计

员工导师制的实施目的是通过企业优秀的老员工带领新员工了解工作环境、熟悉工作流程,使新员工掌握企业各项管理制度、学会使用各种工具、提升岗位技能以满足岗位需要,进而促进新员工的成长。同时,对于导师本身来说,能够推动老员工带动新员工学习的积极性,开发员工潜能,激发员工工作热情,提升交流、指导的能力,便于培养并选拔团队领导人才。对于公司来说,此举增强了公司核心骨干员工的荣誉感,充分发挥其深度价值,提高其组织管理能力,推动公司人才储备库的建立。因此,对于导师的考核应该从以下两个方面设计。

1. 学员指导

导师在工作中要发挥的作用是促进公司各部门新员工能力的提升,使其快速进入自己的工作角色,适应公司发展的需要。因此,对于学员的指导效果应该作为导师考核的重要环节,具体应该包括以下内容。

导师指导的总体规划合理性。总体规划应该将员工的工作、学习、生活以及思想考虑在内,要使得新员工认同并融入公司文化,在掌握基础职业技能的同时,还能够感受到团队的温度。

指导的方法与技巧。在使用方法和技巧时,应考虑到学生的理解程度、讲授方式以及员工的反馈等。

指导时间付出。主要考察导师是否用充足的时间来指导学员,包括交流频率、工作外关怀以及指导时间量等。

指导的耐心程度和学员的成长状况。这两个方面都是由学员或者部门长根据自身观察和感受做出的定性判定,以此来分析导师指导的情况。

2. 自我提升

在选择新员工的导师时,应考虑导师的专业技能是否强、思想意识是否过硬。公司希望导师通过指导新员工,提升和检验其技能水平、综合素质,以达到锻炼人才、储备人才的目的。因此,导师考核的重点是其工作技能的提升,知识的深化和拓展,指导、协作技能的提升,以及工作心态的调整、自我认可度和公司认可度的增强、职业习惯的约束与改善。

(二) 考核内容设计

考核内容将紧紧围绕考核维度进行设计,主要包括以下几个方面。

1. 整体考核比重设计

导师的考核评价由学员评价、部门长评价以及学员成长结果三个部分组成，每个部分占整体评价的比重分别为：学员评价占比为35%、部门长评价占比为35%、学员成长结果占比为30%。详细维度和解释如表7-4所示。

表7-4 应届毕业生导师考核评价表

指标	维度	维度解释	评价人	比例/%
指导的总体规划合理性（培养计划）（15%）	计划的分配	学员是否能够完成计划的学习任务	学员	3
	计划的有效性	计划内容是否能支撑培训目的的实现	部门长	5
	计划的支持	"资源支持"一项是否详细而有力	部门长	5
	计划的调整	导师是否适时根据实际进度调整培养计划	学员	2
指导的方法与技巧（15%）	讲解技巧	是否可以快速、清晰地教会徒弟理解疑点	学员	5
	指导方式的多样化	除知识点讲授外，是否有其他方式来帮助徒弟学习	学员	2
	反馈的及时性	在学员提出帮助要求后多久能给予反馈	学员	3
	部门长意见	部门长根据自己的观察进行评价	部门长	5
指导时间付出（25%）	交流频率	与徒弟通过网络、面对面等形式交流的频率	学员	4
	工作外关怀	是否对徒弟有工作外的关怀	学员	3
	指导时间值	徒弟反馈的每天导师用于指导其学习的时间	学员	3
	部门长意见	部门长根据自己的观察进行评价	部门长	15
指导的耐心程度（10%）	学员感受	导师是否总是耐心地为徒弟解决疑点	学员	5
	部门长意见	部门长根据自己的观察进行评价	部门长	5
学员的成长状况（35%）	学员感受	学员对自己成长的评价	学员	5
	客观考核	学员成长考核结果	成长结果	30

2. 学员维度

在学员维度评价中，每周针对导师的指导作出评价（表7-5），主要考察导师的指导效果。

表7-5 导师考核评价表（新员工维度）

序号	问题	选项
1	您是否完成了本周的学习任务？	A. 超额完成 B. 全部完成 C. 很少未完成 D. 有些未完成 E. 很多未完成
2	您觉得本周自己的成长大吗？	A. 非常大 B. 比较大 C. 一般 D. 比较小 E. 没什么成长
3	导师是否总能根据您的学习情况对每周的学习计划及时进行调整？	A. 非常及时 B. 比较及时 C. 一般 D. 偶尔及时 E. 不及时
4	导师平均每天主动与您交流的次数大概是？	A. 3次或以上 B. 2次 C. 1次 D. 基本没有 E. 从不
5	导师平均每天用于指导您的时间大概是？	A. 2小时或以上 B. 1.5小时 C. 1小时 D. 0.5小时 E. 少于0.5小时

续上表

序号	问题	选项
6	导师是否会对您进行工作之外的关怀？	A. 经常 B. 有时 C. 很少 D. 基本没有 E. 从不
7	导师对您的问题表现出的耐心程度是？	A. 总是很耐心 B. 比较耐心 C. 一般 D. 不够耐心 E. 很不耐心
8	导师是否总能将您提出的问题解答得非常清晰？	A. 总是很清晰 B. 基本很清晰 C. 一般能听懂 D. 基本模糊 E. 很难听懂
9	导师是否总是及时解答您提出的问题？	A. 总是马上回答 B. 偶尔晚一些回答 C. 当天能回答 D. 有时会忘了回答 E. 经常不回答
10	本周导师采用了以下几种方式来帮助您学习？ □看参考文档　　□结合案例讲解 □实例模拟操作　□专题培训　□其他形式	A. 3种及以上 B. 2种 C. 1种

3. 部门长维度

从部门长维度看，属于最终评估，即在导师指导新员工结束时进行的考核，部门长通过导师指导这段时间来对导师表现、学员成长效果进行评价（表7-6）。

表7-6 导师考核评价表(部门长维度)

问题	维度	解释	级别
指导的总体规划合理性（培养计划）	计划的有效性	学习内容是否能支撑培训目的的实现	A. 完全支撑 B. 基本支撑 C. 勉强支撑 D. 关联很小
	计划的支持	资源支持是否详细而有力	A. 支持很到位 B. 支持比较到位 C. 支持力度小 D. 不能支持
指导的方法与技巧			A. 指导水平高 B. 指导水平较高 C. 指导水平一般 D. 指导水平较差
指导时间付出			A. 非常多 B. 较多 C. 一般 D. 较少
指导的耐心程度			A. 非常耐心 B. 比较耐心 C. 一般 D. 不够耐心

（三）考核过程组织

导师考核主要由人事部门负责组织，各部门负责协同，各部门在导师考核中承担主要任务，前期导师挑选、中期跟踪调查以及后期考核成果的提交都由所在部门负责。主要流程如下。

公司某岗位有新进员工时，应由该岗位所在部门的负责人根据岗位情况从本部门骨干中确定符合任职条件的导师，报公司人力资源部；人力资源部对导师任职资格进行确认，由人力资源部确定的相关人员对导师进行培训，让导师了解公司新员工导师制度的规定和工作方法。

导师应熟悉招聘岗位职务说明书，了解应聘岗位应具备的技能、经验等方面的要求。

新员工进入公司当日就进入为期三个月的试用阶段，并同时开始为期三个月的岗位辅导。在辅导期，导师根据岗位要求，制定出具有针对性的培养计划，负责对新员工进行岗位培训，掌握并及时向相关部门反馈新员工的工作及学习进度和绩效。根据新员工的实际工作表现及技能进行评估，结果将作为是否让新员工转正的依据之一。

辅导期每周定时召开周期考核，在会上由员工对自己的学习成果以及导师作出评价，部门根据导师工作业绩以及辅导新员工的效果进行月度考核并综合强制排名，及时干预不良状况。

辅导期满后，由导师所在部门负责人及人力资源部对导师工作绩效进行考核，考核结果将与导师奖金挂钩，导师工作角色结束。

（四）考核结果反馈

考核结束后，各部门对所有单位的导师制履行情况进行评价，并撰写导师制实施报告，由人事部门组织成立考评委员会审核。领导小组听取人事部门对导师制实施情况的分析报告，审核各部门导师制的评估结果。

考核结果主要运用到以下方面。

资格认定。导师的考核结果直接影响下一年度导师资格的获得，在本年度考核成绩不佳者，在今后两年内取消导师资格。

晋升。考核结果作为导师晋升的重要参考依据，不具备导师资格的人员或被取消导师资格的人员不能晋升到上级别的岗位（如不具备导师资格，将不能晋升到部门经理的岗位）。

激励。在新员工试用期期间，集团公司为每位新员工导师每月发放导师津贴。各单位内部也应给予导师一定的物质激励。

五、常见的激励形式

（一）激励的理论支撑

成长心理匹配：对应届毕业生激励考核方式的设定应充分考虑应届毕业生心理成长的因素，匹配心理成长的激励考核方式，才能起到作用。

期望效应规律：期望就如同一把双刃剑，积极的期望促使人们向好的方向发展，消极的期望则使人向坏的方向发展。应届毕业生在成长过程中，目标路径越明确,价值规则越清晰,对结果和成效的预判断就越清楚,因此在整个过程中的行为动力就越强。

末位淘汰机制:末位淘汰制是指工作单位根据本单位的总体目标和具体目标,结合各个岗位的实际情况,设定一定的考核指标体系,以此指标体系作为标准对员工进行考核,根据考核的结果对得分靠后的员工进行淘汰的绩效管理制度。无论根据考核成绩还是末位排名,设定明确的末位淘汰比例是激励考核的关键动作。

(二) 激励形式

1. 物质激励及其优缺点

物质激励是指运用物质的手段使受激励者得到物质上的满足,从而进一步调动其积极性、主动性和创造性。物质激励有资金、奖品等,通过满足要求,激发其努力生产、工作的动机。物质激励的主要形式有以下几种。

(1) 薪酬激励

在多种多样的激励员工策略中,薪酬激励是最基本也是最重要的。员工薪酬分配是人力资源管理的核心内容,薪酬最主要的特点是比较直接地与劳动者的"劳"挂钩,集中体现了组织对员工的物质激励。薪酬通常以货币的形式,按照一定的计量方式,定期、直接、全额支付给劳动者。薪酬作为一种刺激手段激发人潜在的能量时,所涵盖的不仅仅是员工的劳动所得,更包括了一种组织对员工劳动价值的肯定和非凡才能的认同。

(2) 福利激励

福利是组织支付给员工的间接薪酬,作为对薪酬的补充,越来越受到管理者的关注。在一些组织中,高福利已经成为吸引和留住员工的主要手段。与薪酬相比,福利激励形式多种多样,更能满足员工的弹性需求。无论是传统的劳动保护、社会保险、带薪休假等法定福利,还是免费工作餐或餐费补贴、交通或通讯补贴以及文化活动等组织福利,都能让员工体会到组织的温暖和关怀,从而凝聚人心,增强员工的归属感。

(3) 股权激励

股权激励主要是针对企业的高级员工和核心员工。为了保持高级员工和核心员工的稳定,利用股权激励使他们以股东身份参与企业决策、分享利润、承担风险,从而勤勉尽责地为公司的长期发展服务。股权激励着眼于未来,把激励对象的可能收益和他对企业未来成绩的贡献联系起来,是一种先进的长期激励手段。

物质激励的重要性是显而易见的。物质是人类生存的基础,衣食住行是人类最基本的物质需要,从这层意义上说,物质利益对人类具有永恒的意义。绝大部分企业对物质激励是十分重视的,认为这是激发人的动机、调动积极性的重要手段。因此还建立了一系列的物质激励制度和政策,与绩效考核紧密结合。

显而易见的是,重赏会带来副作用,在重赏之下的激励很容易让人们产生拜金主义。但是实物的奖励毕竟是有限的,会让人产生依赖性和不满足感,当不能持续提高物质激励时就会产生物极必反的现象。

2. 精神激励及优缺点

精神激励即内在激励,是指精神方面的无形激励,包括向员工授权并认可他们的工作绩效,公平、公开的晋升制度,提供学习和发展以及进一步提升的机会,实行灵活多样的弹性工作时间制度,制定适合每个人特点的职业生涯发展道路等。精神激励的主要形式有以下几种。

(1) 荣誉激励

荣誉激励也可以称作树立典型。对在工作中取得卓越成绩,为单位和社会做出较大贡献的人给予认定和相应的荣誉,并以制度化的形式命名,以表彰和嘉奖有突出贡献的人员。这是我国各级各类组织通常应用且行之有效的人员激励形式。荣誉感往往会激发出员工更加非凡的创造力,同时对组织中其他人员有巨大的鼓舞和榜样作用。

(2) 提供发展空间

根据马斯洛的需求层次理论,人在发展的不同阶段会有不同的需求。对于生活无忧的员工来说,经济利益的满足只能减少其不满意,并不能引起员工的强烈兴趣和推动其继续努力工作,他们追求更高层次的满足:"自尊""归属感"和"自我实现"。组织要为员工制定以成长与发展为中心的职业发展计划,推行内部晋升制度,为员工提供内部工作机会,使其职业发展能够得以实现。

(3) 给予培训机会

培训是开发潜能、激励人才积极进取和开拓创新的关键。著名的企业管理学教授沃伦·贝尼斯有句名言:员工培训是企业风险最小、收益最大的战略性投资。从员工的角度看,获得培训机会,一方面意味着知识和技能将得到提高,另一方面晋升和发展的机会也将大大增加。

可以看到的是,很多人认为精神激励的作用更长久,但有时候它可能只起到短期的作用。员工受到精神激励时,他会把精神激励看成一个信号,如果仅仅只有表扬而无任何实质行为,难免会给员工造成一种"画饼充饥"的感觉,激励的效果恐怕很难实现。因此,精神激励的效果同样需要物质激励来巩固。

（三）当前激励考核体系建设的几个层次

1. 层次一：针对应届毕业生的激励与考核

这一层次的目的是知识掌握、态度评价。通过激励与考核推动应届毕业生以较快的速度掌握基础知识，适应公司环境，能够以良好心态面对压力，将自身才能转化为公司发展动能。

2. 层次二：针对应届毕业生＋导师的激励与考核

这一层次的目的是知识掌握及应用、技能掌握及应用、态度评价。通过考核和激励技能使得应届毕业生达到层次一的效果，又能在导师的帮助下提升效率。同时还在知识技能传授和讲解时，促进导师的成长，让导师成为公司核心人才。

3. 层次三：针对应届毕业生＋导师＋体系相关人员的激励与考核

这一层次的目的是文化、知识与技能的分享、讲授或传授能力的提升。在应届毕业生、导师以及体系相关人员这三者的合作中逐渐丰富完善公司的应届毕业生培养体系，通过体系搭建起企业文化、专业知识和技能的有效传递渠道，达到良好的"为公司培养一批新人、沉淀一批导师"的作用。

4. 层次四：以培养路径目标实现为激励考核

这一层次的目的是把握培训计划的推进情况、执行状况、执行效果，解决过程中出现的痛点，为公司完善人才培养路径。通过考核激励推动公司人员产生动力投入到人才培养路径的完善中去，形成"人才成长服务于公司发展，公司发展推进人才成长"的良好局面。

5. 层次五：以企业人才体系建设与发展为目的激励考核

这一层次也是最高层次。这一激励考核将会深植于企业战略，每一次培养目标的达成状况、培训计划与目标的契合度、执行效果、目标差距的检测都会反映公司战略和下一步行动目标。最终构建出一个稳定、合理、全面的企业人才体系并服务于公司战略发展。

（四）激励考核的主要阶段

1. 阶段一：结果导向、小额物质激励或关注过程与结果、适当物质激励

这两类激励是层次相对较低的激励方式，只适用于人事体制不健全或不具备完整激励考核意识和制度的公司或者某一类项目。如在一项短期的项目中，项目组做出要求内容即可进行奖励。这样虽然能够短暂地达到激励效果，但是

从长远看不适合企业文化的建设以及企业人才体制的发展。

2. **阶段二：关于过程与结果、物质与精神激励并行、物质激励标准较高、注重过程与仪式感**

这类激励是现行的主要做法，能够通过关注过程和仪式感激励员工，同时用物质激励弥补精神激励的缺陷。如在新员工的奖励中，通过仪式激励（会议表彰、授牌授花、证书奖杯等）和象征激励（座位标识、颜色标识、着装标识等）体现对新员工的鼓励，同时可采用发放奖励金、发放纪念品和提升工资等措施。

3. **阶段三：精神激励为主，物质激励为辅；物质激励仅仅是象征与纪念，但过程仪式感与尊重体现在日常过程**

这类激励需要有一个基础前提：员工包括薪酬在内的物质水平高于行业整体水平，此时物质激励所起的作用不会太大，因此需要精神激励发挥主要作用。如通过目标、企业环境、榜样行为以及特权激励（如着装自由、总裁会面、愿望满足）等多种方式来促进员工奉献，但物质激励只利用发放奖励金、发放纪念品等形式作为象征与纪念。

4. **阶段四：以个人成长激励为主，以物质与精神激励为辅**

这类激励是层次最高的激励形式，即将个人的成长与企业发展紧密结合，不仅从职业生涯规划考虑，更多从员工的职业能力、观念意识、周围环境、心理健康等多维度促进员工的个人成长，同时以一定的物质与精神激励作为辅助。

第三部分

如何看待应届毕业生培养意义

第八章　人才成长周期管理

一、人才成长周期

功以才成，业由才广。人才是企业发展的动力源泉，人才资源已成为关系企业竞争力强弱的基础性、核心性、战略性资源。"世界上没有真正的垃圾，只有放错地方的资源。"人也是如此，用人单位需要转变传统用人观念，利用人才成长周期规律，要善于发现员工的积极性、主动性、创造性，把"人"变成"人才"。

人才的成长有自身独特的规律。人才成长周期可以分为引入、成长、成熟和衰退或持续发展期等四个阶段。不同阶段人才有不同的表现，企业要帮助员工解决问题，要根据人才成长周期的规律合理构建企业的人才队伍建设，使人才发挥最大的价值，做到人尽其才。

在引入期，人才冲劲大、热情高、可塑性强，但也存在空想者多、离职率高等问题。此时，企业应该有针对性地开展培训，帮助员工脚踏实地，认清现实，并把理想信念、冲劲、热情转换到工作中。

在发展期，人才经历过优胜劣汰的洗礼，感受到了工作压力、考核压力，有的人很快适应了，有能力的人也逐渐崭露头角，他们更希望用自己的实力和努力得到领导的赏识和职务的晋升。此时，企业应该发展人才、留住人才，妥善解决新老员工的矛盾与冲突，降低内耗、促成团结。

在成熟期，经过工作的历练，人才已脱颖而出，他们更加睿智、理性，在工作中游刃有余，逐渐成长为企业的中高层领导岗位，但也有些人骄傲自满不思进取。此时，企业要满足他们的薪资期望，并解决其后顾之忧，也要做好人才盘点和人才队伍建设，让他们看到企业很重视他们，但不是一味地放纵他们，他们同样面临工作业绩考核；企业还要加强忧患意识和文化建设。

在衰退期或持续发展期，"人才"有向"人"转换的趋势，部分人员安于现状，刚愎自用，不思进取。此时，企业应该帮助他们认识到自身的价值和不足，通过"职业发展谈话"（见附录1：职业发展谈话）帮助员工制定再培训计划或自省改进方案，以此来探寻员工在公司未来职业发展的多种可能性，帮助员工冲破瓶颈期，迎接职业第二春，重新激发他们的斗志。

二、应届毕业生成长周期

应届毕业生有巨大的成长潜力、极强的学习能力和可塑性。人才成长周期对应届毕业生具有较强的指导意义，只有深刻了解人才成长的规律，才能真正发挥人才的价值。企业要始终坚持"以发展吸引人、以事业凝聚人、以业绩激励人、以人文关爱人"的人才观，逐步形成较为完备的人才成长和培养体系，尊重人才成长的规律，充分认识人才的成长是一个过程而不是一个结果，要循序渐进、拾级而上，不能拔苗助长、凌节而施。企业要尊重人才成长的阶段性，在什么阶段就该干什么阶段的事情，人才培养不能"一刀切""一锅煮"。企业要尊重人才的个别差异性，要因材施教、有的放矢，让人人皆可成才、人人尽展其才，充分调动人才的积极性与创造性。

（一）应届毕业生要不要招

第一，基于企业人才发展战略的判断：人才的困境是企业发展过程中最难解决的问题，企业是否能正视通过人才发展与培养的方式来解决人才需求，取决于对企业战略发展的规划与判断。

第二，行业发展分析与岗位人才的市场分析：人才的发展与所处行业及岗位类型的市场供应情况密不可分，对行业发展动态的研究分析及相关岗位的市场供给情况判断，是企业应届毕业生计划需求产生的前提。

（二）什么岗位需要招应届毕业生

1. 需求岗位收集与调研

通过对战略及行业的理解，对内部的需求岗位进行统一收集，对特定岗位进行调研分析，决定哪些岗位通过社招能够解决，哪些岗位在未来有批量化的需求，需要通过应届毕业生的招聘与培养来解决。

2. 需求岗位与招聘培养的匹配

不是所有岗位人才需求都适合通过应届毕业生招聘培养平台来解决，所以需要将岗位人才的需求与应届毕业生的特点进行匹配度分析。

3. 需求岗位的特质

需求岗位的特质要求是应届毕业生招聘选拔的关键要素，通过对需求岗位任职的基本能力、性格倾向特质、专业行业特质进行分析，有针对性地选择高校和专业，明确选拔要求。

需求岗位的基本胜任力是应届毕业生培养路径设置的源头，对需求岗位基本胜任能力的提取与成长路径的理解，为应届毕业生成长路径的搭建提供技术支持。

4. 岗位招聘数量评估

（1）基于业务发展未来 15 个月的人力资源规划

应届毕业生的招聘存在一定的成长周期，应届毕业生的数量需求不应是满足现有的人力资源需求，应基于对未来 15 个月左右（从正常启动校招至应届毕业生报道并经过培养的成长过程）的业务发展情况决定岗位人才需求。

（2）培养资源支撑能力

全新的岗位不适合招聘应届毕业生，但现有的岗位应有能够沉淀知识技能的专家提供基本的岗位胜任力，还应充分考虑到老员工的流失、成长等因素，以及岗位人才梯队的现状。

（3）导师劳动负荷强度规则

一个新人的培养与辅导劳动负荷约为一个导师工作量的 15%，过多的应届毕业生数量会让老员工的劳动负荷大大增加，应充分考虑导师劳动负荷情况再确定应届毕业生的招聘数量，故应届毕业生的比重建议不要超过所招岗位人数的三分之一。

（4）人力资源动荡线原理

一个企业或者某个岗位，人员流动更迭或新增在 5% 以下为死水线，员工活动受影响，工作创新及竞争氛围低下；5%～20% 为正常线，催生鲶鱼效应；20%～60% 为动荡线，对工作的正常运转开始造成影响，工作产出精细度降低，负面情绪开始出现；超过 60% 为警戒线，工作质量下降，团队氛围紧张。

三、校招管理

（一）校招计划管理

1. 高校选择

如何选择高校进行校招，一种情况是不分析企业发展阶段与发展定位，盲目跟随其他企业选择相同的高校。这种情况会导致在高校选择时存在缺乏客观的衡量标准、高校质量不过关、实际成本大于计划成本等各种问题的出现。因此，在进行目标院校选择前，企业应组织专门人员并结合企业人力资源战略等对校园招聘目标院校进行调研，制定科学有效的目标院校选择体系，在企业内部建立校园招聘目标院校成本与效益考核标准，使企业相关管理人员明确了解校园招聘目标院校选择的各项费用情况及招聘效率，更好地完善目标院校选择体系，从而减少选择成本、提升选择质量，增强选择的科学性。

另一种情况是名校情结，在选择目标院校时不顾招聘岗位实际情况、不考虑招聘效率，直接选择所谓的名校，导致企业招聘不到合适的人才，造成了招聘成本的扩大和资源的浪费。因此应实事求是，避免盲目跟风选择名校。在进行选择时，首先，应充分考虑企业的实际情况，对企业所处的内外部环境和企业发展阶段进行分析和定位，通过制定具体的计划、进行岗位分析等，明确与岗位需求、招募成本等相关的重要信息，并进行整合与处理；其次，对高校专业设置、潜在招聘数量和质量等进行深入调研和针对性评估，确保院校选择能有效促进招聘活动的开展；最后，结合企业与高校实际情况进行选择，实事求是地做出决定，坚决避免盲目跟风行为，切忌盲目跟随别人或者直接选择名校。

2. 专业匹配性

目标院校及专业的确定，前期需要做大量的调研工作，主要从以往校园招聘的经验、需求专业、目标院校所在地薪酬水平等三方面来甄选并确定目标院校，进而明确目标院系、目标专业。

3. 地域匹配性

除了通过学校选择、专业优势，还需要考察当地的文化传统、交通等地域影响因素。

4. 素质匹配性

校招除了考虑地域、专业等外部因素之外，还需要考察应聘者的综合素质、性格特征等条件与岗位的匹配性。如销售岗位就需要活泼外向型应聘者。

参考的原则：企业现状匹配度。不要盲目跟风选择一流知名高校，客观评估本企业在行业中的影响力、竞争力，给予薪酬待遇的空间，寻找最具竞争优势的高校作为校招选择对象。宁要鸡头不要凤尾：与其盲目在知名高校被动选择，不如在比较有竞争优势的其他院校择优录取。

(二) 时间规划

1. 总体时间规划

准备阶段	7月	招聘需求统计及目标院校确定
	8月	校招计划实施方案确定
	9月	招聘各项前期准备工作
实施阶段	10—11月	招聘工作的实施
复盘阶段	12月	招聘工作总结与反馈

2. 招聘团队时间协调

协调人力资源部门、用人单位等参加校招人员的时间。

阶梯时间与招聘目标规划：在总体时间规划的框架下，各公司根据具体的招聘计划分阶段招聘。

全程路线设计：具体开展的路线由各分公司联系对应的高校确定。

(三) 招聘计划实施动态表

需求——拟定用人需求工作分析→审核用人需求→招聘申请
↓
招募——分析招聘渠道→拟定校招方案→发布招聘信息
↓
甄选——资格审查→笔试→面试→录用意向洽谈→确定拟录用人选
↓
录用——录用通知→体检→录用手续办理→入职面谈→入职培训
↓
试用——制定培养计划→规划职业生涯→试用总结与考评

(四) 校招前准备

1. 高校联系

提前联系院系老师以了解学生的就业倾向与情况，同时联系就业办老师，告知企业的招聘计划，有利于企业的宣传。

2. 校园宣传

提前一个月将校招海报发给学校，由学校负责人在学校里做宣传。校招海报内容应包括简述公司发展史、招聘岗位需求、薪酬福利等基本情况。

3. 校招团队构建

校园招聘的宗旨是为企业寻找合适的人才，在招聘团队成员的组成以及最终做出决定的人员中，单独由人力资源部决定可能导致对岗位需求了解程度较浅，单独由用人部门决定，虽在一定程度上避免了岗位需求信息不对称，但不能确保对校园招聘工作其他方面信息的完整掌握，易造成用人部门与招聘团队之间的信息错位问题。因此，需要人力资源部门与用人部门共同承担招聘责任。

4. 校招流程设计

策划阶段：在此阶段需明确校园招聘的重要性，收集和审核各部门的用人需求、拟定校招方案、明确目标院校、确定入校时间，并统一选人的标准。同时成立校招项目组，项目组成员不仅包括人力资源部门的人员，还应该包括用人部门的负责人，并对项目组成员的工作进行分工。

准备阶段：通过线上宣传文案的设计、线下宣传物料的准备以及系统及官网的宣传，确保宣传工作的顺利进行。同时确定宣讲会的宣讲人、内容、场地等。

执行阶段：在入校宣讲时，联系院系老师及就业办老师，对接相应的事项及沟通出现的问题，然后对笔试、面试及签约进行安排。

复盘阶段：应对此次校园招聘过程进行总结与分析，通过数据的研究对比，得出经验总结与改进建议。

5. 校招甄别工具准备

招聘是人才的入口，聘到一个合适的人比后期再进行费尽心力的培养、绞尽脑汁的管理更有效。因此，要弄清楚应届毕业生能力的优势和弱势、是否适岗、其工作动机等情况变得越来越困难。

笔试题库准备。针对不同岗位的人才需求，选择不同的测试题目，以考察应届毕业生的专业知识素养。

面试技能培训。通过统一培训面试人员，能够提高评估的公平性，从而使面试结果更为客观、可靠，使不同应试者的评估结果更具有可比性。

（五）校招实施

1. 招聘需求发布（网申平台）

在公司网站包括各子公司网站和目标校园网站上刊登招聘信息，介绍公司的企业文化、本年度应届毕业生的需求、用人标准、招聘程序、人力资源政策以及应聘方式等。

2. 招聘宣传

在校园内张贴海报，宣传企业。同时在校园举办企业宣讲会，加强应届毕业生对公司的认识，并树立良好的公司形象，吸引潜在的应聘者。

3. 简历收集与过滤

对应聘人员的资料进行初审和筛选是招聘工作的一个重要环节，可以迅速从求职者信息库中排除明显不合格者，提高招聘效率。同时，也可将所有求职资料进行记录归档，为人力资源部的事后分析工作提供素材。应届毕业生自己提供的资料也许有虚假成分，招聘人员需要通过多种渠道证实其真实性，比如到所在院系核查分数、奖励情况等。

4. 笔试与面试（测试）

专业知识测试：招聘小组需在出发之前准备好各专业的笔试试卷。

面试时需了解的一些基本信息如下：

家庭情况：户籍、家庭成员、家人的工作等。透过家庭情况可了解学生的成长环境、性格养成、独立程度、品格状况等。

成绩单：专业课和辅选课的成绩。不同的岗位需求要注意关注不同的课程成绩，成绩好坏是重要的，但不是绝对的。

学校和社会实践情况。了解学生的主动性、独立性和个性能力。

兴趣及爱好。

求职岗位与意向地区。此为录用的基本标杆之一，要综合考虑指标的源需求单位和岗位。

其他的素质测试问题。如对工作效率的看法、对个人职业生涯的规划等，可以考察学生潜在的稳定性、心理承受力、抗压能力等状况。

了解学生所关注的企业或岗位的信息问题。面试时对个人解答的效果要好于签约时当众提出的效果。

面试完每一个学生都要在其简历上标注面试的印象分，可为 A+、A-、B、C 等等级，作为最终筛选录用的参考标准。面试前要准备好每个职位的面试考察要素、面试题目、评分标准、具体操作步骤等。由于应届毕业生没有工作经验，因此，对他们的面试重点在于考察基本素质，即对潜质进行考察。比如第一位学生灵活性很强，而后两位学生灵活性较差，他们没有意识到从接触招聘人员的第一时间起已进入了面试阶段。

5. 签约前面谈

在经过笔试测试及面试测试后，与确定的应聘者进行签约前的面谈。一方面是为了解应聘者的需求及顾虑,另一方面是与之沟通相应的成长规划以及企业内部的竞争机制,进一步了解应聘者的看法及压力承受能力。

6. 签约与后期安排

通过面试和笔试的综合筛选,由校招团队共同确认录用名单后,应立刻电话通知应届毕业生签约。人力资源部在后期要定期了解应届毕业生的心态,听听他们的声音,及时给予其帮助与引导。企业始终要思考的一个问题是"如何让应届毕业生在短期内完成从应届毕业生到企业专业骨干的转变"。

四、应届毕业生成长周期的关键措施

(一)适应社会期

由于刚从舒适的学校及家庭中出来,应届毕业生在一开始接触社会的时候,当遇到一些前所未见的情况时,如被上司严厉苛责等,就会表现出不适应。应届毕业生刚就职时,心理欲望强,渴望快速成功,干出一番事业。据一项针对1万多名学生所做的调查显示,其中51%左右的学生认为,35岁前将达到自己职业生涯的顶峰,这种毫无根据地给自己定位,不肯改变自己的就业取向,不肯降低自己的身价,是目前大学生就业最大的障碍。现实情况是应届毕业生大都没有经历社会生活的实践与磨炼,就业心态浮躁,急于求成,并且还存在一些攀比心态。同时,有人找工作一味强调单位能给予他什么待遇,而很少考虑自己能为单位创造什么,单位招聘的目的是什么,也很少想过自己提出的薪资待遇要求是否已经超出自身给企业创造的劳动价值。因此在入职初期,应届毕业生应根据社会发展的趋势、专业发展的趋势来进行自我调整。心理上从依赖走向独立,逐渐融入团队,掌握社会通用技能以适应社会。

1. 社会发展的趋势理解

根据自己的实际情况和当前的社会环境做出正确的定位。先从多个求职网站上了解一下现今社会上的紧缺热门岗位,然后根据自己在学校的实际情况与之匹配,如在校内特别擅长的科目、学习到的额外技能、获得的相关证书等,筛选出自己能胜任的职位,再从中挑选出自己最感兴趣的工作,并以此为基础扩大范围筛选合适的企业作为投简历的目标。

2. 心理独立性

应届毕业生在就业初始存在一定的期望期,对未来抱有美好的期望。应届毕业生在校园里的生活相对美好,不管是环境、交通、方便度都比较优越,因此总是向往优环境、高薪水、高职位、高起点。可是，应届毕业生来到求职单位却感觉不尽人意，难以适应接受，现实中的工作环境、工作内容、工作要求往往与期望有巨大差距，当然这种期望经常是不现实的。大多数应届毕业生即使找不到合适的单位也不愿意降低就业的期望。然而，在现实中并不存在他们理想中的岗位，当他们发现这个事实后，更容易产生一种心理落差，即破冰期。通过尝试后知道社会与工作的艰辛不易，容易使他们在就业工作的过程中产生偏执、幻想等心理问题。在这个阶段，应届毕业生由破冰期过渡到磨合期，慢慢开始接受工作时的不适。而后进入迷茫期，即知道工作的不易，知道社会的残酷，但不知道自己应该如何面对残酷的社会及过重的工作压力，就会出现想逃避、离职的想法。然后进入独立期，当他们意识到应自立自强时，会开始适应并接受来自工作与社会的挑战，并积极面对。

3. **团队融合性**

让应届毕业生早日融入团队，与企业内成员有一个良好的关系，能够使他们更快地适应社会，同时也可以增进成员之间的感情，让新入职的应届毕业生在公司有归属感。

4. **社会通用技能的掌握**

由于当前经济社会快速发展，社会对人才的需求也在不断变化着，无论是哪一个行业或者是哪一份工作，都有一些社会通用技能，掌握这些社会通用技能，能够帮助应届毕业生快速转变为企业专业骨干，以更快地适应社会。如office办公软件的应用。在职场中，小到发一个通知，做一份签到表格，大到给领导做演讲PPT，职场中几乎每一件事都需要用到office技能，这个技能可以帮助应届毕业生在入职初期更快赢得领导的赏识，更快地适应工作。随着社会的不断变化，小到朋友圈的文案、群发通知，大到写新闻稿，处处都体现着文案写作能力的重要性。

5. **专业发展的趋势了解**

应届毕业生对本专业的发展趋势进行深入了解，可以使其对未来充满信心，同时可根据未来专业的发展趋势调整自身定位，以适应专业及社会的发展。

（二）适应企业期

企业文化是指企业和企业人的思想和行为。企业的业务多种多样，公司的规模有大有小，公司的层次有高有低，这样就导致了不同的公司有不同的企业文化。哈佛商学院终身教授、世界领导与变革领域的权威——约翰·科特

(John P. Kotter)曾指出：企业文化对长期经营绩效有巨大的正相关性。而另一位写出《基业长青》的著名管理学学者詹姆斯·柯林斯（James C. Collins）认为：伟大的公司都有"利润之上的追求"与"教派般的文化"。可见，优秀的公司无一不对企业文化有着执着的追求。员工进入一个新公司后，简单地说有两种可能：一种可能是融入企业的文化，然后把企业文化融入自己的工作行为中去，使自己在工作中如鱼得水；另外一种可能就是不能融入这个公司的文化，或者说被排斥，这就导致新员工要么在工作岗位上无所事事，要么被迫离开。对新员工而言，如何在企业中表现自己，能否在企业长期发展，很大程度上取决于最初进入企业的经历和感受。新员工应当主动了解和适应新企业及其文化，包括企业的发展历程、发展规划、文化认同、仪式与活动的传播以及相应资源协调与配置等。

1. 企业发展的历程

通过让新员工了解企业发展历程，即了解企业的历史，包括辉煌与低迷期，从而使新员工产生对企业的认同感。

2. 企业发展的规划

让新职员了解企业发展规划，可以让新员工进一步明确企业未来的发展方向，一方面使新员工增强对企业的认同，另一方面可以使新员工根据公司的发展规划调整自己的职业规划与未来发展方向，从而与公司共同进步。

3. 企业文化的认同

主要包括企业形象构建、核心价值认同、制度规范约束、企业英雄构建。

4. 仪式与活动的传播

通过仪式与活动的传播，可以让新员工加深对企业文化的认同，以更好地适应企业文化。

5. 相应资源协调与配置

资源的进一步协调与配置，可以让新员工更好地适应企业的发展。对不能及时跟上企业发展的员工，应与其他环节进行资源的协调配置，可以让员工及时调整，也可以进一步激励员工。

（三）适应岗位期

在适应企业文化等内容后，还需要进一步深入对岗位的认知与理解。不同的岗位对职员的要求不同，因此需要对应届毕业生进行知识培训，从而加强应届毕业生对岗位的认知。同时还需要对其技能进行培训，使新入职的应届毕业生迅速地掌握岗位所需的专业技能，以适应岗位。

1. 部门职能

在入职培训后，应届毕业生通过掌握部门职能的基本情况熟悉岗位工作。熟悉岗位职能与职责后，可以加强应届毕业生对部门的认同，从而实现对岗位的适应。

2. 部门业务流程

在导师的带领下，应届毕业生逐渐熟悉部门业务流程。在处理部门业务时得心应手，能快速地适应岗位工作，获得成就感，增加对企业的认同。

3. 部门内部组织架构与分工

通过了解部门内部的组织架构与分工，应届毕业生可以更好地理解自己的岗位职责，做到不越界办事、分工明确，有利于员工加深对部门职能的理解，从而更好、更快地适应岗位工作。

4. 岗位职责与价值贡献

加强应届毕业生对岗位职责与价值的理解，可以使员工对企业的认同度加深。岗位职责与价值是部门文化的体现，通过应届毕业生认同岗位职责与价值贡献，可以激励应届毕业生更快地适应岗位，降低离职率。

5. 岗位工作流程

应届毕业生在熟悉岗位工作流程后，可以提高其办事效率，同时也可以激发应届毕业生的兴趣，让他们乐在其中，迅速地适应岗位工作。

6. 岗位专业知识

讲师为应届毕业生讲解岗位专业知识，对岗位专业知识的深入了解，可以让应届毕业生熟悉岗位的专业术语、发展由来，从而加深应届毕业生对岗位的认同，同时使应届毕业生掌握岗位所需的专业知识，增强对岗位的认知。

7. 岗位模拟计划

岗位模拟计划，即让新入职的应届毕业生对岗位进行模拟操作，考察应届毕业生对岗位职责与工作流程的熟悉程度。岗位模拟计划，意味着一切都需新入职的应届毕业生独立完成，即使遇上突发情况与意外情况。通过岗位模拟计划，可以使应届毕业生加强对工作流程的熟悉程度，同时锻炼了应届毕业生脱离导师独立思考与行事的能力。

（四）胜任岗位期

所谓新员工的岗位胜任，即可全面替代老员工，在老员工有事请假或者是离职后,经过一系列培训的新员工可以代替老员工的工作,实现全面的胜任岗位。在适应岗位的基础上,实施岗位胜任训练计划;人力资源部、部门负责人与师傅共同制定岗位适应与胜任训练。在这个阶段,应届毕业生心理上处于迷茫期向独立期的过渡阶段,需要导师在生活与工作中加以引导。

1. 岗位说明书

岗位说明书即职位说明书,是通过工作分析,用规范的文件形式对组织内各类岗位的工作性质、任务、责任、权限、工作内容和方法、工作条件、岗位名称、职种职级以及该岗位任职人员的资格条件、考核项目等做出统一的规定。编制岗位工作说明书的目的,是为企业的招聘录用、工作分派、劳动合同签订以及职业指导等现代企业治理业务提供原始资料和科学依据。应届毕业生在适应岗位后,对部门职能、业务流程、内部架构、专业知识等方面的内容都已熟悉。而岗位说明书可以对应届毕业生进行一个系统的考察,通过岗位说明书可以得知该应届毕业生是否能够胜任岗位。同时,岗位说明书也是导师对应届毕业生的一个评分标准,可以使导师清楚地了解应届毕业生对岗位工作的掌握情况。

2. 岗位专业技能

应届毕业生需要掌握岗位专业知识与工作流程才能适应岗位的工作,而胜任岗位需要应届毕业生进一步掌握岗位专业技能。

3. 岗位胜任力分析

在应届毕业生完全适应岗位工作进入胜任岗位期时,需要对其岗位胜任能力进行分析,如对工作流程、专业知识、组织的内部架构等方面的熟悉程度。

4. 岗位成功与失败案例

在胜任岗位期对应届毕业生在岗位时的工作表现进行分析,包括对在岗时的成功与失败案例进行分析,可以帮助应届毕业生迅速地找出问题并调整做法,从而迅速地提高其胜任岗位的能力。

5. 岗位实战计划

通过岗位实战计划,可以使应届毕业生提前适应独立处理岗位事务的过程,早日让应届毕业生消除依赖导师的心理,从而胜任岗位的工作。

6. 岗位辅导计划

在胜任岗位期,应届毕业生心理上处于独立期,安全感低,易冒进,过分在意得失。因此在此阶段,需要导师对其进行岗位辅导,从而帮助应届毕业生克服障碍并迅速胜任岗位。

7. 岗位独立计划

对应届毕业生实施岗位独立计划，可以使应届毕业生独立解决岗位事务，早日胜任岗位，成为企业的专业骨干。

（五）复合发展期

应届毕业生的管理周期从适应岗位、胜任岗位的基础上，拓展到复合发展期、"高潜人才"计划等全过程管理。如果想要将应届毕业生培养成为企业的专业骨干，不仅需要其适应、胜任本岗位的工作，还需要其掌握下游岗位专业知识与技能培训、轮岗计划、管理基础知识与技能、项目管理知识与技能、项目经理训练计划等方面的内容。

1. 下游岗位专业知识与技能培训

专业骨干不仅需要熟练地掌握本岗位的工作职责与流程，还需要通过培训习得下游岗位的专业知识与技能。下游岗位专业知识与技能的掌握可以使应届毕业生对企业有更深入的了解，也可以使应届毕业生在下游岗位树立威信，赢得大家的认可，为成为专业骨干打下基础。

2. 轮岗计划

有计划地调换职位任职，有助于改变应届毕业生待人识物的固化角度和视野。特定的人必然有着自身特定的待人识物角度和视野，这是由该特定人的价值观所决定的，可以说是一个规律性现象。但问题在于世界的人和事并不都在特定人的角度和视野之内，若一个人长期置身某个岗位，在处理视野和角度之外的人和事时，就会显得束手无策。一个人长期固守一个岗位，好处是稳定，坏处是容易缺乏活力、带来僵化。特别是作为主要领导人的"稳定"，很容易阻碍其他人智慧的显露，挫伤其他人的积极性。而其他人的耐心等待将会助长僵化，其他人的不耐心等待将会引发动荡。可见，必要的轮岗也是将应届毕业生培养成为专业骨干的有效措施。

3. 管理基础知识与技能

管理基础知识与技能可以使胜任岗位后的应届毕业生进一步掌握实施计划、组织、领导、协调、控制等方法，有助于其协调他人的活动，使别人同自己一起实现既定目标。

4. 项目管理知识与技能

项目管理知识与技能可以帮助应届毕业生从宏观的角度出发，通过分工、协调等方法与他人一起完成项目。

5. 项目经理训练计划

项目经理训练计划是培养应届毕业生成为专业骨干的重要步骤,在习得项目管理知识与技能后,项目经理训练可以帮助应届毕业生适应从一个项目参与者变为项目管理者,从而培养其独立思考与独自完成项目的能力,推动其成为专业骨干。

附录1：职业发展谈话

职业发展谈话

职业发展谈话通过三步流程来探寻员工在公司未来职业发展的多种可能性。以下表格的填写，实线框内全部由员工自己填写，虚线框内将由员工的直属上级或部门经理完成。

一、基本信息

（员工在首次谈话前填写）

姓名：	目前所在部门/职位名称：
入职日期：（××××年××月）	
开始担任目前的岗位时间：（××××年××月）	
上一次曾与上级谈过职业发展方向的时间（年终或年中评估）：（××××年××月）	

（一）职业经历回顾

（员工在首次谈话前填写）

你在目前岗位之前曾做的所有职位，包括目前在公司和加入公司之前的经历。

这个部分是为了帮助员工分析自己的整个职业生涯经历，找出你的职业动力。需涵盖你过往的所有主要职位（从第一份工作开始），以及当时换工作的原因，也需要列举最主要的工作成就和当时工作的动力来源。

主要过往职位或经历	从……到 (××××年××月)	内容包括：主要成就、动力来源、换工作原因、其他对你职业发展有用的重要信息

（二）目前工作的自评

（员工在首次谈话前填写）

你目前工作的主要职责中你最喜欢的工作部分？

这些对你的工作动力和你个人的投入程度又起到了哪些影响？你的个人素质能力被适当地运用和发挥了吗？

评价目前岗位主要工作职责、个人强项和掌握的素质能力、学习的机会。

1. 好的方面

你最喜欢的工作职责：

你的哪些强项和素质能力得到适当发挥：

列举各种学习的机会：

2. 需改进的方面

完成的不太满意的主要工作职责：

因为缺少哪些素质能力造成工作职责没能很好地完成：

你需要的学习和培训机会：

为了提高你在此岗位的效率，有哪些改善和学习计划可立即制定？

学习计划	内容	时间	负责人
培训	1. 2.		
参与	1. 2.		
实际操作	1. 2.		

备注：培训主要指课堂培训。

参与指一种体验，你可以感受和学习到，但你并不用承担任何责任和风险。比如说你参加了某会议、讨论、参观等，或者由你的上级带你参与了某个由他主导的研发、生产、新设备安装、工艺调试等项目，或者说是一种在职指导活动（on-job coaching）。

实际操作指由你自己亲身经历主导的项目或职责，你要对此项目的结果负全部责任，你的上级可以随时给予指导，但过程全部由你亲自掌控。

（三）未来的职业发展选择和优先方向

（员工在首次谈话前填写）

1. 你中期的职业目标是什么？（列出2个职位，作为自己未来3~8年的发展方向）

1. short-term	2. mid-term

2. 你在公司的职业发展期望是什么？（列举出期望参加的活动，涉猎的专业范围、技术、专业知识、工作职责范围、期望内部调职的新工作地点，以及个人的一些制约因素）

优先方向（不一定是某个职位名称，可以是以上列举的任何一种活动）	时间	调职期望（区域、国家、地区）

员工其他意见：

二、第二步：经理反馈

简历+素质能力的雷达图（由人事部提供）附上供参考。

经理在员工完成第一步自评，收到此表格后2周内完成。

经理首先对员工职业期望的可行性做一个反馈和修订；其次是基于员工自评，对员工自己制定的短期计划做出些修订（计划中需有清晰的目标和责任人），目的是帮助员工提升在目前岗位的效率。

（经理对员工短期计划的修订备注，以及员工职业发展方向可行性的反馈和修订）

三、第三步：行动计划

由直接上级或部门经理、人事部和员工共同确定行动计划（列出每个计划的负责人）来帮助员工达成未来可能的职业发展方向。

经理将第二步的结果反馈员工后，2周内完成第三步。

行动计划	时间	调职工作地点 （区域/国家/地区）	负责人

员工反馈意见：

	人名	签名（正楷书写）	日期
	员工		
	直接上级		
	人事经理		
	部门经理		

第九章 应届毕业生培养体系构建的收益

中国应届毕业生的培养面临着以下三大现状。

投入大、培养周期长。现有应届毕业生成长为专业人才的平均周期为3年,甚至部分用人单位的培养周期达到5年。周期长、见效慢的现状使得很多用人单位都不愿意招聘应届毕业生。

应届毕业生忠诚度低、频繁跳槽。调查数据显示,中国的应届毕业生第一年的跳槽率在40%左右,三年跳槽率达到了70%。在现行的用工法律环境下,用人单位在应届毕业生人才培养方面的投入得不到有效回报,这使得用人单位不愿意招聘应届毕业生,同时也阻碍了用人单位自身的人才梯队建设,进而影响到用人单位的竞争力提升。

应届毕业生培养质量难以保证。调查显示,仅有不到1%的大学应届毕业生进入用人单位后进行了系统的培养。只有极少数企业对应届毕业生培养过程进行了细致的设计与管控,从而保证了应届毕业生的质量;大部分应届毕业生处于自我、盲目、无章法的成长状态,培养过程缺少系统与科学的设计,从而使得应届毕业生的成才过程更多的依靠自己,而不是用人单位,用人单位难以把控其成长的质量,培养投入的效益也难以核算。

以上三种现状使得应届毕业生整体的成长周期变长且质量低下。因而在此背景下提出构建基于用人单位现状的应届毕业生快速成长体系。

打造应届生培养体系,无论对于用人方还是新员工,都有重要意义。对于新员工来讲,通过课程的导入和模拟项目开发的实践,让新员工有计划地了解和掌握工作中需要的基本技能,逐步承担由易到难的项目开发角色;引导新员工形成良好的职业化意识与工作习惯。对于公司来讲,通过隐性知识的显性化、培养模式的标准化和培养手段的专业化,有利于健全公司的知识和资源库,增强人才梯队结构的合理性和稳定性。对于课程开发人员来讲,课程的开发,实际上是对工作所需知识、能力的思考和总结,有利于知识的深化和拓展,同时也有利于工作技能的提升。

与传统观念不同的是,新员工培养体系的构建收益远远大于成本。

一、认知误区

（一）在能够基本胜任目标岗位前，应届毕业生培养过程是净投入

1. **传统观点**

由于缺乏工作经验的应届毕业生一开始很难胜任工作，往往需要采用培训等方式先对其进行人力资本投资，应届毕业生离职率高，对这部分入职员工的培训成本投入变成了沉没成本。

基本胜任前，给应届毕业生的工资、培训的讲师费用、培训场地费用、应届毕业生办公场地费用、导师花费指导时间等都是成本，而应届毕业生在胜任岗位之前，有一半以上的时间都没有从事具体工作，不产生任何价值，且所从事的具体工作也只是体力性、零碎性、边缘化、可有可无的工作，产生的价值几乎可以忽略不计。

2. **笔者观点**

培养过程也是价值创造过程，对应届毕业生的培养不仅能够有效降低公司职员的离职率，提升其对企业的认同感，更能为企业的战略发展提供强有力的人才资本支撑。

3. **出现传统认知误区的原因**

（1）原因1：传统的应届毕业生培养体系缺失或不健全

一是培训课程碎片化。课程的碎片化说明培养过程的随意性，培养过程的系统性设计不足，尤其是将培训培养与价值贡献结合的设计不足，没有让学生承担课程开发任务或参与构建课程库存，导致价值创造不足。

二是培养过程不完整。培养过程没有遵循人才成长规律，人才培养的周期短，主要按照课程的进展进行培养，并未针对培养对象的需求，结合培养对象的特质进行针对性的学习引导。同时，培养缺乏严格的考核机制，事中、事后的考核体系并不健全，考核结果更多以书面材料完结，缺乏以具体实践能力为考评对象的考评机制。

（2）原因2：应届毕业生培养过程管控科学性不足

一是培养与培训的过程设计不够缜密，培养过程的设计没有遵行学习成长的"721"原则。所以，培训界流行的一句话是"超过十五天的课堂培训都是耍流氓！"课堂学习过程一般不产生价值，但总结回顾与分享则是建立健全相关制度流程与专业文档的价值贡献过程，实践与"干中学"则是实际的价值

贡献过程。

二是培训项目目标相对单一。培训聚焦于岗位知识与技能的胜任，忽略了职业化、协作性、独立性、规范性、专业化、敬业精神、自学能力、承担压力等能力素质的培养，培训目标设计过于单一。

三是培训内容服务于单一目标，系统性弱。传统的人才培养往往聚焦于人才的知识、技能培养，这使得培训内容服务的目标相对单一，应届毕业生急切需要的社会适应性、职业化、心理素质等训练过程缺失，培训内容的系统性弱。

四是训练手段不够丰富，应届毕业生训练过程价值没有实现最大化。培训界认为"最好的学习方式是教别人"，其背后的行为逻辑是创造"目标明确、适度的压力、主动自学、及时总结与分享"的场景，总结与分享就是价值呈现的过程。

五是激励与考核执行力不足。由于企业并未制定出符合应届毕业生的激励考核机制，导致考核执行不力或缺失，降低了训练结果的价值保障力度。

（3）原因3：应届毕业生培养过程中价值得不到有效挖掘

由于应届毕业生培养过程缺乏系统策划，培养与训练过程没有遵循"721"原则，导致应届毕业生培养过程的价值得不到有效挖掘。同时，在对应届毕业生进行培养的过程中，更多是将应届毕业生看作培养对象，未能充分发挥应届毕业生自身的角色优势，也未能提供更全面的培养模式。由此，可以让应届毕业生担当以下角色，并作出以下贡献。

价值一：专业文档贡献者。资深员工在工作过程中一般都不愿编制或整理专业的过程文件，导致价值创造与专业创新行为过程难以延续。应届毕业生担当过程文件的整理工作，是应届毕业生进行专业学习、经验价值复制与传承的学习提升过程，也是公司专业文档建立健全的过程。

价值二：隐形制度流程的呈现者。经验表明，在岗位工作中，大量的任务处理过程遵循的是前人的隐形经验或照本宣科的制度流程，而不是来源于可视化、标准化、专业化的操作说明书或工作指引，资深员工往往也对此并未注入足够的关注。应届毕业生可以基于自身的实践经历，在相关人员的指导下将隐形工作制度、流程进行规范化呈现，进而促进部门制度与流程的建立健全。

价值三：培训课程开发者。公司可以在对每届应届毕业生的培养培训过程中，逐渐探索出符合公司发展和人才培养的课程体系，根据企业的自身需求和存在的现实困境，有针对性地在开发课程时弥补自身不足，从更大层面发挥企业的优势和特点，进一步完善企业在应届毕业生培训课程开发的成熟度。

价值四：公司变革的发起者。从长远来看，应届毕业生是企业未来发展的核心力量，能为企业的改革和发展提供新的思维模式。应届毕业生作为新时代的从业人员，对新事物敏感性强、创新意识高、敢于突破常规思维，是公司未来变革的发起者，在继承和塑造企业文化方面，对公司的长远发展发挥着重要的作用。

价值五：人力资源体系的再造者。当前，企业的人力资源体系并未认识到激发应届毕业生自身价值的作用，在对其培养上缺乏实践性的考核学习内容。结合当下应届毕业生的性格特征和心理需求，同时结合岗位对知识和技能的需求，有针对性地开发出适用于应届毕业生的人力资源体系，应届毕业生在这个过程中发挥着助推作用。

(4) 原因4：培养过程产物的价值呈现不足

对公司而言，应届毕业生培养体系的构建过程、目标岗位知识与技能的梳理与呈现过程、岗位的知识与技能清单等是企业知识管理、人才招聘、岗位胜任评价、在职培训、人才资源盘点的基石，其重要性与意义不言而喻。然而由于对培养过程产物的价值呈现不足，体系仅充当了应届毕业生人才培养的课程清单功能。一方面，对部门而言，应届毕业生培养过程是一次部门职能、制度、流程、岗位、知识与技能、人力状况等全面盘点与规划的过程，同时还是一次建立健全专业文档、建立健全规章制度与流程、提炼与萃取专业经验、规范部门运作、推进部门变革的过程。另一方面，对导师而言，人才培养过程是一次自我成长过程。在应届毕业生培养过程中，需要梳理专业知识与技能，规范与高效编制指导计划，对导师形成系统化的岗位认知、提升人才培养能力、促进职业晋升发展、提升职业自信起到了催化作用。

(二) 应届毕业生培养过程的收益是未来的预期收益，难以预期

1. 传统观点

招聘应届毕业生人才，主要价值是将应届毕业生培养成公司未来的业务骨干，是为了匹配公司未来1～2年后的战略人才需求，结合应届毕业生成长培养成本高、培养周期长、成才率不高、流失严重等现实状况，传统的人力资源观点认为应届毕业生培养过程的收益是公司未来的预期收益，是难以预期的。

2. 笔者观点

企业对于应届毕业生的培养收益不仅是公司未来的预期收益，也是企业当前能够预期的收益。企业在应届毕业生的培养过程中，需要投入诸多成本，有针对性地培养应届毕业生，不仅能够极大激发应届毕业生的潜能，提升其岗位需求的知识和技能，还能够有效地降低应届毕业生的离职率，提升企业的投资

回报率，为企业节约培训成本。

3. 出现传统认知误区的原因

(1) 原因1：对应届毕业生带来的预期效益认知不足

一方面，传统的企业人力资源部门认为应届毕业生为企业创造的价值收益是在其任职之后产生的，只有在接受企业的培训后，才能完成企业的岗位职责；另一方面，应届毕业生在校学习的专业知识和企业的需求脱节，自身并不具备解决企业实际问题的能力，难以为企业的创新发展带来效益。

(2) 原因2：企业对应届毕业生的培养体系和认知观念不足

一是许多企业将培养应届毕业生的经费成本看作公司的日常开支，并未将这部分成本进行核算和规划；二是企业的应届毕业生培养体系针对性不强，培训课程更多请第三方培训机构承担，企业内部并未建立完善的培训机制和部门，导致培训的内容和公司岗位的现实需求不匹配，增加了培训的成本；三是没有重视应届毕业生入职前具备的能力，没有充分激发应届毕业生具有的优势。

(3) 原因3：对应届毕业生的培养更多注重结果，忽视了培训的过程

应届毕业生作为企业发展的核心动能，传统观念认为，对应届毕业生的入职培训，是让其了解岗位的职责需求和企业文化，争取让更多人留在企业，使培训的效能得以提升。事实上，企业忽视了对应届毕业生心理需求和人文关怀方面的培养，过多地注重结果而忽视了培训的过程。

（三）应届毕业生的培养是人力资源部门的工作，其他部门没必要投入太多精力

1. 传统观点

应届毕业生的招聘和培养工作仅仅是企业人力资源部门的工作职责，和企业的其他部门关系不大，通过对基层人力资源经理的系统培养，就能够使应届毕业生符合相关岗位的职能要求，满足企业人力资源规划的发展进程。

2. 笔者观点

对应届毕业生的培养并不仅仅是基层人力资源经理的职能，还是整个企业各个部门共同肩负的职能。只是说企业的人力资源部在这个过程中肩负起主要的作用，负责协同各个部门，应根据企业的战略发展目标，共同制定出符合企业招聘职员的战略安排。

3. 出现传统认知误区的原因

(1) 原因1：企业的其他部门对于应届毕业生培养的认知较为片面

在应届毕业生的培养过程中,传统的培养模式难以适应当前应届毕业生的需求。不仅需要帮助应届毕业生提升岗位胜任能力,还应当结合其自身特长和不足,有针对性地安排岗位和长期培养机制。实际上,应届毕业生的培养周期较长,初入社会就职的应届毕业生会面临不同的心理状态和工作感受,需要从专业成长管理、心理成长管理、时间线管理三个层面予以关注。同时,需要构建有效的内部培训体系,动员和协调各个岗位的专业人员进行引导,设置相应的资金保障和部门协同监管,仅依靠人力资源部门是难以全面展开和应对的。

(2)原因2:对应届毕业生培养的内容与职能建设不完善

在培训的职能和内容上,人力资源部门的管理人员对于各个部门岗位的实际需求主要依据相关部门提出的意见制定,在具体的职能安排和工作内容上,企业的人力资源部门更多起着协调和统筹的作用,只有专业的部门人员才能了解需要的职位是什么。由此,需要其他部门协助安排相应的职能,细化工作的内容要求。实际上,许多企业在这方面的建设并不全面,缺乏系统的规划和安排。

(四)应届毕业生培养得越好,流失得越快,还不如不培养

1. 传统观点

由于应届毕业生拥有较多的岗位选择机会、离职率高,多数企业认为对应届毕业生的培养加速了企业人才的流失,使企业前期的培养成本付诸东流,且培养得越好,应届毕业生离职率越高,近而导致企业对应届毕业生的培养动力不足。

2. 笔者观点

加快对应届毕业生的培养,并不是应届毕业生快速流失的原因。加强对应届毕业生的培养,帮助其制定职业发展规划和能力提升,反而会加强应届毕业生对企业的认同感和归属感,因此应当重视对应届毕业生的培养工作。

3. 出现传统认知误区的原因

(1)原因1:企业培养应届毕业生的思维和方式滞后

实际上,90后应届毕业生与80后及以前的应届毕业生在求职的选择、心理特征、性格特征及创造能力上存在较大的差异,但目前企业对当前的应届毕业生的培养方式还是按照原来的路子进行培训,导致企业对应届毕业生的培养效果不佳。另外,当前的应届毕业生在选择工作时更具主观性,职业规划能力较弱,而企业更多强调的是对他们岗位技能的培训,在他们的职业发展和规划

上缺乏足够的关注。

(2) 原因2：企业对应届毕业生的培养缺少有针对性的培养方案

应届毕业生从入职到岗位胜任期间，一般会经历校招期、实习期、试用期、稳定期、发展期五个阶段。一方面，企业在每个阶段并没有详细地制定出培养计划和目标，导致应届毕业生的培养周期长，花费成本高，企业不愿意花费更多的精力和成本来做这件事情；另一方面，在这五个阶段，应届毕业生会面临不同的问题和困惑，由于企业缺乏对应届毕业生有效的监管方式，致使其容易产生不满和矛盾心理，导致应届毕业生离职现象的出现。

(3) 原因3：企业缺乏对应届毕业生进行归属感培养

由于多数企业在应届毕业生培养上存在误区，致使企业更愿意选择高薪挖人解决企业面临的实际问题，企业之间易出现人才的不良竞争局面。基于此，企业应当加强人才培养的观念建设，加强人文环境的打造，避免出现因不良竞争导致的企业人才流失。

（五）培养应届毕业生是费时费力的活

1. 传统观点

一般企业认为，加强对应届毕业生的培养还不如花高薪聘请专业能力强、有工作经验的职业人员，因为培养应届毕业生是一件费时费力的事情，一般需要花费3年的培养周期，需要协调、整合企业各方面的资源。

2. 笔者观点

通过科学规划企业对应届毕业生的培养路径，能够极大地缩短其培养周期，减少企业的人力、物力、财力投入，在培养和使用的过程中，打造出具备较高素质的职业人员。同时，还能建立一套符合企业发展规划的人才培养体系，极大程度上服务于企业的战略规划。

3. 出现传统认知误区的原因

(1) 原因1：传统应届毕业生培养模式延续性不强

企业在应届毕业生培养的过程中，会花费更多的时间和财力在职工入职前期，在应届毕业生实际的工作过程中缺乏指导，在技术操作上更多依靠员工自己，没有长期关注其成长历程，在培养的模式上延续性不强，导致企业对应届毕业生的培养效果达不到预期。

(2) 原因2：企业在应届毕业生的培养上缺乏长期规划

虽然应届毕业生作为企业未来发展的核心动力，但许多企业在对该类人才的培养上，缺乏长期规划，公司事业的发展和人才的发展未能较好地衔接在一起，导致企业存在培养的人用不了、复合型人才缺乏的问题，更多的是以短期集训的方式提升业务能力，成本投入和收益存在差距，进一步使企业感觉对应届毕业生的培养是一件费时费力的事情。

二、看得见的量化收益核算

按照舒尔兹的人力资本理论，个人的教育投资回报率为15%左右，对个人进行教育投资是世界上风险最小、回报率高的投资品种。对于企业而言，人才培养投资回报并不能完全按照舒尔兹的理论，因为人力资本的积累是以员工个人为载体的，员工的人力资本并不等同于企业的人力资本。因此，企业的应届毕业生量化收益核算一般需要投入和产出的基础数据。现以某企业提供的一组数据，设计简单的量化收益计算模型，计算看得见的量化收益。

（一）培养的留存率提升

通过某公司的数据可以看出，2010—2015年，未实施系统培养，每年应届毕业生1年内离职率近30%，3年内离职率60%；实施系统培养以后，2016年招聘48人，培训完输出41人，优化率10%，1年内离职率4%；2017年招聘54人，培训完输出43人，优化率16%，1年内离职率6%，应届毕业生的人才留存率大幅提升。具体数据见表9-1。

表9-1 某公司应届毕业生科学培养前后离职率对比表

年份	招收应届毕业生数量	主动淘汰人数	主动淘汰率	主动离职人数（1年）	主动离职率/%
2010	14	0	0	4	28.57
2011	31	0	0	7	22.58
2012	20	0	0	12	60.00
2013	19	0	0	2	10.53
2014	14	0	0	2	14.29
一年内平均离职率					27.19

续上表

实施系统化应届毕业生人才培养体系后

年份	招收应届毕业生数量	主动淘汰人数	主动淘汰率/%	主动离职人数（1年）	主动离职率/%
2015	47	5	10.64	2	4.26
2016	49	8	16.33	3	6.12
一年内平均离职率					5.19

（二）人才培养成本大幅降低

以三线城市的一家企业技术部门人才招聘与培养成本核算为例，该企业如果没有进行应届毕业生的系统加速培养，自然成长的周期约为 18 个月，而系统加速培养的成长周期为 6 个月。如 2015 年招聘了 40 人，平均基本薪资为 4500 元，加上五险一金等成本，应届毕业生每月人力成本为每人 6000 元，这家企业在应届毕业生入职前邀请员工到企业实习了 40 天，加上往返交通费用，则实习费用为每人 6000 元。导师指导与培训费为每月每人 500 元。加上精准化开发给予的教材开发费、学习手册印制费等，因加速成长所产生的薪资成本的差距为 2 493 000 元，约为 250 万元。具体计算过程见表 9-2。

表 9-2 缩短培养周期带来的薪资节约收益计算表

自然成长直接成本	时间	薪资投入	离职成本	招聘成本	其他	合计
	18 个月	4 320 000 元	/	/	/	4 320 000 元
技术培训直接成本	时间	薪资投入	实习补贴	教材开发费	学习指导费	合计
	6 个月	1 440 000 元	240 000 元	27 000 元	120 000 元	1 827 000 元

成功案例

应届毕业生的快速成长是否是培训能解决的？否！应届毕业生成长需要一个系统，应该包括目标设定、压力测试、考核激励、培训辅导、成长关爱。要完成这个系统工程，抓手是应届毕业生的导师。

这是一个真实的案例。

某中型科技公司上市后，企业稳健经营与持续发展受到人才有效供给的制约。为解决此难题，该公司启动了一个被称作"红苹果计划"的项目，构建基于岗位胜任力知识与技能的快速获取路径，经过标准化、渐进式、标靶式、高压式的培养模式，为企业各岗位新人规划了系统培养、激励与考核方案，为企业培养出一批内部专业导师，内化一批培养课程，为企业节约一年的人才培养成本，为企业构建了一套标准、快速、系统的人才快速生产线。

培养实践验证分析。在这家公司，基于40人的规模验证过程中，应届毕业生的流失率下降了70%，应届毕业生成长周期由平均36个月下降到了12～24个月，成才质量显著提升。

普遍适应性的可行性分析。基于该公司的培养实践，项目组成员调查了步步高、华润、华为、天虹、中国安防、沃尔玛、招商地产、悉地国际、迅雷、腾讯、金山电子等17家国内外知名公司的应届毕业生培养情况，验证与完善了应届毕业生培养体系的普适性。体系的普适性可以分系统、分层并因地制宜地实现。

经济性分析。人才的培养过程需要投入，但投入与产出的经济效益可以通过对投入与产出之差的计算来实现。人才培养过程的投入主要为培训投入，而产出则通过因流失率下降带来的招聘费用降低、成长周期缩短带来的薪资成本的节约、使用应届毕业生而带来的社招薪酬成本的节约等来实现。以该公司为例，40位应届毕业生带来可以核算的经济效益为180万元，这使得该系统具有经济性。

用人单位的动机与意愿分析。应届毕业生的培养体系构建，除了给用人单位带来经济效益外，还可使用人单位获取以下竞争优势：人才的快速复制、人才梯队的构建、课程体系与讲师体系的构建、考核文化与体系的构建、导师队伍的构建等多系统融合与提升，最终提升用人单位的人才竞争力，这使得用人单位有意愿与动机去构建该体系。

三、看得见的有形收益盘点

（一）应届毕业生培养周期管控计划书

应届毕业生从职场新人成长为一名专业骨干，"红苹果计划"培训项目需要花费的培养周期为1年，根据应届毕业生在不同阶段的心理特征，有针对性地帮助他们从心理的期待阶段成功发展到稳定阶段，从心理和个人能力两个方面，逐渐完成"适应社会、适应企业、适应岗位、胜任岗位、复合发展"五个阶段的培养。

（二）基于不同岗位的可视化成长路径图

将企业的不同岗位进行可视化安排，并设定应届毕业生培训成长的时间线，将岗位任务需求的知识和技能进行有针对性的设计，能够提升应届毕业生的成长速度，帮助应届毕业生制定出职业生涯规划。具体来看，应届毕业生在企业发展期间，会在轮岗培训中面临不同的工作岗位，一个工作岗位一般由3个左右的任务组成，要想完成这些任务，需要掌握每个任务要求具备的知识和技能，任务越细，岗位需要具备的知识和技能也会更加明确。由此，通过不同岗位的任务，培养应届毕业生需要的知识和技能，帮助应届毕业生更加全面和专业地掌握工作需求，逐步成长为复合型人才，见图9-1。

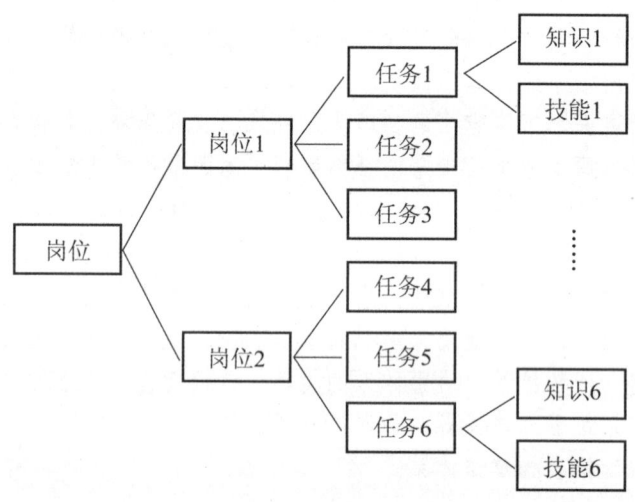

图9-1 应届毕业生培养岗位可视化成长路径图

（三）基于不同岗位的知识与技能清单

工作岗位是应届毕业生从职场新人成长为专业骨干的核心载体，当应届毕业生面对不同的培训内容时，岗位的知识和技能清单起到重要的作用。如图9-2所示，一个岗位主要由知识和技能两个方面的内容组成。知识是结构化的，包含进入企业后学习的公共基础知识，以及了解企业文化、规章制度等内容。技能是程序化的，主要包含岗位在专业层面的能力要求，在岗的老员工能够胜任这方面的教导。岗位的知识和技能清单的设计，总目标在于为企业培养出能将知识和技能结合的人才。由于知识具有递进性，在知识的安排上，需要从易到难。任务所对应的技能，提前教是没有意义的，要遵循"先易后难"

和"循序渐进"的原则,确保学习的连续性和针对性。技能需要按照知识学习的秩序匹配安排,在工作中学习是最重要的,效果也是最好的。知识按照难易程度排列,技能按照时间顺序排列,组成了知识训练和技能训练。

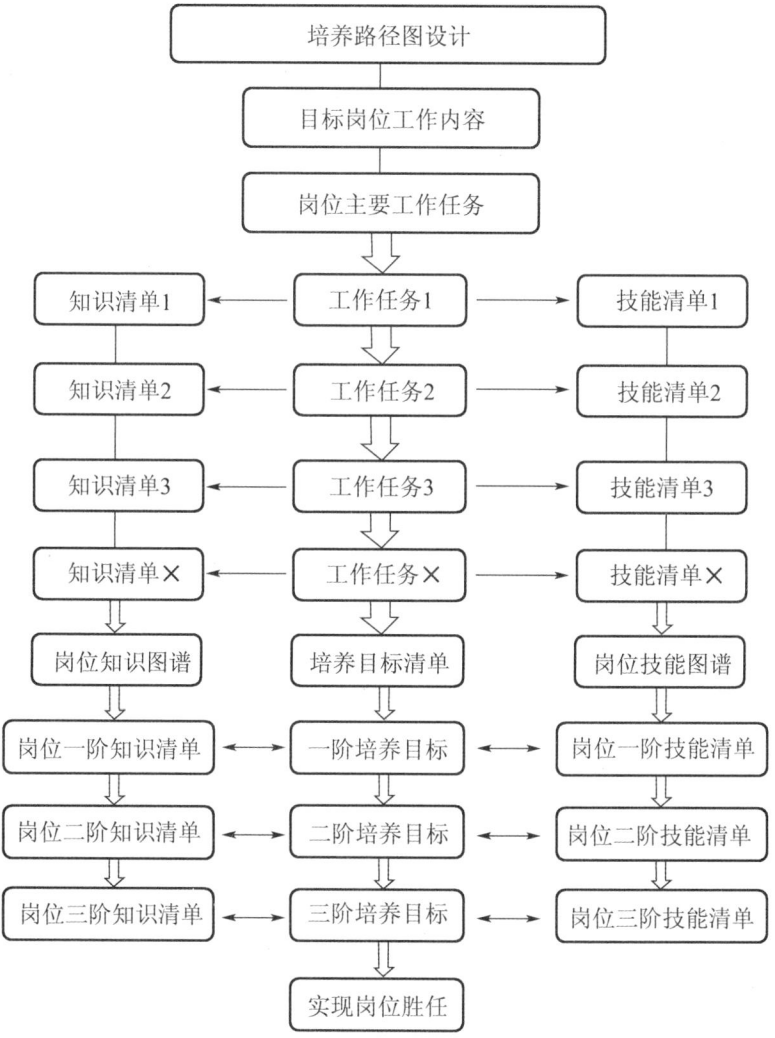

图9-2 不同岗位的知识与技能清单

(四)基于不同岗位的标准化培养课件群

标准化培养课程的设计,是建立以实现岗位胜任为目标而必须具备的知识、技能结构体系,为高效达成某种特定的培养或培训目的,进而开展的系统学习、实践与反思的过程设计。课程目标是提供符合岗位、职位或个人特质需求并促进成长的课程体系；课程之间有很强的层次性、连贯性、逻辑性；各阶段性课程与阶段性培养目标相匹配。主要包括八个步骤：一是明确课程的培训目的、适用对象、专用词汇与内容大纲；二是针对不同的岗位，通过导读、前沿与趋势分析的方式让应届毕业生了解行业的发展状况；三是总结出岗位的知识结构图与培训要点；四是制作讲师PPT和学员PPT、讲师课件和学员课件，在这个过程中，通过让应届毕业生参与制作PPT和课件的方式，让其从不同层面和视角了解岗位的需求；五是通过给应届毕业生安排课后复习、练习题和参考指引，帮助其及时反思和总结；六是制定阶段性检测题、指引与评价标准，保证对培训成果的及时反馈与总结；七是制定行动转化标准，从知识运用（原理解构、过程与结果解释、合理性判断、风险预判）、操作流程（一级流程图、二级流程图、三级流程图、四级表格）、行为清单（正面行为清单、负责行为清单、行动计划）三个层面展开；八是进行知识拓展与参考书目的推荐，进一步巩固员工的知识和技能。

（五）基于不同岗位的导师工作手册

导师是应届毕业生接触各个工作岗位后的第一负责人，具有帮助应届毕业生顺利过渡到新的工作职位的责任，起到传道、授业、解惑、发展和关怀的重要作用。导师工作手册是帮助应届毕业生获得个人专业成长与职业发展的工具，是对各个岗位职能的具体安排。在设计过程中，着重关注知识和技能两个层面，同时，辅助关注应届毕业生的心理变化，帮助其树立自信心和正向思维能力。

四、看不见的收益盘点

（一）成长路径：从散养走向圈养

笔者在从事企业人力资源管理工作的过程中发现，企业对应届毕业生的培养普遍存在这样一个问题：培养工作并未注入过多的系统化管理，主要培训工作仍放在应届毕业生入职阶段，对于应届毕业生在企业成长的各个阶段，并未形成系统性、科学性、针对性的培训模式，入职的应届毕业生更多是依靠自身努力获得成长，处于"散养"的状态，导致企业的优质人力资源被浪费。本书提倡改变以往企业对应届毕业生培养的方式，应把企业每期招聘的应届毕业生按照设定的成长路径进行培养，在其不同的工作阶段有针对性地进行管理，安排各自负责的工作导师，协同部门领导和岗位负责人，从知识和技能两个层面分别关注应届毕业生存在的问题和困惑，并关注其心理变化，给予其更多的人文关怀，帮助应届毕业生更快地提升岗位的胜任能力，有效降低应届毕业的离职率，从"散养"走向"圈养"。

（二）培养岗位：由技术走向整体

应届毕业生培养体系实施的主要目标是快速提升新职工完成岗位在知识和技能两个层面的需求。现实情况中，企业全面开展整个培训项目是比较难的，一是因为培养项目的周期性相对较长，工作量大；二是企业要想全面展开工作，需要从见效快、易操作的岗位开展。基于此，在培养岗位选择上，本书建议从技术型岗位开始展开，其培养周期较短，容易得到公司管理层和部门领导的支持，有助于应届毕业生培养工作从技术类岗位向全岗位培训展开。

（三）课程体系：从碎片走向系统

经验表明，应届毕业生培养课程体系建设的主要做法是培养对象哪一方面薄弱就从哪一方面进行培养，培训的课程体系呈现出碎片化的状态。事实上，在应届毕业生培养体系中，课程体系是应届毕业生在知识层面提升的主要路径。要想胜任岗位，除了学会技术实操之外，知识技能可帮助应届毕业生更全面地掌握理论逻辑，增强其理论创新能力和工作实践的总结能力。在应届毕业生的培养过程中，无论是在做事还是培训上，需要提前规划和设定有针对性的学习课程，在保证应届毕业生能够掌握公共基础理论的同时，也能够弥补其存在的不足，确保课程体系的系统性和针对性，提升课程体系的培训效能。

（四）讲师体系：从外引走向内化

在企业的讲师体系建设层面，本书建议以内部讲师体系培养建设为主，以外部讲师服务为辅，实现讲师体系从外引走向内化。其原因主要有两个方面：一是企业外聘的讲师所讲授的内容主要呈现出知识的通用性，虽然具备宏观性但针对性不强，可操作性不强；二是外部聘请的讲师没有企业内部人员更加了解企业，他们对于企业自身存在的实际问题了解不足，培训的效果也会大打折扣；三是在讲师体系的培训成本上，内部讲师体系的建设费用更低，讲授知识和经验时更容易上手，可操作性强，更能激发新老员工的创造性，帮助企业建立起符合自身发展的导师体系，助推企业发展战略。

（五）内部导师：从业余变成正规

内部导师的建立过程建议遵循"从业余变成正规"的路径。"业余"喻指目前大部分企业在内部导师构建上，基本上是"野路子"，没有将现有的经验做法和知识进行系统化整理，在职能安排上没有明确应届毕业生的培训职责。"正规"喻指将企业内部既有的知识体系和经验进行专业化管理，形成规范的学习体系。在应届毕业生的内部导师安排上，明确安排岗位导师，负责专业知识和技能的培训；安排成长导师，负责关注应届毕业生个人的发展规划，帮助其解决工作中存在的困惑；安排生活导师，帮助应届毕业生更快适应周围的工作与生活环境，尽快融入集体中，全面满足应届毕业生可能存在的需求，帮助其快速成长。

（六）薪酬体系：从不满变成满意

在企业的薪酬体系构建上，要想进一步激励员工工作的积极性，薪酬奖励的涨幅一般在20%左右，这是目前企业的通用标准。薪酬体系的构建，能够有效地激发应届毕业生寻求成长进步的自身动力，但如果在尺度上把握不准，在提升新员工工作积极性的同时，也可能会打击老员工的积极性。由此，在薪酬体系上，如果应届毕业生用1年时间的成长达到了别人3年时间的成长水平，薪酬水平建议参照入职2.5～3年之间员工的薪酬，但不能超过3年。这样做不仅不会打击工作3年以上员工的积极性，还能有效地激励应届毕业生的成长，实现从不满意到满意的转变。

（七）培养成本：从投机变成投资

一部分企业在面对应届毕业生的培养成本时，存在投机心理。本书认为，企业需要将培养成本的投机心理转变为投资行为。一方面，要注重培养的成效，如果花费大量成本却没有培养出适合岗位需求的职员，对企业的损失无疑是最大的，由此，要把成效和成本结合起来衡量，总结经验，弥补自身不足；另一方面，关注应届毕业生潜在价值的考核，事前充分了解需求岗位对员工性格、能力、知识、技能等层面的要求，有针对性地培养符合岗位需求的应届毕业生，提升培养成本的投资回报率。

（八）文化体系：从羊群变成狼群

在企业的文化体系建设上，要完成从羊群到狼群的转变。应届毕业生作为初入职场的新人，其承受压力的能力较弱，需要快速提升他们的抗压能力，增强其心理压力承受能力。一方面，要树立"标杆变成标准"的文化理念，激励大家向标杆看齐，激发自身潜力超越标杆，实现最大的人生价值；另一方面，要发挥好考核工作的作用，制定年度、季度、每月和每周的考核机制，对应届毕业生考核的密度总体呈现出"从紧到松"的趋势，对于不能胜任的应届毕业生，通过考核离职和转岗两个方式，提升应届毕业生的工作效能。同时，实行末位淘汰的方式对企业的全部部门进行排序，对于排在倒数5%的人员采用转岗或离职的方式进行激励。

五、实用价值及经济和社会效益

（一）项目的实用价值

项目实施成功后，其实用价值体现在以下几个方面：

降低应届毕业生的流失率，从而节约培养成本；

提升应届毕业生的培养质量，且培养质量可控；

缩短应届毕业生的培养周期，使应届毕业生与用人单位实现双赢；

构建用人单位人才快速复制体系，从而使用人单位（尤其是市场化的企业）快速获得竞争优势。

通过构建应届毕业生的人才成长体系，实现人力资源管理体系的升华。应届毕业生的管理体系涉及招聘、培养、人才成长路径、考核、绩效、薪酬、课程体系、讲师体系、导师体系与人力资源管理体系等方面的高度融合，成功构建应届毕业生的人才成长体系可以使人力资源体系系统提升。

（二）项目的市场前景

该项目具有以下市场前景。

应届毕业生群体庞大。中国每年有几百万应届毕业生就业，其中不到1%的应届毕业生受过系统的培训，但其培养质量与速度是否最优尚有待考究。该系统如果能在应届毕业生招聘规模为10人以上的用人单位实施，使庞大的就业队伍中一半以上的应届毕业生受益，其市场前景将不可限量。

该项目的经济前景。该项目的经济性使广大用人单位具有实施的理性动力，这使得该项目具备强大的经济前景。

该项目是国内首创。关于国内应届毕业生系统培养的理论研究与现实推广目前尚处于空白状态，在市场开拓方面尚未启动，因此该项目具有一定的首创性。

(三) 经济与社会效益

1. 经济效益

宏观经济效应。按测算的结果，培养成功的每位应届毕业生每年大约为企业产生5万元左右的经济效益，而中国在今后5年中每年有730万左右的应届毕业生，如能使其中一半人员受益，将为用人单位产生1800亿元的经济效益，宏观经济效益巨大。

中观经济效应。对企业而言，企业招聘并系统培养应届毕业生，不仅降低了用人成本与提升人员的稳定性，同时还可以构建其长期的人才竞争力进而获取市场的经济回报。

微观经济效应。应届毕业生受益于此系统，可以实现个人职业素质、专业技能与薪酬的快速增长，从而实现家庭与个人收入的快速提升，有利于提升个体的消费能力，进而实现个人与社会的经济效益双赢。

2. 社会效益

降低社会培养成本。跳槽可能使得用人单位对应届毕业生的培养成本大量地变为沉没成本。应届毕业生第一年的跳槽率为40%左右，如果降低至10%左右，则有30%左右的人员所在的用人单位的培养成本不会变成沉没成本，这将产生较好的社会效益。

促进社会就业。部分企业在招收了一届大学生并遭遇了离职潮后就不再招聘应届毕业生，如该项目能够在全国范围内推广，用人单位招聘应届毕业生的意愿将大大加强，这将为应届毕业生的就业率作出贡献，也为社会和谐作出贡献，同时也为中国国家人才竞争力的提升作出贡献。

参考文献

[1] 冉常友. 企业招人重视什么 [J]. 学子, 2003: 33.

[2] 尹起浩. 化工行业: 机遇多 企业选才标准各异 [J]. 中国大学生就业, 2011 (19): 39-41.

[3] 刘军胜. 让员工与企业共同成长 [J]. 企业管理, 2011 (7): 6-9.

[4] 李荣生. IBM: 让员工与公司一起成长 [J]. 中国培训, 2000 (8): 8-9.

[5] 佚名. 美国: IBM 建网上大学 [J]. 成才与就业, 2011 (17): 62-62.

[6] 张宝君. 90 后大学生心理特点解析与对策 [J]. 思想理论教育导刊, 2010 (4): 111-114.

[7] 冯颖. "80、90 后"性格特征及人力资源管理创新的调查报告 [J]. 人才资源开发, 2016, 319 (4): 128-129.

[8] 周宏星, 张忠春. 试探 90 后大学生的受挫能力教育策略 [J]. 淮海工学院学报 (社会科学版), 2013, 11 (7): 34-36.

[9] 陆芳, 浦佳. 江苏高校大学生创业成功与失败的成因与对策——基于苏南与苏北地区的比较 [J]. 中国商论, 2017, 000 (28): 188-192.

[10] 庞志刚. JZ 公司新员工"红苹果"培养项目生命周期管理研究 [D]. 成都: 电子科技大学, 2018.

[11] 陈小平, 孙延明, 黎子森, 等. 企业导师指导风格与徒弟工作绩效——职业胜任力与工作投入的中介作用 [J]. 软科学, 2018, 32 (12): 85-88.

[12] 朱必祥, 谢娟. 企业导师制的功能和导师的角色关系分析 [J]. 南京理工大学学报: 社会科学版, 2011, 24 (6): 25-28.

[13] 曾锡环, 廖燕珠. 海外高层次人才的政策工具选择配置及其功能实现分析——以深圳市为例 [J]. 天津行政学院学报, 2020, 22 (1): 28-37.

[14] 杨竞. 企业校园招聘的目标院校选择现状及问题探析 [J]. 企业科技与发展, 2020 (5): 199-200.

[15] 陈琼娲. A 制造企业招聘体系优化研究 [D]. 江苏: 南京理工大学, 2014.

[16] 潘园园. 企业培训效果评估理论与方法研究 [J]. 中外企业家, 2017 (25): 150-151.

[17] 管海波,黄敬前.项目生命周期对于项目管理的重要性[J].引进与咨询,2004(11):45-47.

[18] 美国项目管理协会.项目管理知识体系指南[M].北京:电子工业出版社,2009.

[19] 伊查克·爱迪思.企业生命周期[M].北京:中国人民大学出版社,2017.

[20] 毛冬明.浅析项目管理理论运用现状[J].企业改革与管理,2015(4):33-33.

[21] 阿迪德吉·B.巴迪鲁,P.施铭·巴拉特.项目管理原理[M].北京:清华大学出版社,2003.

[22] 杰克·R.梅瑞狄斯,小塞缪尔·J.曼特尔.项目管理[M].北京:电子工业出版社,2002.

[23] 羊峻演.关于应届毕业生入职培训的思考[J].中国民商,2020(4):179.

[24] 姜明超,姜明男.关于应届毕业生薪酬期望的研究[J].中小企业管理与科技,2019(29):108-109.

[25] 曾丽艳,林子健,范定祥.应届毕业生职业认知与就业满意度研究[J].合作经济与科技,2019(21):140-142.

[26] 李海文.高校应届毕业生衔接式岗前培训[J].现代企业,2020(5):143-144.

[27] 殷芳芳.新入职应届毕业生"4P+2"模式培训培养方案设计——以A通信公司为例[J].中国经贸,2017(8):89-91.

[28] 李晓媛.关于企业对新员工入职培训的思考[J].人力资源管理,2016(3):71-72.

[29] 张再荣.基于导师制的员工发展计划与实践——以中国中车戚墅堰公司为例[J].企业管理,2015(8):77-78.

[30] 喻晓,李超平.导师指导、主动社会化对新员工工作投入影响的实证研究[J].中国人力资源开发,2015(11):38-43.

[31] 陈汇,张光磊.双向选导情境下企业导师制对新生代新员工组织社会化的影响:基于A公司的案例研究[J].中国人力资源开发,2017(2):113-122.

[32] 杨鹏.导师制在国有企业新员工培训中的运用[J].中国科技投资,2018(12):236,316.

[33] 霍伟伟,于婉贞,刘钰杭,等.员工反馈寻求行为与工作满意度:导师

指导视角的作用机制 [J]. 中国人力资源开发, 2018, 35 (4): 66-77.

[34] 蔡地, 刘佳, 王海悦. 导师指导对"90后"新员工组织幸福感的作用机制研究 [J]. 管理学报, 2019, 16 (4): 514-521, 540.

[35] 金珊珊, 贺岭, 罗文春. 中小民营企业对90后员工的有效管理方式探究 [J]. 经济研究导刊, 2020 (11): 67-68, 74.

[36] 朱国华. "90后"员工的代际特征、表现及激励策略 [J]. 领导科学, 2018 (32): 57-58.

[37] 孙茜. 基于双因素理论分析的中小企业90后知识型员工的流失问题探索 [J]. 价值工程, 2019, 38 (29): 117-118.

[38] 朱国华. "90后"员工的代际特征、表现及激励策略 [J]. 领导科学, 2018 (32): 57-58.

[39] 房志永, 于淼. "90后"员工行为特征分析与管理策略——基于自我决定理论视角 [J]. 领导科学, 2019 (10): 101-103.

[40] 廖晓明, 陈珊. "90后"新生代员工的特点与管理策略 [J]. 领导科学, 2017 (19): 10-11.

[41] 徐宇峰, 汪群. 基于Robbins压力理论模型的90后员工工作压力源管理 [J]. 领导科学, 2014 (32): 40-43.

[42] 郑凤银. 新形势下国有企业培养青年员工成才新路径 [J]. 人力资源管理, 2018 (4): 59.

[43] 刘坚, 王正海. 浅谈企业员工培训课程体系的建设和优化 [J]. 中国科技纵横, 2020 (2): 220-221.

[44] 吴晓芳. 国有企业绩效考核与企业激励机制方法分析 [J]. 中国商论, 2020 (6): 138-139.

[45] 郭杰. 绩效考核和薪酬激励问题的演化博弈探讨 [J]. 人力资源, 2019 (20): 109.

[46] 王劲松, 王涛. 国有企业激励机制与绩效考核方法研究 [J]. 中国商论, 2019 (18): 123-124.

[47] 苏娜. 基于研究生期望的导师胜任力模型研究 [J]. 江苏高教, 2020 (7): 85-90.